高等职业教育"十二五"规划教材

十二五

物流案例与实务

主 编◎冷韶华 吴国华

副主编◎张述敬

清华大学出版社

北京

内 容 简 介

本书在编写思路上强调基础理论与经典案例的融合，共分为 9 章，内容包括物流概述、仓储与库存管理、采购管理、配送与配送中心管理、运输管理、第三方物流、信息技术在物流中的应用、供应链管理、现代物流发展趋势与特殊物流。每一章都针对基础理论列举了相应的案例。为了引导学生的发散性思维，每个案例后面都有思考题，帮助学生养成良好的学习习惯。

本书既可作为高等院校高职、高专物流管理专业的教材，也可作为从事企业管理、供应链管理、物流管理等相关专业人员的参考书，还可作为培训咨询机构的相关教材。

图书在版编目（CIP）数据

物流案例与实务/冷韶华，吴国华主编. —北京：清华大学出版社，2015
高等职业教育"十二五"规划教材
ISBN 978-7-302-40150-6

Ⅰ. ①物… Ⅱ. ①冷… ②吴… Ⅲ. ①物流-高等职业教育-教材 Ⅳ. ①F252

中国版本图书馆 CIP 数据核字（2015）第 089568 号

责任编辑：杜长清
封面设计：刘　超
版式设计：魏　远
责任校对：王　云
责任印制：王静怡

出版发行：清华大学出版社
　　　　　网　　　址：http://www.tup.com.cn，http://www.wqbook.com
　　　　　地　　　址：北京清华大学学研大厦 A 座　　　　邮　　编：100084
　　　　　社 总 机：010-62770175　　　　　　　　　　　邮　　购：010-62786544
　　　　　投稿与读者服务：010-62776969，c-service@tup.tsinghua.edu.cn
　　　　　质 量 反 馈：010-62772015，zhiliang@tup.tsinghua.edu.cn
　　　　　课 件 下 载：http://www.tup.com.cn,010-62788951-223
印 刷 者：三河市君旺印务有限公司
装 订 者：三河市新茂装订有限公司
经　　销：全国新华书店
开　　本：185mm×230mm　　　印　　张：15.75　　　字　　数：326 千字
版　　次：2015 年 10 月第 1 版　　　　　　　　　　　印　　次：2015 年 10 月第1次印刷
印　　数：1～2500
定　　价：32.00 元

产品编号：061505-01

丛书编委会

主任：冷韶华

副主任：王建良　李文黎　逄积仁　杜长清

委员：（按拼音排序）

陈洪岐　崔友军　曹美星　董秀红　丁红英　高　翔　苟　雪　韩小霞
纪付荣　刘　庆　刘　静　冷韶华　李雪洁　李海民　马建国　秦　俭
孙　强　孙学农　王　钢　王雅平　王悦华　王晓红　王志玲　吴国华
薛　妍　余敦一　闫连山　闫兴荣　杨思东　曾　奇　张　娜　张　旭
张述敬　庄琳琳　赵　芳　朱荣花　朱艳丽　周　琳　周付安　周晓利

参与院校名单：

东营职业学院　　　　　　　　　成都工业学院
苏州经贸职业技术学院　　　　　河南经贸职业学院
滨州职业学院　　　　　　　　　山东交通职业学院
山东华宇工学院　　　　　　　　重庆财经职业学院
北京工商大学　　　　　　　　　山东经贸职业学院
山东商务职业学院　　　　　　　黑龙江生态工程职业学院
北京印刷学院　　　　　　　　　江苏经贸职业技术学院
北京电子科技职业学院　　　　　西安思源学院

前　言

　　21 世纪以来，我国现代物流业快速发展，已成为我国经济发展的重要产业，一批新型的社会化、专业化、网络化的现代物流企业不断成长，在国民经济和社会发展中发挥着重要作用。

　　随着科学技术的迅猛发展和经济全球化趋势的增强，现代物流业的发展也面临着前所未有的机遇与挑战。2009 年 3 月，国家出台了《物流业调整和振兴计划》，强调必须加快发展现代物流，建立现代物流服务体系，以物流服务促进其他产业发展。中国物流业经过近些年的快速发展，已经具备了相当规模。但是，在物流人才的数量及人才综合素质的培养上，与世界发达国家相比，仍存在很大的差距。

　　编写本书的目的是作为高职高专物流管理专业规划教材的配套教材，从实践的角度介绍现代物流的发展，同时，帮助学生了解国内外企业的物流实践经验，提高学生的实际操作能力。对侧重于实际操作的高职高专学生来说，案例教学尤为重要。

　　案例教学法是当今经济社会科学教学与研究最具特色的方法之一。通过案例的学习，可以更好地理解理论上的原理、方法是如何在实践中加以应用的。对于现代物流理论的学习也是如此，通过大量丰富的案例分析，能帮助学生将书本中的物流基础理论与物流实践结合起来，才能明了在企业中是如何处理物流的实际问题的。

　　本书在选择案例时，考虑到案例需要反映现代物流的基本理论和基本知识，因此书中尽量收集了有关采购、仓储与库存管理、配送与配送中心、运输、供应链管理、第三方物流等方面的案例。本书编写的特点是内容新颖，操作性强，实用性强。本书将物流基础知识与经典案例相结合，针对物流的各功能模块列举了大量的案例并进行了分析。同时，每个案例后面都有相应的思考题，启发学生对案例的思考，有利于其更全面、更深入地掌握物流基础知识。

　　本书由山东经贸职业学院的冷韶华、吴国华主编，山东经贸职业学院的张述敬为副主编。本书的编写过程参阅了其他物流管理类的教材，吸收、借鉴与引用了大量国内外学者的理论成果、有关资料与案例等，谨在此一并致谢。特别感谢我们的校企合作伙伴——深圳市中诺思资讯科技有限公司在本书编写过程中的大力支持。由于编者水平有限，书中难免有不足和疏漏之处，敬请专家和读者批评指正。

编　者

目　　录

第1章 物流概述

引言

物流的概念最早出现在美国，当初被称为 Physical Distribution（PD），译成汉语是"实物分配"或"货物配送"。1935 年，美国销售协会阐述了"实物分配"的概念："实物分配是包含于销售之中的物质资料和服务在从生产场所的流动过程中所伴随的种种经济活动。"1963 年，物流的概念被引入日本，当时的物流被理解为"在连接生产和消费间对物资履行保管、运输、装卸、包装、加工等功能，以及作为控制这类功能后援的信息功能，它在物资销售中起了桥梁作用"。

我国是在 20 世纪 80 年代才接触"物流"这个概念的，此时的物流已被称为 Logistics，已经不是过去 PD 的概念了。Logistics 的原意为"后勤"，这是"二战"期间军队在运输武器、弹药和粮食等给养时使用的一个名词，它是为维持战争需要的一种后勤保障系统。后来把 Logistics 一词转用于物资的流通中，这时，物流就不单纯是考虑从生产者到消费者的货物配送问题，而且还要考虑从供应商到生产者对原材料的采购，以及生产者本身在产品制造过程中的运输、保管和信息等各个方面，全面地、综合性地提高经济效益和效率的问题。因此，现代物流是以满足消费者的需求为目标，把制造、运输、销售等市场情况统一起来考虑的一种战略措施，这与传统物流仅把它看作"后勤保障系统"和"销售活动中起桥梁作用"的概念相比，在深度和广度上又有了进一步的含义。

1.1　物流与物流管理

1.1.1　物流的概念

物流（Logistics）是为了满足消费者的需求，而对原材料、半成品、最终产品及相关信息从起始地到消费地的有效率和效益的流动与存储而进行的计划、实施与控制的过程。具体包括运输、仓储、包装、物料搬运、装卸、存货控制、订单处理、需求预测、生产计划、采购、为客户服务、工厂和仓库选址、物品回收、零部件及服务保障、废品处理、情报信息联系等。

在我国，国家标准《物流术语》中物流的定义："物流是指物品从供应地到接收地的实体流动过程。根据实际需要，将运输、储存、装卸、搬运、包装、流通加工、配送、信息处理等基本功能实施有机结合。"

1.1.2　物流管理的概念

物流管理（Logistics Management）是指在社会再生产过程中，根据物质资料实体流动的规律，应用管理的基本原理和科学方法，对物流活动进行计划、组织、指挥、协调、控制和监督，使各项物流活动实现最佳的协调与配合，以降低物流成本，提高物流效率和经济效益。

在 2001 年颁布的中华人民共和国国家标准《物流术语》（GB/T 18354—2001）中物流管理是指："为了以最低的物流成本达到用户所满意的服务水平，对物流活动进行的计划、组织、协调与控制"。换句话说，所谓物流管理是指在社会再生产过程中，根据货物实体流动的规律，应用管理学的基本原理和科学方法，对物流活动进行计划、组织、指挥、控制，使各项物流活动实现最佳的协调与配合，从而降低物流成本，提高物流效率和经济效益的过程。

（1）物流管理既要实现最低化的成本管理，又要确保客户对物流服务质量的满意，可见，成本和服务是物流管理的侧重点。

（2）物流管理不仅仅是对单个构成要素的管理，而且是动态的、全要素、全过程的管理。

（3）物流管理就是要通过有效的计划、组织、协调和控制等手段，合理地组织各种要素的搭配，实现整体最优。

案例 1.1

现代物流发展的国际趋势

发达国家物流的发展取决于社会经济和生产力的发展水平，也取决于科学技术发展的水平。

一、美国物流的发展阶段及背景

美国是物流最发达、最先进的国家，从美国物流研究与实践的发展历史来看，大致可分为四个阶段。

1. 物流观念的萌芽和产生阶段（20 世纪初至 40 年代）

1901 年，J.F.Growell 在美国政府的《工业委员会关于农场产品配送的报告》中首次讨论了影响农产品配送的成本和影响因素；1916 年，A.W.Shaw 在他的《商业问题的对策》中讨论了物流在流通战略中的作用。同年，L.D.H.Weld 在《农场产品的市场营销》中论述了市场营销的效用中包括时间效用、场所效用、所有权效用的概念和营销渠道的概念，从而肯定了物流在创造产品的市场价值中的时间价值及场所性价值中的重要作用。1922 年，F.H.Clark 在《市场营销原理》中将市场营销定义为影响商品所有权转移的活动和包括物流的活动。1927 年，R.Borsodi 在《配送时代》中首次在文章中对目前仍沿用的 Logistic 下了定义。说明人们在这一时期对物流的意义有了初步的认识，并随着以农业为主体的经济向工业化经济发展过程中不断深化，明确了物流在商品流通及市场营销中的地位和作用，但在当时社会生产力发展条件的影响下，物流仍然被看作是市场营销的附属功能。

随着"二战"的爆发，美国军事后勤活动为怎样将物资配送集成于一体提供了经验，推动了"二战"后对物流活动的研究以及实业界对物流的重视，使物流得到了长足的发展。1946 年，美国正式成立了全美交通与物流协会（American Society of Traffic and Logistics），这是美国第一个对运输和物流业进行考查和认证的组织。这一时期是美国物流的萌芽和初级阶段。

2. 物流管理的实践与推广阶段（20 世纪 50 年代至 70 年代末）

进入 20 世纪 50 年代后，对物流的重视程度有了很大提高，物流特别是物流配送得到了快速的发展，其背景是现年市场营销观念的形成，彻底改变了企业经营管理的行为，使企业意识到顾客满意是实现企业利润的唯一手段，顾客服务成为经营管理的核心要素，而物流起到了为顾客提供服务的重要作用。

1954 年，在美国波士顿商业委员会所召开的第 26 届流通会议上，P.D.Converse 作了《市场营销的另一半》的演讲，其意义在于通过一个商业和教育的领导机构来指出教育界和实业界都需要研究和重视市场营销中物流的重要作用，从而为物流管理学的形成及对物流的研究起到积极的推动作用。1956 年，H.T.lewis、J.W.Culliton、J.D.steel 等人出版了《物流中航空货运的作用》一书，首次介绍了物流总费用分析的概念，指出物流总费用由多个环节的费用组成。它们是相互影响的，如空运虽然成本高，但由于它直接向顾客所在地送货，因而节省了货物存储费及仓库费用，因此应从物流总成本的基础上评价各种运输方式的优缺点。由于物流管理的最终目的之一是从节省成本出发来提高企业利润，因而总费用分析的概念对物流管理有着重要的指导意义。

20 世纪 60 年代，美国物流得到一定规模的发展。1961 年，E.Smykny、D.Bowersox 和 F.Mossman 合著了《物流管理（Physical Distribution Management）》一书，这本书从整个系统或业务范围的角度，对物流进行了分析的论述，并讨论了总成本分析的概念。

20世纪60年代早期,密歇根州立大学及俄亥俄州立大学为本科生及研究生设置了物流课程,开始了正式针对物流从业者及教育人员的教学计划。1963年,物流管理委员会(National Council of physical Distribution,1985年更名为 Council of Logistics Management)成立。它集中了物流实业界及教育界的专家,通过对话和讨论,促进了对物流过程的研究和理解及物流管理理论的发展,以及物流界与其他组织的联系与合作。这一时期最重要的研究成果之一是物流总成本分析概念的形成。

20世纪60年代后期至80年代,关于物流管理的研究和讨论相当活跃,出版了大量物流管理方面的教材、论文、杂志,召开了大量相关会议。最早把会计学与物流学联系起来的是 M.SChiff,他在1972年出版的专著《物流管理中的会计管理和控制》中说明了会计与财务信息对物流活动的重要影响。1976年,B.J.Lalonde 和 P.H.Zinszer 发表了他们的最新研究成果《客户服务的章义及评估》,首次详细论述了顾客服务的方方面面,企业要发展,需要全面理解顾客服务的含义及如何对企业服务水平的评价,才能真正满足客户对物流服务的需求。1978年,A.T.Kearney 公司在美国物流管理委员会的资助下,对物流生产率开展研究,其研究成果对物流领域产生了久远的影响。上述研究在物流管理研究方面起到很好的先导作用。

3. 物流管理逐步走向现代化(20世纪70年代末至80年代中期)

美国物流业的发展与政府在物流业的相关法规建设上不断完善是分不开的,其法规包括经济法规和安全法规两方面的内容。到20世纪70年代末,由于其经济法规对非定期的运输业的发展起到了不良的影响,因此政府对一系列运输的经济法规进行了修订,以鼓励承运人在市场上的自由竞争。

例如,1977—1978年的《航空规制缓和条款》(Passage of the Airline Deregulation),1980年提出的《有关铁路和汽车运输的条款》(Staggers Rail Act of 1980, Motor Carrier Act of 1980),1984年的《航运条款》(Shipping Act of 1984)分别去除或修改了在航空、铁路、公路及远洋运输中以往经济法规中的不利于市场竞争的因素,在市场准入、运价、运输路线等方面给运输企业以更大的自主权,而对于货主来讲,由于更多的选择机会,使其从承运方面得到的物流效率及服务水平都得到提高,这些都大大促进了运输业的发展。

20世纪70年代到80年代中期,计算机技术特别是微电脑技术及应用软件的发展为企业提供了有效的辅助管理手段,计算机的普及应用,使 MRP、MRP II、DRP、DRP II、Kanban(看板制)和 Just in Time 等先进的物流管理技术产生并得到不断的完善,在生产调度、存量控制、订单处理等一系列活动中得到应用,从而推动了物流活动一体化的进程。

1984年,G.Sharman 在《哈佛商业评论》中发表了《物流的再认识(The Rediscovery of Logistics)》一文,指出对企业高层管理人员来说,认识到物流在公司中的重要性是很必要的，应重视物流在企业规划和战略决策中的重要作用。1985 年，W.D.Harries 和 J.R.Stock 在密歇根州立大学的一个市场营销历史研讨会上发表了《市场营销与物流的重组——历史与未来的展望（The Reintegration of Marketing and Physical Distribution:A Historical and Future Perspective）》一文，说明从过去的工作中证明了市场营销与物流活动的重组正在发生，强调了物流在营销中的重要作用以及物流在保证顾客服务水平方面的战略作用，提出了营销与物流一体化的必要性，该文的发表推动了物流供应链过程的一体化的研究与实践。

这段时期，随着计算机技术、系统分析方法、定量分析技术的发展，以及物流总费用分析概念的逐步形成及在企业中的应用，使物流的作用在社会及企业中进一步得到确认。同时，从许多公司的管理实践中发现，在制造、市场及物流三个重要方面，能为公司提高利润的最有效手段是降低物流成本，因此物流一体化管理是公司保持持续发展的最有效途径。

4. 物流国际化、信息化及迅速发展阶段（20 世纪 80 年代中期至今）

20 世纪 80 年代以来，随着科技进步和经济发展的步伐加快，以及世界经济一体化的趋势，国际贸易量大大增加，20 世纪 90 年代早期，美国在进出口贸易方面在世界上占领先地位。另外，为降低成本，不少企业纷纷把加工厂移到劳动力便宜的国家和地区。为了促进产品的销售，各公司也热衷于建设自身的全球网络，如可口可乐、百事可乐以及世界上最大的 3.5 英寸软盘生产商 Kao Infer Systems 都通过遍及全球的物流网络扩大世界范围服务。沃尔玛（Wal Mart）和其他的主要零售商建立了他们自己的自由贸易区。国际物流量的增加，使物流业在美国占有越来越重要的地位。20 世纪 90 年代以来，第三方物流（TPL）在美国得到迅速发展。

近年来，随着美国服务经济（Service Economy）的发展即美国经济增长的百分比主要归功于提供服务而不是商品制造，使物流对国民经济和企业的发展起到更重大的作用，也使大多数物流领域围绕着产品有序流动的组织和管理来发展、服务存在于国际、国内市场中，存在于运输、仓储等物流服务之中。然而，目前服务经济发展的服务不只是货物的流动，可能服务的提供者是要流动的，或者被服务者是流动的。过去物流过程的服务离不开存储，但目前有的服务需求如信息咨询服务是不能被储存的。另外，服务工厂（Service Factory）概念的产生，企业柔性制造、小批量、多品种的生产方式及顾客对物流业快速反应的要求也对物流业的服务水平提出了更高的要求。

这些都促使了物流业向信息化、自动化及决策上的智能化（如专家系统的应用）方向发展。为了满足物流国际化、服务形式多样化和快速反应的要求，物流信息系统和电子数据交换（EDI）技术，以及 Internet、条形码、卫星定位系统（GPS）及无线电射频技术在物流领域得到越来越广泛的应用。1998 年，R.B.Footlik 在《运营、包装和配送（Performance Packaging and Distribution）》一文中指出，过去我们配送循环是由物资的流动来左右的，今天，它的推动力是信息的传递。

D.L.Anderson 和 R.G.House 在 1991 年发表的《90 年代的物流（Logistics in the 1990s）》一文中提到，到 2000 年将有约 2 150 亿美元花费到信息系统中，而存储费用却是 2 050 亿美元，这种情况表现了物流战略方面的转变，它从原来的资产密集型战略（如许多的仓库及高的存量水平）向着信息密集的控制系统转变。由于信息交换特别是 EDI 的应用，实现了公司和公司之间、计算机到计算机之间的数据传输，使企业能与所有的合作伙伴，不仅是顾客，而且还包括供应商、运输方、公共仓库及其他方面的信息传递，由于 EDI 技术应用的飞速发展，除了使企业本身节省大量物流费用，提高竞争能力外，在物流领域也促进了供应链及其管理的理论与实践的发展。物流国际化使企业的物流成本大大提高，据统计，国内产品销售的物流费用约占总成本的 5%～6%，而国际性产品的物流费用则占总成本的 10%～25%。服务多样性及服务水平的高要求，也对物流管理提出了更高的要求，因此，在物流理论和决策方法的研究如物流总成本分析、供应链管理及一体化，物流服务水平的含义及评估方法，人工智能及专家系统在物流决策中的应用等方面都取得了非常好的成果。

二、日本物流的发展阶段及背景

日本的物流观念虽然在 20 世纪 50 年代才从美国引入，但发展迅速，并形成了自身独特的管理经验和方法，已成为现代物流的先进国家。日本物流发展的主要阶段有以下几个。

1. 物流概念的引入和形成阶段（1953—1963 年）

1956 年，日本开始从美国引入物流概念，在对国内物流状况进行调查研究的基础上，将物流称为"物的流通"。1964 年，日本又提出，通产省为了降低产业的总体成本，将要推动除生产、流通的费用之外第三种成本的削减，即搬运、保管、包装等物流的成本。产业构造审议流通部中将要设立"物的流通委员会"。日本还把"物的流通"视为一种包括运输、配送、装卸、仓储、包装、流通加工和信息传递等多种活动的综合行为。这一时期政府加强了对物流设施建设；如 1953—1958 年交通运输投资占公共投资总额的 19.2%，1959—1963 年交通运输投资已占公共投资总额的 29.5%，从基础设施上为物流发展打下了良好的基础，同时比较重视有关车站、码头的装卸运作的研究与实践。

2. 以流通为主导的发展阶段（1964—1973 年）

20 世纪 60 年代中期至 70 年代初是日本经济高速增长的时期之一，商品流通量大大增加。随着这一时期生产技术向机械化、自动化发展以及销售体制的不断扩充，物流已成为企业发展的制约因素。因此，日本在这一时期开始进行较大规模的物流设施的建设。在日本政府《中期5年经济计划》中，强调了要实现物流的近代化。作为具体措施，日本政府开始在全国范围内开展高速道路网、港口设施、流通聚集地等各种基础建设。与此同时，各厂商也开始高度重视物流，并积极投资物流体系的建设，各企业都建立了相应的专业部门，积极推进物流基础建设，这种基础建设的目的在于构筑与大量生产、销售相适应的物流设施，主要是随营业规模的扩大增设物流中心，或确保大量输送手段以充实物流硬件的举措。可以说这一时期日本厂商的共同战略是增大物流量、扩大物流处理能力，以适应商品流通的需求。

另一方面，如果说此前日本的物流是可以用"人工装卸"形容的低级化物流的话，那么该阶段的物流进入近代化的大量生产、大量销售时代。为了解决仓库不足、出入库时间长、货车运输欠缺、大量生产的产品无法顺利流向市场等问题，开始广泛采用叉车等机械化装卸设备和采用自动化仓库，灵活运用托盘和集装箱，实现货物单元成组装卸。同时建立物流中心积极推行物流联网系统，开发VSP、配车系统等物流软件。1970年，日本同时成立了两个最大的物流学术团体："日本物流管理协会"和"日本物的流通协会"，开展全国和国际性的物流学术活动。这一时期是日本物流建设大发展的时期，原因在于社会各个方面都对物流的落后及其对经济发展的制约性有着共同认识。这一阶段的发展直到1973年第一次石油危机爆发才告一段落。

3. 物流合理化阶段（1974—1983年）

在这一阶段，日本经济发展迅速，并进入了以消费为主导的时代。虽然物流量大大增加，但由于成本的增加使企业利润并没有期望的高。因此，降低经营成本成为经营战略的重要课题，降低物流的成本更成为其重要内容，物流合理化与最优化是这一阶段的主要特点。所以说，这一时期是物流合理化的时代。

首先，担当物流合理化作用的物流专业部门开始出现在企业的管理中，从而真正从系统整体的观点来开展降低物流成本的活动，同时物流子公司也开始兴起。这一时期的物流合理化主要是改变以往将物流作为商品蓄水地或集散地的观念，从而在经营管理层次上发挥物流的作用。这集中反映在"物流利润源学说"，即"物流到目前为止并没有提升到管理范围，从而成为流通过程的'黑暗大陆'，阻碍因素很多，因此只有去除这些阻碍因素才可能实现成本降低，为利益增加作出贡献"。也就是说，在企业第一利润源销售额无法实现的情况下，物流成为企业增加利润的唯一来源。很显然，物流利润源学说"揭示了现代物流的本质，使物流能在战略和管理上统筹企业生产、经营的全过程，并推动物流的现代化发展"。

在推进物流合理化的过程中，全国范围内的物流联网也在蓬勃发展，其宗旨在于推进订货、发货等业务的快捷化，以及削减物流人员、降低劳动力成本，特别是以大型量贩店为中心的网上订、发货系统的应用在这一时期最为活跃。1983 年，日本物流企业已发展到 5 万多家，从业人员约 105 万人，货运量达 34 亿吨，货运周转量 4 223 亿吨千米，一般较大的物流公司都在全国各地设有自己的分公司或支社，面向全国乃至国外开展物流业务，如通运公司、两派公司、大和运输等。这样，在日本形成了多渠道、多层次、多形式、工商齐办的现代化物流系统网络。

在物流管理政策上，1977 年日本运输省流通对策部公布了"物流成本计算统一标准"，这一政策对于推进企业物流管理有着深远的影响。原因是当时许多企业正热心于从事物流成本控制的研究，各个企业都制定了自己独特的成本控制体系，因而出现了成本概念不一致的状况，这样各企业所计算出的成本就缺乏相互对比的基础。另外，在一般企业中，尽管物流成本的核定是以物流合理化为前提，但是由于缺乏统一明确的会计成本核算标准和方法，对物流成本的计算是不完全的，进而影响了物流合理化的发展。正是在这种状况下，日本运输省制定了"物流成本计算统一标准"。

由于企业和政府的共同努力，使物流管理得到了飞跃性的发展，也使日本迅速成为物流管理的先进国。这一时期日本物流学会成立，同时物流的科研工作也得到了较大的发展，通过建立专门的物流研究所，在日本也召开全国或地区或国际的物流会议、物流奖励大会等，宣传物流的重要意义，讨论和解决了理论及实践中的问题。

4. 物流现代化阶段（20 世纪 80 年代中期至今）

20 世纪 80 年代以来，日本的生产经营发生了重大变革，消费需求差异化发展；尤其是 20 世纪 90 年代日本泡沫经济的崩溃，使以前那种大量生产、大量销售的生产经营体系出现了问题，产品的个性化、多品种和小批量成为新时期的生产经营主流，这使得市场的不透明增加，在库排除的观念越来越强，其结果整个流通体系的物流管理发生了变化，即从集化物流向多频度、少量化、短时化发展。

在销售竞争不断加剧的情况下，物流服务作为竞争的重要手段在日本得到了高度重视。这表现在 20 世纪 80 年代后期日本积极倡导高附加值物流、Just in Time 物流等方面。但是，随着物流服务竞争多样化，物流成本的高昂已成为这一时期的特征，在日本有把这一时期称为"物流不景气时代"的说法，即由于经营战略的要求，使物流成本上升，出现赤字。因此，如何克服物流成本上升、提高物流效率是 20 世纪 90 年代日本物流面临的一个最大问题。

1997 年 4 月 4 日，日本政府制定了一个具有重要影响力的《综合物流施策大纲》，该大纲是根据 1996 年 12 月 17 日日本政府决定的《经济构造的变革和创造规划》中有关"物流改革在经济构造"中的指示而制定的，该大纲是日本物流现代化发展的指针，对于日本物流管理的发展具有历史意义，是最为重要的课题之一。到 2001 年为止，既要达到物流成本的效率比，又要实现不亚于国际水准的物流服务，为此各相关机关要联合起来共同推进物流政策和措施的制定。大纲中提出了到2001年物流发展的三项基本目标：第一，亚太地区便利性且充满活力的物流服务；第二，实现对产业竞争不构成阻碍的物流成本；第三，减轻环境负荷。为实现上述目标，大纲中还制定了实施措施的三项原则，包括通过相互合作来制定综合措施；为确保适应消费者需求的有效运输体系，以及创造良好的交通环境、道路、航空、铁路等交通机构合作共同制定综合交通措施；通过竞争促进物流市场活性化。

大纲中提出的具体措施如下：社会资本的合作与集中使用，消除物流瓶颈，建设国际港口、机场及相应的疏港疏场高规格的道路，主要干线铁路、公路的建设，提高运输能力；建设大都市圈物流中心，在法规和政策上进一步推动物流的效率化；物流系统要实现信息化、标准化；实施无纸贸易；对都市内物流要建立道路交通的畅通机制，提高汽车装载效率，提高物流服务质量，减轻环境负担；对地域之间的物流要进一步完善多种方式运输的竞争条件，实现多式联运，促进水路、铁路货运，建立区域性物流中心及道路；对于国际物流要进一步缩短物流的时间和成本，纠正内外价格差，提高产业地区的竞争力。值得一提的是，大纲中特别提到要建立各机构、各部门合作的政策推进体制，推进各政府机关、地方团体、物流业者和货主联合采取物流现代化措施，形成整体效应。

三、欧洲物流的发展阶段及背景

欧洲物流发展的鲜明特点是服务和覆盖范围的不断扩大，形成不同的物流发展阶段：20世纪50～60年代的单个工厂物流阶段，70年代多个工厂或集团的综合物流阶段，80年代的供应链物流阶段，90年代的全球物流阶段以及本世纪初的电子物流和协作式物流发展阶段。

1. 工厂物流（Factory Logistics）阶段（20世纪50～60年代）

这一时期，欧洲各国为了降低产品成本，开始重视工厂范围内物流过程中的信息传递，对传统的物料搬运进行变革，对厂内的物流进行必要的规划，以寻求物流合理化的途径。当时供应链经济（Supply Chain Economics）的主要特点是从订单中获取需求信息，着眼于抓住信息中所提供的机会，供应链管理和运输是从上到下的垂直式一体化，组织机构是典型的"烟囱管"结构。制造业（工厂）还处于加工车间模式，工厂内的物资由工厂内设立的仓库提供。工厂客户的期望是同月供货服务，信息交换通过邮件，产品跟踪采用贴标签的方式；信息处理的软硬件平台是纸带穿孔式的计算机及相应的软件。这一阶段储存与运输分离，各自独立经营，是物流的初级阶段。

2. 综合物流（Integrate Logistics）阶段（20世纪70年代）

20世纪70年代是欧洲经济快速发展商品生产和销售进一步扩大的时期。出现了由多个工厂联合的企业集团或大公司，工厂内部的物流已不能满足企业集团对物流的要求，因此出现了综合物流，即基于工厂集成的物流。这时的供应链经济和供应链管理采用具有竞争机制的分布式模式，组织机构从"烟囱管"式向"矩阵式"变革。这时的制造业已广泛采用成组技术（GT），对物流服务的需求增多，要求也更高。客户的期望已变成同一周供货或服务。服务节奏明显加快，因此仓库已不再是静止封闭的储存式模式，而是动态的物流配送中心，需求信息不只是看订单，主要是从配送中心的装运情况获取需求信息。供应链经济主要着眼于防止生产和物流的延误而造成经济上的损失。这个时期信息交换采用电话方式，通过产品本身的标记实现产品的跟踪。进行信息处理的硬件平台是小型计算机；由于当时还没有功能比较强大的商品化软件问世，因此一般都是企业（工厂）自己开发软件。同时，基于工厂集成的物流和工厂内部物流相比，服务面要大得多，因此物流的来源出现了由承运人提供的新模式，从而为物流成本的降低探索了一条新的途径。

3. 供应链物流（Supply Chain Logistics）阶段（20 世纪 80 年代）

随着经济和流通的发展，不同的企业（厂商、批发业者、零售业者）都在进行各自的物流革新，建立相应的物流系统，其目的是在追求物流系统集成化的过程中，实现物流服务的差别化，发挥各自的优势与特色。由于流通渠道中各经济主体都拥有不同的物流系统，必然会在经济主体的联结点处产生矛盾。为了解决这个问题，20 世纪 80 年代在欧洲开始应用物流供应链的概念，发展联盟型或合作式的物流新体系；供应链物流强调的是，在商品的流通过程中，企业间加强合作，改变原来各企业分散的物流管理方式，通过供应链物流这种合作型（或称共生型）的物流体系来提高物流效率。创造的成果由参与企业共同分享。为此，欧洲各国出现半官方的组织协作物流委员会（Corporate Logistic Council）以推动供应链物流的发展。这一时期制造业已采用准时生产（JIT）模式，客户的物流服务需求已发展到可同一天供货（或服务）。因此供应链的管理进一步得到加强，实现供应的合理化，如组织好港站库的交叉与衔接、零售商管理控制总库存量、产品物流总量的分配等。这一时期物流需求信息可直接从仓库出货点获取，通过传真方式进行信息交换，产品跟踪采用条形码扫描；信息处理的软硬件平台是客户/服务器模式和购买商品化的软件包。值得一提的是，这一时期欧洲第三方物流开始兴起。

4. 全球物流（Globalization Logistics）阶段（20 世纪 90 年代）

20 世纪 90 年代以来，全球经济一体化的发展趋势十分强劲，欧洲企业纷纷在国外，特别是在劳动力比较低廉的亚洲地区建立生产基地，生产零部件，甚至根据市场的预测和区位的优势分析在国外建立总装厂。由于从国外生产基地直接向需求国发送的商品增加迅速，这一趋势大大增加了国与国之间的商品流通量，又由于国际贸易的快速增长，全球物流应运而生。全球物流就是全球消费者（一般指国家）和全球供货源之间的物流和信息流。这一时期欧洲的供应链着眼于整体提供产品和物流服务的能力。同时，欧洲制造业已发展到精良制造（Lea Manufacturing）。客户的物流服务要求同一工班供货。因此这一时期物流中心的建设迅速发展，并形成了一批规模很大的物流中心，如荷兰的鹿特丹港物流中心，石油加工配送量为 6 500 万吨/年，汽车分销量 300 万辆/年，橙汁与水果分销量 90 万吨/年，已成为欧洲最重要的综合物流中心之一。在供应链管理上采用供应链集成的模式；供应方、运输方通过交易寻求合作伙伴。由于主导者和主导权是供应链管理的前提条件，主导权模糊不清，就无法维系整个供应链的运转，建立起强有力的管理组织。因此，20 世纪 90 年代欧洲提出设立首席物流主管（Chief Logistics Officer）作为供应链管理的主导者。这一时期物流的需求信息直接从顾客消费点获取，信息交换采用 EDI，产品跟踪应用射频标识技术，信息处理广泛应用 Internet 和物流服务方提供的软件。这一时期是欧洲实现物流现代化的重要阶段。

5. 电子物流（E-Logistics）阶段（20 世纪 90 年代末至 21 世纪初）

目前，基于互联网和电子商务的电子物流正在欧洲兴起，以满足客户越来越苛刻的物流需求，如要求在同一小时供货。物流的来源由电子商务服务供应方提供，并实现供应/运输交易的最优化。供应链管理进一步扩展，可实现物流的协同规划，预测和供应。组织机构采用横向供应链管理模式，需求信息直接从顾客消费点获取，采用在运输链上实现组装的方式，使库存量实现极小化、信息交换采用数字编码分类技术和无线互联网、产品跟踪利用激光制导标识技术（Smart Ink）。

四、发达国家物流发展趋势

美国、日本和欧盟等经济发达国家和地区由于有长期的物流市场管理经验和一套完善的法制管理体系，因此其物流业能够始终走在世界最前沿。了解它们的物流业发展新趋势，并借鉴其实践经验，对促进我国现代物流业的发展是十分有益的。

国外专业物流企业是伴随制造商经营取向的变革应运而生的。由于制造厂商为迎合消费者日益精致化、个性化的产品需求，而采取多样、少量的生产方式，因此高频度、小批量的配送需求也随之产生。目前，在美国、日本和欧洲等经济发达国家，专业物流服务已形成规模；共同配送则是经过长期发展和探索优化出来的一种追求合理化配送的配送形式，也是采取较为广泛、影响面较大的一种先进的物流方式。

1. 高新技术不断应用

目前，发达国家已形成以信息技术为核心，以信息技术、运输技术、配送技术、装卸搬运技术、自动化仓储技术、库存控制技术、包装技术等专业技术为支撑的现代化物流装备技术格局。其发展趋势表现为信息化、自动化、智能化和集成化。其中，高新技术在物流运输业的应用与发展表现尤为突出，它对提高物流效率、降低物流成本具有重要意义。

2. 电子物流快速兴起

电子物流与快递业务强劲发展基于电子商务的迅速发展。企业通过互联网加强了企业内部、企业与供应商、企业与消费者、企业与政府部门的联系沟通、相互协调、相互合作。消费者不仅可以直接在网上获取有关产品或服务信息，实现网上购物，而且可以在线跟踪发出货物的走向。电子物流还带动了快递业务的强劲发展。可以说，电子物流已成为 21 世纪国外物流发展的大趋势。

3. 绿色物流成亮点

物流虽然促进了经济的发展，但是物流发展的同时也会给城市环境带来负面影响，为此绿色物流应运而生。绿色物流主要包含两个方面：一是对物流系统污染进行控制，即在物流系统和物流活动的规划与决策中尽量采用对环境污染小的方案，如采用排污量小的货车车型、近距离配送、夜间运货等；二是建立工业和生活废料处理的物流系统。发达国家政府还在污染发生源、交通量、交通流三个方面制定相关政策，形成倡导绿色物流的对策系统。

资料来源：全国物流信息网，www.56888.net.

思考题

1. 美国、日本及欧洲物流发展过程各有什么特点？
2. 谈谈国际物流发展经验对我国物流业发展的启示。

案例 1.2

海尔现代物流管理案例

海尔集团是集科研、生产、贸易及金融等于一体的国家特大型企业。近年来，海尔在物流方面的成绩也越来越受到社会的关注。在对企业进行全方位再造的基础之上，海尔建立了具有国际水平的自动化、智能化的现代物流体系，使企业的运营效益发生了奇迹般的变化，资金周转达到一年 15 次，实现了零库存、零运营成本和与顾客的零距离，突破了构筑现代企业核心竞争力的瓶颈。

一、海尔现代物流从根本上重塑了企业的业务流程，真正实现了市场化程度最高的订单经济

海尔现代物流的起点是订单。企业把订单作为企业运行的驱动力，作为业务流程的源头，完全按订单组织采购、生产、销售等全部经营活动。从接到订单时起，就开始了采购、配送和分拨物流的同步流程，现代物流过程也就同时开始。由于物流技术和计算机管理的支持，海尔物流通过三个 JIT，即 JIT 采购、JIT 配送和 JIT 分拨物流来实现同步流程，这样的运行速度为海尔赢得了源源不断的订单。目前，海尔集团平均每天接到销售订单 200 多个，每个月平均接到 6 000 多个销售订单，定制产品 7 000 多个规格品种，需要采购的物料品种达 15 万种。由于所有的采购基于订单，采购周期减到 3 天；所有的生产基于订单，生产过程降到一周之内；所有的配送基于订单，产品一下线，中心城市在 8 小时内、辐射区域在 24 小时内、全国在 4 天之内即能送达。总起来，海尔完成客户订单的全过程仅为 10 天时间，资金回笼一年 15 次，呆滞物资降低 73.8%。张瑞敏认为，订单是企业建立现代物流的基础。如果没有订单，现代物流就无物可流，现代企业就不可能运作。没有订单的采购，意味着采购回来就是库存；没有订单的生产，就等于制造库存；没有订单的销售，就不外乎是处理库存。抓住了订单，就抓住了满足即期消费需求、开发潜在消费需求、创造崭新消费需求这个"牛鼻子"。但如果没有现代物流保障流通的速度，有了订单也会失去。

二、海尔现代物流从根本上改变了物在企业的流通方式，基本实现了资本效率最大化的零库存

海尔改变了传统仓库的"蓄水池"功能，使之成为一条流动的"河"。海尔认为，提高物流效率的最大目的就是实现零库存，现在海尔的仓库已经不是传统意义上的仓库，它只是企业的一个配送中心，成了为下道工序配送而暂时存放物资的地方。

建立现代物流系统之前，海尔占用 50 多万平方米仓库，费用开支很大。海尔建立了两座规模大、自动化水平高的现代化、智能化立体仓库，仓库使用面积降低，仅有 2.54 万平方米。其中一座坐落在海尔开发区工业园中的仓库，面积 1.92 万平方米，设置了 1.8 万个货位，满足了企业全部原材料和制成品配送的需求，其仓储功能相当于一个 30 万平方米的仓库，如图 1-1 所示。

图 1-1 海尔工业园立体化仓库

这个立体仓库与海尔的商流、信息流、资金流、工作流联网，进行同步数据传输，采用世界上最先进的激光导引无人运输车系统、机器人技术、巷道堆垛机、通信传感技术等，整个仓库空无一人。自动堆垛机把原材料和制成品举上 7 层楼高的货位，自动穿梭车则把货位上的货物搬下来，一一放在激光导引无人驾驶运输车上，运输车井然有序地按照指令再把货物送到机器人面前，机器人叉起托盘，把货物装上外运的载重运输车上，运输车开向出库大门，仓库中物的流动过程结束。整个仓库实现了对物料的统一编码，使用了条形码技术、自动扫描技术和标准化的包装，没有一道环节会使流动的过程梗塞。

海尔的流程再造使原来表现为固态的、静止的、僵硬的业务过程变成了动态的、活跃的和柔性的业务流程。在海尔所谓库存物品，实际上成了在物流中流动着的、被不断配送到下一个环节的"物"。

三、海尔现代物流从根本上打破了企业自循环的封闭体系，建立了市场快速响应体系

面对日趋激烈的市场竞争，现代企业要占领市场份额，就必须以最快的速度满足终端消费者多样化的个性需求。因此，海尔建立了一整套对市场的快速响应系统。

一是建立网上订单管理平台。全部采购订单均由网上发出，供货商在网上查询库存，根据订单和库存情况及时补货。

二是建立网上支付系统。目前网上支付已达到总支付额的 20%，支付准确率和及时率达 100%，并节约近 1 000 万元的差旅费。

三是建立网上招标竞价平台。供应商与海尔一道共同面对终端消费者，以最快的速度、最好的质量、最低的价格供应原材料，提高了产品的竞争力。

四是建立信息交流平台，供应商、销售商共享网上信息，保证了商流、物流、资金流的顺畅。

集成化的信息平台，形成了企业内部的信息"高速公路"，架起了海尔与全球用户资源网、全球供应链资源网和计算机网络的桥梁，将用户信息同步转化为企业内部信息，以信息替代库存，强化了整个系统执行订单的能力，海尔物流成功地运用电子商务体系，大大缩短了海尔与终端消费者的距离，为海尔赢得了响应市场的速度，扩大了海尔产品的市场份额。在国内市场份额中，海尔彩电占 10.4%，冰箱占 33.4%，洗衣机占 30.5%，空调占 30.6%，冷柜占 41.8%。在国际市场，海尔产品占领了美国冷柜市场的 12%、200升以下冰箱市场的 30%、小型酒柜市场 50%的市场份额，占领了欧洲空调市场的 10%，中东洗衣机市场的 10%。目前海尔的出口量已经占到销售总量的 30%。

四、海尔现代物流从根本上扭转了企业以单体参与市场竞争的局面，使通过全球供应链参与国际竞争成为可能

从 1984 年 12 月到现在，海尔经历了三个发展战略阶段。第一阶段是品牌战略，第二阶段是多元化战略，第三阶段是国际化战略。在第三阶段，其战略创新的核心是从海尔的国际化到国际化的海尔，是建立全球供应链网络，支撑这个网络体系的是海尔的现代物流体系。

海尔在进行流程再造时，围绕建立强有力的全球供应链网络体系，采取了一系列重大举措。一是优化供应商网络。将供应商由原有的 2 200 多家优化到 900 家。二是扩大国际供应商的比重。目前国际供应商的比例已达 67.5%，较流程再造前提高了 20%。三是就近发展供应商。海尔与已经进入和准备进入青岛海尔开发区工业园的 19 家国际供应商建立了供应链关系。四是请大型国际供应商以其高技术和新技术参与海尔产品的前端设计。目前参与海尔产品设计开发的供应商比例已高达 32.5%。供应商与海尔共同面对终端消费者，通过创造顾客价值使订单增值，形成了双赢的战略伙伴关系。

在抓上游供应商的同时，海尔还完善了面向消费者的配送体系，在全国建立了 42 个配送中心，每天按照订单向 1 550 个专卖店、9 000 多个网点配送 100 多个品种、5 万多台产品，形成了快速的产品分拨配送体系、备件配送体系和返回物流体系。与此同时，海尔与国家邮政总局、中远集团、和黄天百等企业合作，在国内调配车辆多达 16 000 辆。

海尔认为，21 世纪的竞争将不是单个企业之间的竞争，而是供应链与供应链之间的竞争。谁的供应链总成本低、对市场响应速度快，谁就能赢得市场。一手抓住用户的需求，一手抓住可以满足用户需求的全球供应链，这就是海尔物流创造的核心竞争力。

资料来源：张理. 现代物流案例分析[M]. 北京：中国水利水电出版社，2005：2.

思考题
1. 案例中海尔是从哪几个方面着手实施现代物流管理的？
2. 了解现代物流管理与供应链管理的关系。

1.2　中国物流业发展现状与面临的形势

据中研普华《2013—2017 年物流行业全景调研与投资策略研究咨询报告》显示，2012 年全年社会物流总额 177 万亿元，同比增长 9.8%；全国物流业增加值为 3.5 万亿元左右，同比增长 9.1%。

1.2.1　2012 年中国物流业发展情况

2012 年，中国物流业经受了严峻挑战和考验，实现了平稳适度增长，对国民经济发展和发展方式转变发挥了重要作用。但经济运行中的物流成本依然较高，物流市场经营风险加大，要素成本上涨趋势难以逆转，物流企业生存空间进一步压缩。社会物流总额和物流业增加值的增长幅度为10%左右，社会物流总费用与GDP的比率下降的难度依然较大。2012年，我国物流业呈现出许多新变化和新特点。

1．物流业总体运行放缓趋稳

2012年，我国国民经济出现回升势头。全年国内生产总值51.9万亿元，同比增长7.8%。全国物流业增加值为3.5万亿元左右，同比增长9.1%。全国社会物流总费用约为9.4万亿元，同比增长11.4%。

2．物流市场需求细分化趋势明显

生产资料类和进出口物品的物流需求增速放缓。由于国际市场增长乏力，国际航运业务持续低迷，航运企业亏损严重。因投资需求趋缓，钢铁、建材、煤炭、能源等工业和大宗商品物流需求下降，库存压力加大。

快速消费品和网购物流需求增势迅猛。全年电子商务交易额达7万亿元，网购交易额超过1.2万亿元，分别占社会消费品零售总额的33.8%和5.8%。与电商网购配套的快递物流实现高速增长，全年完成业务量57亿件，同比增长55%。随着居民消费水平和安全意识的提高，对食品、药品、快速消费品、农产品等物流质量的要求越来越高，冷链物流应用领域进一步拓展。

制造业物流分离外包速度加快。生产制造企业推动资源向主业集中，传统制造企业物流外包水平明显提升，IT、汽车、家电、服装等制造企业物流外包进入供应链整合阶段。

3．物流企业专业化服务能力得到提升

物流要素成本全面上涨。调研显示，2012年物流企业人力成本平均增长15%～20%，燃油价格相当于2000年的3倍左右，过路过桥费占运输成本的三分之一左右，多数企业资金使用成本超过利润总额，大中城市物流业用地及仓库租金再度上涨。

物流企业积极应对市场变化。大型物流企业重组整合，兼并收购，中小物流企业依托公共平台集聚和联盟发展。国内航运企业大幅削减运力，调整业务结构。专业化服务能力进一步增强。企业更加重视以客户需求为中心，开发个性化、一体化服务，在冷链物流、汽车物流、城市配送、物流地产等专业细分领域涌现了一批综合服务能力强的专业物流企业。企业加强精细化、集约化管理，通过技术改造、管理提升和人员培训，应对成本上升压力。精益物流、共同配送、供应链集成等新的物流运作模式表现出强大生命力。越来越多的企业向产业链延伸服务，逐步从传统物流企业向综合物流服务商转型。

4．经营业态交叉融合正在加速

各类企业跨界经营。商贸流通企业从交易功能向物流功能延伸服务，现货市场、交易中心、期货交割库等商贸物流业态快速发展。苏宁、国美、京东、当当等一批消费型商贸企业和电子商务企业投入巨资建立和完善物流网络，部分企业申请获得快递牌照，自有物流配送体系向社会开放。中邮、顺丰等快递企业开设网上业务，进入电商领域。物流企业介入代理采购和分销业务，借助金融机构开展供应链一体化服务。

多种业态深度融合。制造业与物流业联动发展，在采购、生产、销售等环节加强协作。联想、海尔、一汽等一批制造企业与物流企业深化战略合作，促进业务流程再造。商贸业与物流业共生发展，百联、物美、浙江物产、天津物产等一批商贸企业改造传统流通渠道，创新流通模式。金融与物流的融合，提升物流业对整个供应链的掌控能力。汽车、家电、电子、医药、零售等行业上下游多种业态深度融合，供应链协同模式加快变革。

5．区域物流和国际物流整合开拓

区域物流一体化继续推进。长三角、珠三角、环渤海、中部地区等区域物流一体化积极推进，区域通关、交通管理、公路执法等合作机制逐步建立。东部地区物流业发展达到一定规模，加快转型升级。中西部地区受产业转移驱动，物流需求扩张，物流基础设施建设保持较快增长。北京、上海、广州、成都等一批国家级物流节点城市辐射和集聚作用明显。

国际物流发展蕴涵机会。中远、中外运、顺丰速运等大型物流企业跟随国内制造和建筑工程企业进入国际市场，在工程物流、快递物流等领域取得积极进展。航空运输企业积极拓展国际航线，加入国际联盟，打造国际化航空公司。一批大型物流企业通过收购兼并等方式，加大战略性投资，积极推进海外扩张。

6．物流基础设施建设投资再创新高

2012 年，我国物流业固定资产投资完成 4 万亿元，同比增长 23.9%，增幅同比提高16.1 个百分点。2012 年末铁路营业里程 9.9 万千米，公路通车里程 418 万千米，其中高速公路 9.6 万千米，分别同比增长 5.9%、1.8%和 13.1%。随着铁路运力的释放，海铁、公铁、空铁等多式联运具备发展条件。

物流园区初具规模。2012 年，中国物流与采购联合会开展了第三次全国物流园区（基地）调查，列入调查的各类物流园区共计 754 家，其中运营的 348 家，占 46%。与前两次调查相比，物流园区区域分布趋于均衡，转型升级态势明显。园区服务范围逐渐扩大，集聚和辐射效应持续增强。

7．物流信息化和技术水平稳步提升

物流信息化水平较快提高。交通、邮政、食品药品监管等一批电子政务系统加快物流信息资源开发利用。全国铁路推出货运电子商务平台，货运业务实现网上办理。国家邮政局快递安检平台建设基本完成，实时监测和预警快递企业生产运行。交通运输部全国交通运输物流公共信息平台建设工作正式启动。国家和地方一批物流公共信息平台取得新进展。RFID 技术在物流与交通领域应用获得政府支持，危险品运输车辆 GPS 车载终端开始强制推行，物联网技术开始在烟草等物流领域应用。

随着连锁零售、电子商务、医药、烟草、快递等行业快速发展，物流配送中心数量大幅增加，对立体仓库、自动分拣系统、自动识别系统、手持终端以及设备系统集成需求旺盛，物流装备系统化、自动化、智能化趋势明显。

8. 物流标准化和教育培训等基础性工作成效显著

物流标准化工作积极推进。全年新发布标准 23 项，基本完成了《全国物流标准专项规划》的既定目标。自 2005 年开始，中国物流与采购联合会按照《物流企业分类与评估指标》国家标准开展 A 级物流企业评估工作，目前全国 A 级企业已达到 2 100 家。物流园区、冷链物流、医药物流等一批专业性物流标准加快修订。

物流学科体系建设、职业技能培训认证工作取得积极成效。目前，全国已有 417 所本科院校、824 所高等职业学校和 2 000 多所中等专业学校开设了物流类专业。经教育部批准，"物流管理""物流工程"列入教育部本科专业大类目录。中物联物流师职业资格培训与认证工作自 2003 年 11 月开展以来，已有 30 多万人参加了认证培训，16 万多人取得资格证书。

9. 物流业政策环境进一步改善

国务院发布《关于深化流通体制改革加快流通产业发展的意见》，提出大力发展第三方物流，促进企业内部物流社会化。随后，国务院办公厅推出降低流通费用 10 项政策，突出强调降低物流成本。先后发布的《国内贸易发展"十二五"规划》和《服务业发展"十二五"规划》，都对物流业发展提出了新的要求。

2011 年 8 月，国务院办公厅发出《关于促进物流业健康发展政策措施的意见》，业内叫做"物流国九条"。2012 年，各有关部门为落实"物流国九条"做了大量工作。国家发改委、铁道部、交通运输部等多部门出台政策，鼓励和引导民间投资进入物流相关领域。国家发改委起草编制《物流园区发展专项规划》和《应急物流发展专项规划》；财政部出台物流企业土地使用税减半征收政策；交通运输部开展收费公路清理工作，积极推广甩挂运输，支持公路枢纽型物流园区建设；商务部启动现代物流技术应用和共同配送综合试点，提出仓储业转型升级指导意见；铁道部实施货运组织改革，试行"实货制"运输组织方式；工业和信息化部推进工业物流和物流信息化发展；海关总署推进特殊监管区域改革发展。各地政府出台规划和配套政策，积极落实"物流国九条"也有新的进展。

　　总体来看，2012 年我国物流业经受了严峻的挑战和考验，实现了平稳适度增长，对国民经济发展和发展方式转变发挥了重要作用。但也必须清醒地看到，随着行业运行增速趋缓，长期掩盖在高速增长下的一系列问题日益突出。物流需求社会化程度依然不高，企业物流外包层次低，物流服务内部化特征明显。物流企业集中度不够，专业化服务能力不强，低端化、同质化竞争比较严重，诚信缺失引发社会关注。物流效率和效益提升缓慢，无论是物流总费用与 GDP 的比率，还是企业物流成本费用率居高不下。物流市场经营风险加大，要素成本上涨趋势难以逆转，物流企业生存空间进一步压缩。物流能力不足和运力过剩长期共存，多种运输方式不均衡、不协调、不衔接的问题依然存在。在物流基础设施建设中，一方面物流用地供应难以保障，建设规划难以落地；另一方面有的地方借物流名义盲目圈占土地，改变用途。物流业涉及管理部门多，协调难度大，导致相关政策出台慢、落实难，体制和政策环境与行业发展的需要不相适应。例如，物流业被纳入"营改增"试点后，不仅物流业各环节税率统一问题没有解决，而且交通运输业普遍出现税负增加较多的严重问题。由此看来，落实"物流国九条"政策，切实减轻物流企业负担依然任重道远。

1.2.2　2013 年中国物流业发展情况

　　2013 年是全面贯彻落实党的十八大精神的开局之年。党的十八大确定了实现全面建成小康社会和全面深化改革开放的目标，提出了加快完善社会主义市场经济体制和加快转变经济发展方式的任务。这"两个全面"和"两个加快"是我国现代化建设进入新阶段的新任务。

　　我国物流业发展进入新阶段，面临新机遇。一是要把握扩大内需特别是消费需求的战略机遇，在有效满足消费需求、降低流通成本、提高流通效率中发挥物流业更大作用。二是要把握产业转型升级的战略机遇，推动物流需求社会化和供应链一体化，带动制造业服务化。三是要把握新型城镇化的战略机遇，加强城市物流服务体系的改造和建设，促进城乡物流一体化发展。四是要把握创新驱动的战略机遇，鼓励企业加快技术创新、服务创新和模式创新，形成科技进步和管理创新的新动力。五是把握开放型经济的战略机遇，打造国际物流服务网络，为其他产业"走出去"提供物流保障。六是要把握节约资源和循环经济的战略机遇，推行绿色物流、循环物流、低碳物流，走出一条可持续发展的道路。

第 2 章　仓储与库存管理

引言

　　仓储是指通过仓库对物资进行储存和保管。它随着物资储存的产生而产生，又随着生产力的发展而发展。仓储是商品流通的重要环节之一，也是物流活动的重要支柱，在社会分工和专业化生产的条件下，为保持社会再生产过程的顺利进行，必须储存一定量的物资，以满足一定时间内社会生产和消费的需要。

　　现代物流是从原材料采购、产品生产到产品销售过程物流的统一管理，是实现促进产品销售和降低物流成本的管理。物流过程需要经过众多的环节，其中仓储过程是最为重要的环节，也是必不可少的环节。仓储从传统的物质储存、流通中心，发展到成为物流的节点，作为物流管理的核心而存在并发展着整体物流协调的作用，也成为产品制造环节的延伸。

2.1　现代物流仓储

2.1.1　仓储的概念

　　仓储既是物流的重要组成部分，也是发展现代物流的基础。"仓"即仓库，为存放物品的建筑物和场地，可以为民房建筑、大型容器、洞穴或者特定的场地等，具有存放和保护物品的功能。"储"表示收存以备使用，具有收存、保管、交付使用的意思。因此，"仓储"是指利用仓库及相关设施设备进行物品的入库、存、出库的活动。

　　仓储具有静态和动态两种，当产品不能被及时消耗掉，需要专门场所存放时，就产生了静态的仓储；而将物品存入仓库，对于存放在仓库里的物品进行保管、控制和提供使用等的管理，则形成了动态的仓储。可以说，仓储是对有形物品提供存放场所，并在这一期间对存放物品进行保管、控制的过程。

2.1.2　仓储管理的含义

　　仓储管理是指对仓库和仓库中储存的货物进行管理。从广义上看，仓储管理是对物流过程中货物的储存以及由此带来的商品包装、分拣、整理等活动进行的管理。

仓储管理是一门经济管理科学，同时也涉及应用技术科学，故属于边缘性学科。仓储管理将仓储领域内生产力、生产关系以及相应的上层建筑中的有关问题进行综合研究，以探索仓储管理的规律，不断促进仓储管理的科学化和现代化。

仓储管理的内涵随着其在社会经济领域中的作用不断扩大而变化。仓储管理从单纯意义上的对货物存储的管理，已成为物流过程中的中心环节，它的功能已不是单纯的货物存储，而是兼有包装、分拣、整理、简单装配等多种辅助性功能。因此广义的仓储管理应包括对这些工作的管理。

案例 2.1

海尔物流：以时间消灭空间

"海尔"已享誉世界，"海尔物流"也成为中国物流业的一个"闪光点"。因为中国第一个"物流示范基地"在这里，更准确地说，海尔在物流管理、物流技术和物流理念的创造性实践，为正在兴起的中国物流业树立了一个里程碑式的典范和楷模。

一、"海尔物流"无处不在

进入海尔工业区，不时有"海尔物流"醒目标志大型厢式货车来往穿梭。无须打听，也知道这是海尔与外部世界进行着"原材料——产品"的交换。海尔的现代化立体仓库已更名为"青岛物流中心"，建成于 1999 年 8 月。仓库占地面积 7 200 平方米，使用面积 5 400 平方米，仓库高 16 米，货架高 13 米，共有 9 618 个货位，为国内同类型第一大库。据说，该仓库相当于过去 8 万平方米的平面库，仅仓储费用一项每年可为集团节约 1 500 万元。

立体库全部采用机械化叉车搬运，极大地提高了工作效率。过去同规模的平面库至少需要 200 人，而目前仓库只有 28 个人。这里的管理采用了世界最先进的仓储管理集成系统 SAP/R3，它可以实时监控整个中心每一种物料的库存情况，从而保证整个物流中心的物资不是像水库，而是像一条河流一样不停地在流动。它可以将库存资金占用从 15 亿元降至 6 亿元，降幅达 60%，杜绝了呆滞物资的产生。

与立体库相关的业务流程如下：从市场信息的收集转换成产品事业部的生产计划，通过 SAP 系统自动运行生成物料采购清单，通过网上下达给分供方执行。分供方按照订单上的时间、地点、数量的要求提前检验后，运送到立体库，由立体库入库员在现场通过条码扫描进行收货。整个审核订单的过程是通过自动程序完成的。与此同时，系统自动分配货位，小叉车和高架叉车通过扫描托盘号进行操作，将货物放到指定的货位并加以确认，完成收货操作。

出库系统是按照产品事业部生产计划的要求，通过共享的 SAP 系统自动分配物料下架指令，无线传输给高架叉车进行取货，并通过小叉车的扫描分拣完成出库指令，提前 4 小时配送到生产线工位。无线扫描系统的运用使整个库区操作指令实现了无纸化办公。

库区内宛如一排排高楼脚手架的货架有 29 个巷道，10 部高架叉车来往其间取货，就像大机器的零部件动作一样准确无误。据说，这种德国产的林德叉车每部价值达 100 万元人民币。7 部小叉车又称平衡叉车，在货架周边的空间活动，其活动指令是通过叉车上的无线接收终端来获取的。而"传达"指令的装置分别位于立体库两端的建筑物上，它们可以保证覆盖在库区及周边地区活动的叉车和相关装置。库内还配备有自动感应式的喷淋消防装置。

二、"海尔物流"打造核心竞争力

海尔曾提出"消灭库存"的理念，但海尔除建造了这样的立体库外，还建造了更先进的自动化立体库。当有人就这个看似矛盾的现象提出质疑时，海尔集团 CEO 张瑞敏指出，海尔实行的是"过站式"物流管理模式，仓库已不再是传统意义上的物资"水库"，而是一条流动的河流，是"车站"，是物流作业的一个节点。产生这一变化的根本原因就是，海尔是按订单来进行采购、制造、配送的，物品是按订单信息要求而流动的，从而消除了呆滞物资，也就消灭了"库存"。这与传统意义上的为"库存"而生产，生产出来的产品进入库存，而后再等待订单的概念是根本不同的。

由市场信息转化而来的订单，实实在在成为海尔活动的中心。1999 年开始，海尔开始进行以"市场链"为纽带的业务流程再造，创造了富有海尔特色的"一流三网"的同步物流模式。"一流"是以订单信息网为中心；"三网"分别是全球供应资源网络、全球配送资源网络和计算机网络。"同步"即"三网"同步运行，为订单信息流的增值提供支持。

海尔进行的以"一流三网"为主要标志的物流革命，其核心就是以订单信息流为中心对仓库进行革命，通过同步模式以高效物流运作实现"与用户零距离"的战略目标，使海尔通过现代物流一只手抓住用户的需求，另一只手抓住可以满足用户需求的全球供应链，获得企业核心竞争力。

实施了采购 JIT。海尔物流整合的第一步是整合采购，将集团的采购活动全部集中、在全球范围内采购质优价廉的零部件。海尔一年的采购费用约 150 亿元，有 1.5 万个品种，有 2 200 多个供应商。通过整合采购，海尔将供应商的数目减少到 900 家，世界 500 强企业中有 85 家为海尔的供应商，集团采购人员优化掉 1/3，成本每年对比降低 4.5% 以上。

实施了原材料配送 JIT。在立体库建立之前，海尔的平均库存时间为 30 天，仅海尔工业因企业的外租仓库就达 20 余万平方米。两个立体库建成后，平均库存周转时间已经减至 12 天，整个集团仓库占地仅为 2.6 万平方米，即以原仓储面积 1/10 的空间承担起原仓储的全部功能。对订单的响应速度从原来的 36 天降低到目前的不到 10 天。

实施了成品分拨物流 JIT。海尔在采购整合后，又整合了全球配送网络，将产品及时按要求送到用户手中。海尔在德国的汉堡港等地建立了物流中心，向欧洲客户供货的时间也因此缩短了一半以上。值得一提的是，海尔物流运用已有的配送网络和资源，借助较完备的信息系统，积极拓展社会化物流业务。目前已成为日本美宝集团、中国广东乐百氏集团的物流代理商，同时与 ABB 公司、雀巢公司、万家香昔国、伊利奶粉的物流及配送业务也在顺利开展。

资料来源：陈云天. 物流案例与实训[M]. 北京：北京理工大学出版社，2007：119.

思考题

1. 说明海尔立体仓库业务流程。
2. 海尔是如何消灭库存的？
3. 海尔是如何有效利用 JIT 技术打造自身的核心竞争力的？

2.2 现代仓库及仓库设备

2.2.1 货架

货架是专门用来存放成件物品的保管设备。货架在仓库中占有非常重要的地位，随着物流量的大幅度增加，为实现仓库的现代化管理，改善仓库的功能，不仅要求货架数量多，而且要求具有多功能，并能满足机械化、自动化要求。

货架的种类较多，分类的方法也不尽相同。

（1）按货架的发展可分为传统货架和新型货架。

① 传统货架包括层架、层格式货架、抽屉式货架、形货架、悬臂架、栅架、气罐钢瓶架、轮胎专用架等。

② 新型货架包括托盘货架、驶入式货架、驶出式货架、旋转式货架、移动式货架、调节式货架、阁楼式货架、重力式货架等。

（2）按货架的适用性可分为通用货架和专用货架。

（3）按货架的结构可分为层架、层格架、抽屉架、橱架、三角架、悬臂架、U 形架。

（4）按货架的可动性可分为固定式货架、移动式货架、旋转式货架、组合式货架、可调式货架。

（5）按货架的高度可分为低层货架（高度 5 米以下）、中层货架（高度在 5～15 米之间）、高层货架（高度 15 米以上）。

（6）按货架的载重量可分为重型货架（每层载重 500 千克以上）、中型货架（每层载重 150～500 千克之间）、轻型货架（每层载重 150 千克以下）。

（7）按加工形式可分为组合式货架和焊接式货架。

（8）按货架用途不同可分为仓储货架和超市货架。

2.2.2 装卸搬运设备

装卸搬运机械用于船舶和车辆的货物装卸，以及在堆场、仓库、船舱、车辆内进行货物堆垛、拆垛和转运作业。

装卸搬运机械大多采用轮胎式行走机构，依靠本身的行走完成货物的水平搬运。有的装卸搬运机械除了能水平搬运货物之外还能依靠其工作装置实现货物的托取和升降。

装卸搬运机械一般在特定的区域，如港区、仓库、船舱内等地方工作，运行距离短，行驶速度低，活动范围小，它们的性能参数、卸载方式等与汽车有许多不同之处。

装卸搬运机械按其动力装置可分为电动式机械和内燃式机械。电动式装卸搬运机械一般由蓄电池供电，直流电动机驱动。这类机械结构简单，操作方便，但驱动功率小，对路面要求高，必须设置充电设备，是用于仓库、车间内作业的小型机械。内燃式装卸搬运机械以内燃机为动力，结构复杂，保养维修要求高，排气污染严重，但其功率储备大，牵引性能好，工作效率高，对路面要求低，所以得到广泛的应用。

装卸搬运机械主要有叉车、单斗车、跨运车、牵引车、挂车和搬运车等。

2.2.3 自动化立体仓库

自动化立体仓库又称立库、高层货架仓库、自动化仓库。它是一种用高层立体货架（托盘系统）存储物资，用自动控制的巷道堆垛起重机及其他机械进行搬运存取作业，用电子计算机控制管理的仓库。自动化立体仓库能按指令自动完成货物的搬运、存储作业，并对库存货物进行自动管理，是企业现代化的重要手段之一。

自动化立体仓库使用高层货架存储货物，存储区域大幅度地向高空发展，仓库最高达 40 米，最大库存量可达数万甚至十几万个货物单元，充分利用仓库地面和空间，节省了库存占地面积，提高了空间使用率。

案例 2.2

德国邮政零件中心仓库的建立与管理

一、德国邮政基本情况

德国邮政有 83 个国内邮件分拣中心和两个国际邮件分拣中心。分拣中心的布局和规模大小各不相同。小型分拣中心日处理能力可达 75 万份，大型分拣中心日处理能力可达 450 万份。各分拣中心陆续投入建设并开始运营，总投资额为 17 亿马克，分拣中心的设备按照邮件规格分类，同类设备处理同类邮件，在标准化方面要求很高。购置了 569 台标码分拣机处理标准化邮件，169 台扁平函件分拣处理厚度低于 20mm 的邮件，18 台倾覆式托盘分拣机处理厚度在 20～50 毫米的邮件。分拣中心未配置自动化信匣这类处理设备。

二、零件中心仓库的建立

德国邮政在筹建之初，85 个分拣中心各有各的零件仓库，负责各自的零件存货清单、订单、来货验收和结账。还得自己负责从设备厂商那里购买零件，选择面很窄。经检查比较发现，尽管分拣设备标准化水平高，但是各个分拣中心之间各种零件存货的数量和质量存在很大差异，同种零件的价格也不尽相同。在零件盘存最佳化方面，各有各的标准，某些零件的到货期甚至长达 4 个月。

在选择供应商和测试新零件方面，缺乏系统一致的要求，甚至没有中央技术部门的参与。无法准确地统计库存零件、零件消耗率，也无从调查评估供应商的素质。

鉴于以上情况，德国邮政经过长达一年的论证，认为必须设立零件中心仓库来克服过去的种种弊端、降低成本并提高零件本身的质量。

1. 零件中心仓库的选址

为了达到预定目标，选址很重要。中心仓库的位置须临近交通要道、方便夜间航空运输，还应该紧靠主要的分拣中心和零件供应商。最后这一条限制意味着只有三个位置可以考虑。经过详细的评估，法兰克福得分最高，这个城市就被选作中心仓库的厂址。

2. 零件中心仓库的作用

建立中心仓库的突出优点是节约成本，主要表现在靠统一采购压低价格；靠中央仓储减少盘存；靠故障分析优化存货和订货。中心仓库在分拣中心与零件厂商之间起着缓冲作用。从中心仓库到各个分拣中心之间的送货时限通常为 24 小时，紧急订单送货时限为 8 小时。出现极端紧急的情况，则选中 9 个分拣中心专门储备特需零件，保证在 4 小时内到货。设立中心仓库可以统一零件供应渠道，实现集中采购和验收，控制供应商的数量和素质。

三、零件中心仓库运营的成果与管理经验

1. 利用中央数据库，提高管理效率

所有设备消耗的零件在中央数据库中都有记录，因此零件的故障率可以计算出来，在出现不正常情况时，可以借此与供应商沟通协调。利用数据库，管理者可以查阅零件消耗的有关数据。通过选择节约效果最好的零件，节省了大量成本，系统地测试了新供应商提供的 60 种不同的替代零件，通过对零件测试和研究，找到磨损严重的部分，进行局部维修，较之以前退给厂商换货，成本大为降低。

2. 减少零件的库存

在中心仓库建成以后，有了中央数据库，每年实际的零件消耗量是可以计算的。与分散库存相比，集中库存可以大幅度降低库存量，尤其贵重零件的库存量。

3. 采购一体化和集中送货

由于采购一体化、批量大，成本可以大幅度降低。集中送货，也降低了运输成本，价格最大降幅可达 85%。在这方面，中央数据库也起了很重要的作用。

4. 选择合适的供应商

在设备保修期内，无法选择供应商，只能向厂商订购或者由厂商指定供应商。中心仓库建成以后，分拣中心的多数设备保修期已过，可以自己选择供应商，有了直接面对零件厂商的机会，对厂商的素质进行调查，跟踪和分析记录同样离不开中央数据库及其网络的支持。

5. 以人为本，提高员工素质

在零件集中经营的过程中，管理者们创造了配套的新办法和新的内部管理程序，不断学习掌握信息技术及软、硬件的知识。同时让员工学会成本分析，逐渐培养成本意识，达到了减少成本的目的。

资料来源：李联卫. 物流案例与实训[M]. 北京：化学工业出版社，2009：155.

思考题

1. 德国邮政的问题主要有哪些？
2. 德国邮政为什么要设立零件中心仓库？
3. 零件中心仓库的建立给德国邮政带来了什么改变？

案例 2.3

正泰集团的自动化立体仓库

正泰集团公司是中国目前低压电器行业最大的销售企业。主要设计制造各种低压工

业电器、部分中高压电器、电气成套设备、汽车电器、通信电器、仪器仪表等，其产品达 150 多个系列、5 000 多个品种、20 000 多种规格。"正泰"商标被国家认定为驰名商标。该公司 2012 年销售额达 93 亿元。在全国低压工业电器行业中，正泰首先在国内建立了三级分销网络体系，经销商达 1 000 多家。同时，建立了原材料、零部件供应网络体系，协作厂家达 1 200 多家。

一、立体仓库的功能

正泰集团公司自动化立体仓库是公司物流系统中的一个重要部分。它在计算机管理系统的高度指挥下，高效、合理地储存各种型号的低压电器成品，准确、实时、灵活地向各销售部门提供所需产成品，并为物资采购、生产调度、计划制订、产销衔接提供了准确信息。同时，它还具有节省空间、减轻劳动强度、提高物流效率、降低储运损耗、减少流动资金积压等功能。

二、立体仓库的工作流程

正泰立体库占地面积达 1 600 平方米（入库小车通道不占用库房面积），高度近 18 米，3 个巷道（6 排货架）。作业方式为整盘入库，库外拣选。其基本工作流程如下。

1. 入库流程

仓库二、三、四层两端六个入库区各设一台入库终端，每个巷道口各设两个成品入库台。需入库的成品经入库终端操作员输入产品名称、规格型号和数量。控制系统通过人机界面接收入库数据，按照均匀分配、先下后上、下重上轻、就近入库、ABC 分类的原则，管理计算器自动分配一个货位，并提示入库巷道。搬运工可依据提示，将装在标准托盘上的货物由小电瓶车送至该巷道的入库台上。监控机指令堆垛将货盘存放于指定货位。

库存数据入库处理分两种类型：一种是需操作员在产品入库之后，将已入库托盘上的产品名称（或代码）、型号、规格、数量、入库日期、生产单位等信息在入库客户机上通过人机界面来输入；另一种是托盘入库。如图 2-1 所示为立体化仓库入库流程。

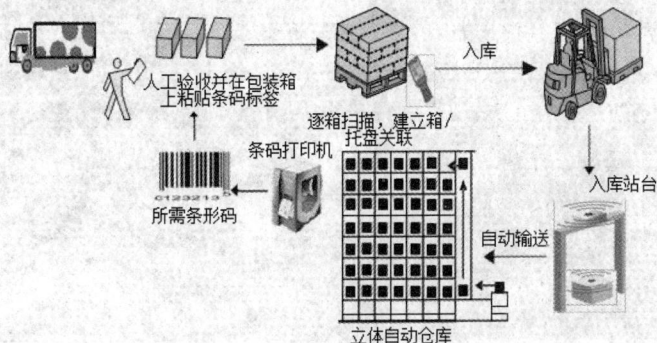

图 2-1　立体化仓库入库流程

2. 出库流程

底层两端为成品出库区，中央控制室和终端各设一台出库终端，在每一个巷道口设有 LED 显示屏幕，以提示本盘货物要送至装配平台的出门号。需出库的成品，经操作人员输入产品名称、规格、型号和数量后，控制系统按照先进先出、就近出库、出库优先等原则，查出满足出库条件且数量相当或略多的货盘，修改相应账目数据，自动地将需出库的各类成品货盘送至各个巷道口的出库台上，经电瓶车将之取出并送至汽车上。同时，出库系统在完成出库作业后，在客户机上形成出库单。

3. 回库空盘处理流程

底层出库后的部分空托盘经人工叠盘后，操作员输入空托盘回库作业命令，搬运工依据提示用电瓶车送至底层某个巷道口，堆垛机自动将空托盘送回立体库二、三、四层的原入口处，再由各车间将空托盘拉走，形成一定的周转量。

三、立体库主要设施

1. 托盘

所有货物均采用统一规格的钢制托盘，以提高互换性，降低备用量。此种托盘能满足堆垛机、叉车等设备装卸，又可满足在输送机上平衡运行。

2. 高层货架

采用特制的组合式货架，横梁结构。该货架结构美观大方，省料实用，易安装施工，属一种优化的设计结构，如图 2-2 所示。

图 2-2　正泰集团自动化立体仓库

3. 巷道式堆垛机

根据本仓库的特点，堆垛机采用下部支承、下部驱动、双方柱形式的结构。该机在高层货架的巷道内按 X、Y、Z 三个坐标方向运行，将位于各巷道口入库台的产品存入指定的货格，或将货格内产品运出送到巷道口出库台。该堆垛机动性设计与制造严格按照国家标准进行，并对结构强度和刚性进行精密的计算，以保证机构运行平稳、灵活、安全。堆垛机配备有安全运行机构，以杜绝偶发事故。其运行速度为 4~80 毫米/分钟（变频调速），升降速度为 3~16 毫米/分钟（双速电机），货叉速度为 2~15 毫米/分钟（变频调速），通信方位为红外线，供电方式为滑触导线方式。

四、计算机管理及监控调度系统

该系统不仅对信息流进行管理，同时也对物流进行管理和控制，集信息与物流于一体。同时，还对立体库所有出入库作业进行最佳分配及登录控制，并对数据进行统计分析，以便对物流实现宏观调控，最大限度地降低库存量及资金的占用，加速资金周转。

在日常存取活动中，尤其库外进行拣选作业，难免会出现产品存取差错，因而必须定期进行盘库。盘库处理通过对每种产品的实际清点来核实库存产品数据的准确性，并及时修正库存账目，达到账、物统一。盘库期间堆垛机将不做其他类型的作业。在操作时，即对某一巷道的堆垛机发出完全盘库指令，堆垛机按顺序将本巷道内的货物逐次运送到巷道外，产品不下堆垛机，待得到回库的命令后，再将本盘货物送回原位并取出下一盘产品，依此类推，直到本巷道所有托盘产品全部盘点完毕，或接收到管理系统下达的盘库暂停的命令进入正常工作状态。若本巷道未盘库完毕便接收到盘库暂停命令，待接到新的指令后，继续完成盘库作业。

正泰集团公司高效的供应链、销售链大大降低了物资库存周期，提高了资金的周转速度，减少了物流成本和管理费用。自动化立体仓库作为现代化的物流设施，对提高该公司的仓储自动化水平无疑具有重要的作用。

资料来源：金汉信. 仓储与库存管理[M]. 重庆：重庆大学出版社，2008：188.

思考题
1. 自动化立体仓库都有哪些设施？
2. 结合本案例分析自动化立体仓库的功能。

案例 2.4

天津港集装箱物流中心的立体仓库

一、天津港集装箱物流中心

天津滨海新区开发被国家划入了"十一五"规划总体发展战略布局中，为天津港的发展带来了机遇。早在"十五"期间，天津港就确定了"南散北集"的发展战略格局，将开发建设北疆集装箱物流中心作为天津港"十五"计划的十大项目之一，通过全面整合天津港的物流资源，将有助于港口与国际惯例接轨，全面提高港口的运行效率和经济效益，使物流真正成为天津港的核心竞争资源。

集装箱物流中心是集多种设施为一体，发挥综合协调和基础作用的物流设施的区域集合体，是大规模、集约化物流设施的集中地和物流线路的交汇点，具有综合多种物流方式和物流形态的作用，可全面处理包装、装卸搬运、流通加工、不同运输方式转换和信息调度等业务，具有集约物流主体设施的各项流通与管理功能。同时，物流中心又是整个物流系统的信息汇集地，可实施集中、有序、规范的货运及货物竞价交易，可有效地通过集中仓储降低储存成本，实现有效库存调度和配送；可以集约铁路、公路、水路和航空运输，实现多式联运的高效性；可通过引进配套服务，为物流企业提供从金融、保险、工商、税收、人力培训、车辆装备检修到生活服务等全方位的服务。

仓储是物流过程中必不可少的环节，同时它又是物流中心的一个主要功能，因此作为物流中心仓储主要设备配置的仓库形式的选择十分重要，经过多方综合评价和周密调研，在集装箱物流中心投资兴建了一座自动化立体仓库，可以实现"一站式"服务和多式联运以及配送、分拨的信息交流，搭建了能覆盖各有关业务单位并与国际互联网接轨的物流公共信息平台。

二、物流中心的自动化仓库系统

1. 天津港集装箱物流中心自动化仓库系统功能特点

天津港集装箱物流中心自动化仓库是根据先进的物流理念进行设计、建设，体现了系统集成和协调功能，具有服务增值化、功能标准化、储存规模化的现代物流特点，能将运输、储存、装卸、搬运、信息处理等活动按照一个目标进行集成和运作，为客户提供纵向一体化和横向一体化的物流服务。

配备了先进的物流管理信息系统软件和硬件，在满足物流储存的基础上，具备了仓储信息管理、业务流程管理和信息交互平台三项功能，可为客户提供畅通、方便、快捷的"一站式"服务，并能满足国内、国际客户对物流信息进行实时跟踪和网上业务往来的要求，大大增强物流企业的市场竞争力。

天津港集装箱物流中心自动化仓库配备有功能强大的管理系统，建立了全程物流网络和与各有关专业网站兼容的电子商务平台，可实现海关、金融、保险、"三检"与物流企业的联网，为物流过程中各方所需的商务决策活动提供必要的条件。

这个坐落在天津港的现代化立体仓库，具有国际、国内先进性，计算机管理系统采用当前最先进的客户机/服务器机构，软件系统功能强大，可支持企业上位系统的连接，具有良好的可扩展性，同时，系统还具有可靠性高、安全性强和系统配置全面的特点。

2. 总体工艺布置

该自动化立体仓库建筑主体长 187.5 米（轴线），宽 57 米，最高点 23.4 米，主要包括有轨库区、无轨库区、贵重物品区和计算机管理控制室。有轨库区单元货物存储区设 5 个巷道共 10 排 30 列 12 层货架，每货格存放两个托盘货物单元，库存能力 7 200 个托盘货物单元，由 5 台有轨巷道堆垛起重机进行入出库存取作业。单元货物存储区的一侧为入出库输送区，配置水平输送机系统一套，该系统可完成入出库输送作业，将人工或叉车装卸作业与堆垛机存取作业衔接起来。无轨库区主要由 36 组货架组成，设计库存能力 4 260 个托盘货物单元，由叉车来进行存取。贵重物品区为阁楼式货架 1 套，共 6 排 6 列 3 层。

3. 计算机管理控制系统

计算机管理控制系统由有轨巷道堆垛机控制系统、水平输送机控制系统、计算机监控系统和计算机管理信息系统组成。

（1）有轨巷道堆垛机控制系统。有轨巷道堆垛机是高层货架内存取货物的主要起重运输设备，可沿轨道做水平和垂直移动，货叉可向巷道两侧的货格伸缩。有轨巷道堆垛机控制系统的主要功能是控制堆垛机正常工作，执行工作人员的操作指令，并返回相应的显示信号。

（2）水平输送机控制系统。水平输送机控制系统由 PLC（可编程控制器）控制系统、TP 触摸屏操作界面、组态王控制系统、位置或状态信号检测系统、电气控制柜、供电系统组成。可以实现联网、单机、手动三种方式操作输送机，同时具有货物尺寸检测、误操作报警显示等功能。

（3）计算机监控系统。计算机监控系统是整个立体仓库的信息枢纽，是实现控制系统的重要组成部分，其负责采集和监控现场数据，并以画面和文字信息来反映现场设备的各种实时信息，包括设备的运行位置、作业状态、货位占位情况、托盘载物情况和运行故障等，同时监控系统依据采集到的现场数据并结合管理系统的作业命令对其作业的次序进行优化。其工作方式包括在线和离线两种方式，可以选择是否和管理级联机工作。计算机监控系统主要有权限管理、报表系统、报警信息、运行信息、动画仿真、命令作业表等内容。此外系统还设有摄像监控系统，可以把计算机监控动态图形显示画面和库内适当位置的摄像图像综合显示在大屏幕 CRT 上，显示清晰度高，动态效果好。

（4）计算机管理信息系统。自动化立体仓库的物流管理信息系统（WMS）是基于现代化计算机信息管理理论和控制理论开发研制的软件产品，对于立体仓库而言，它是独立的一个系统，同时对于一个企业而言，它又是企业资源计划系统（ERP）的一个子系统，不仅对信息流进行管理也对物流进行管理和控制，集信息流和物流于一体，是现代化仓储物流和信息流管理的中心。本物流管理信息系统内部应用系统采用客户机/服务器两层架构方式，外部应用系统可实现外部用户通过互联网实现在线查询、在线申请等功能。

本信息管理系统可实现对进口分拨业务、出口装箱业务、代存业务三种业务流程的入出库作业和库存综合管理。在每种业务流程系统中，都包括入库作业管理、出库作业管理、退货管理、库存管理、信息查询、统计报表、系统管理、设备状态控制、系统帮助等功能。其中出入库作业管理是最基本和最重要的一个工艺流程，其操作工艺流程图如图2-3所示。

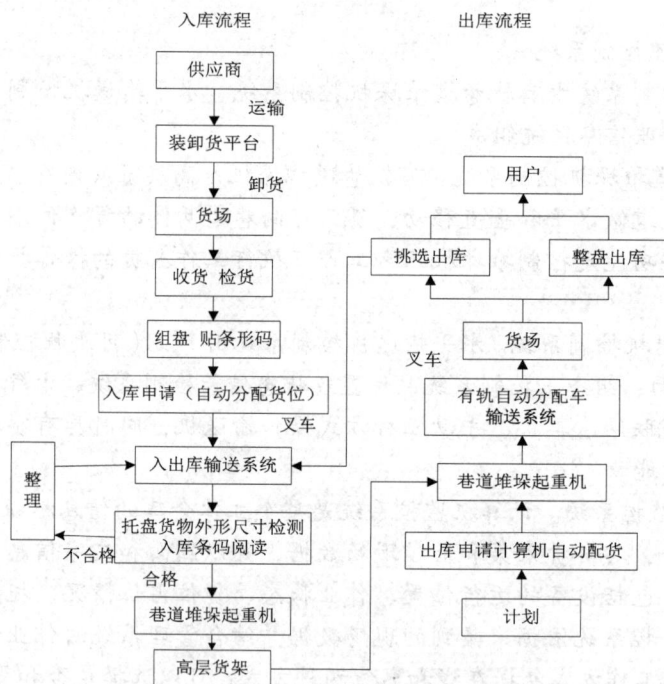

图2-3　入出库工艺流程图

在应用物流管理信息系统（WMS）中采用了条形码技术。在入出库过程中，计算机管理系统按设定规则生成条形码，仓库员对货物进行条形码贴码，用手持式条码终端对托盘上的货物条形码及托盘条形码进行扫描，并将货物与托盘、集装箱对应信息，货物数量与尺寸等扫描信息提交到数据库，计算机可根据提交的条形码信息和操作指令对货物进行入出库作业。

三、结束语

天津港集装箱物流中心自动化立体仓库在实际的应用过程中发挥了自动化立体仓库的优越性，加快了货物的存取节奏，提高了物流配送的自动化程度，减轻了劳动强度，提高了系统作业和快速配送的能力，进而提高了生产效率。但是作为天津港物流中心的一个新设备配置，经过一段时间的使用也发现了一些需要改进的地方。

（1）由于天津港集装箱物流中心主要经营集装箱业务，物流管理系统还需要针对集装箱业务的特点进行一些功能方面的改进。

（2）尽管控制系统具备一系列的连锁保护和纠偏功能，可是在使用过程中发生过堆垛机停位不准的故障，影响了仓库的正常使用，因此对于输送系统信息的及时跟踪和定位还须加强。

（3）由于货物的多样性，现有托盘的使用受到一定的限制，因此需要开发一些专用托盘和专用的吊具使自动化立体仓库满足更多种类货物的存储。

（4）建立库存货物批次追踪功能。若发现出库货物存在问题，可由系统出库信息反追踪到此批货物的库存及库位信息，以备查验，可以缩短查验时间，缩小检查范围，减少无效损失。

总之，天津港集装箱物流中心自动化立体仓库作为企业的标志性设备配置，在今后的运行实践中必将以更加完善的功能展现在世人面前。

资料来源：关坤，董宏伟. 天津港集装箱物流中心的立体仓库[J]. 中国储运，2006（06）：25.

思考题
针对案例结尾提出的需要改进的地方，谈谈你的看法。

案例 2.5

蒙牛乳业自动化立体仓库

内蒙古蒙牛乳业泰安有限公司乳制品自动化立体仓库，是蒙牛乳业公司委托太原刚玉物流工程有限公司设计制造的第三座自动化立体仓库。该库后端与泰安公司乳制品生产线相衔接，与出库区相连接，库内主要存放成品纯鲜奶和成品瓶酸奶。库区面积 8 323平方米，货架最大高度 21 米，托盘尺寸 1 200×1 000 毫米，库内货位总数 19 632 个。其中，常温区货位 14 964 个，低温区货位 46 687 个。入库能力 150 盘/小时，出库能力 300盘/小时。出入库采用联机自动。

一、工艺流程及库区布置

根据用户存储温度的不同要求，该库划分为常温和低温两个区域。常温区保存鲜奶成品，低温区配置制冷设备，恒温4℃，存储瓶酸奶。按照生产—存储—配送的工艺及奶制品的工艺要求，经方案模拟仿真优化，最终确定库区划分为入库区、储存区、托盘（外调）回流区、出库区、维修区和计算机管理控制室六个区域。

入库区由66台链式输送机、3台双工位高速梭车组成。负责将生产线码垛区完成的整盘货物转入各入库口。双工位穿梭车则负责生产线端输送机输出的货物向各巷道入库口的分配、转动及空托盘回送。

储存区包括高层货架和17台巷道堆垛机。高层货架采用双托盘货位，完成货物的存储功能。巷道堆垛机则按照指令完成从入库输送机到目标的取货、搬运、存货及从目标货位到出货输送机的取货、搬运、出货任务。如图2-4所示为蒙牛第三期立体化仓库。

图2-4　蒙牛第三期立体化仓库

托盘（外调）回流区分别设在常温储存区和低温储存区内部，由12台出库口输送机、14台入库口输送机、巷道堆垛机和货架组成。分别完成空托盘回收、存储、回送，外调货物入库，剩余产品、退库产品入库、回送等工作。

出库区设置在出库口外端，分为货物暂存区和装车区，由34台出库口输送机、叉车和运输车辆组成。叉车司机通过电子看板、RF终端扫描来驾驶叉车完成装车作业，并发送反馈信息指令。

维修区设在穿梭车轨道外一侧，在某台空梭车更换配件或处理故障时，其他穿梭车仍旧可以正常工作。

计算机控制室用于出入库登记、出入库高度管理和联机控制。

二、设备选型及配置

（一）货架

1. 主要使用要求和条件

托盘单元载重能力 850/400 千克（常温区/低温区）；存储单元体积 1 000（运行方向）毫米×1 200（沿货叉方向）毫米×1 470（货高含托盘）毫米；库区尺寸 9 884（平方米），库区建筑为撕开屋顶，最高点 23 米。

2. 货架高度和规模

根据使用要求和条件，结合刚玉公司设计经验，经力学计算和有限元分析优化，确定采用具有异形截面，自重轻、刚性好、材料利用率高、表面处理容易、安装、运输方便的双货位横梁式组合货架。其中，货架总高度分别有 21 000 毫米、19 350 毫米、17 700 毫米、16 050 毫米、14 400 毫米和 12 750 毫米。货架规模：常温区有 14 964 个；低温区有 4 668 个。

3. 货架主材

主柱：常温区选用刚玉公司自选轧制的 126 型异型材，低温区采用 120 型异型材。横梁：常温区选用刚玉公司自轧制异型材 55BB，低温区采用 5BB 型异型材。天、地轨：地轨采用 30 千克/米钢轨；天轨采用 16 号工字钢。

4. 采用的标准、规范

JB/T5323-1991 立体仓库焊接式钢结构货架技术条件；JB/T9018-1999 有轨巷道式高层货架仓库设计规范；CECS 23:90 钢货架结构设计规范和 Q/140100GYCC001-1999 货架用异型钢材。

5. 基础及土建要求

仓库地面平整度允许偏差±10 毫米；在最大载荷下，货架区域基础地坪的沉降变形应小于 1/1 000。

6. 消防空间

货架北部有 400 毫米空间，200 毫米安装背拉杆，200 毫米安装消防管道。

（二）有轨巷道堆垛机

1. 主要技术参数

堆垛机高度有 21 000 毫米、19 350 毫米、17 700 毫米、16 050 毫米、14 400 毫米和 12 750 毫米；堆垛机额定载重量 850/400 千克；载货台宽度 1 200 毫米；结构形式双立柱；运行速度 5～100 米/分（变频调速）；起升速度 4～40 米/分（变频调速）；货叉速度 3～30 米/分（变频调速）；停准精度：超升、运行≤±10 毫米，货叉≤±5 毫米；控制方式有联机自动、单机自动、手动；通信方式是远红外通信；供电方式为安全滑触线供电；供电容量 20 千瓦、三相四线制 380V、50Hz。

2. 设备配置

有轨巷道堆垛超重机主要由多发结构、超升结构、货叉取货结构、载货台、断绳案例保护装置、限速装置、过载与松绳保护装置以及电器控制装置等组成。

驱动装置：采用德国德马格公司产品，性能优良、体积小、噪声低、维护保养方便。

变频调整：驱动单元采用变频调速，可满足堆垛机出入库平衡操作和高速运行，具有起动性能好、调速范围宽、速度变化平衡、运行稳定并有完善的过压、过流保护功能。

堆垛机控制系统：先用分解式控制，控制单元采用模块式结构，当某个模块发生故障时，在几分钟内便可更换备用模块，使系统重新投入工作。

保护装置：堆垛机超升松绳和过载、娄绳安全保护装置；载货台上、下极限位装置；运行及超升强制换速形状和紧急限位器；货叉伸缩机械限位挡块；货位虚实探测、货物高度及歪斜控制；电器联锁装置；各运行端部极限设缓冲器；堆垛机设作业报警电铃和警示灯。

3. 控制方式

手动控制：堆垛机的手动控制是由操作人员，通过操作板的按钮和万能转换形状，直接操作机械运行，包括水平运行、载货台升降、货叉伸缩三种动作。

单机自动：单机自动控制是操作人员在出入库端通过堆垛机电控柜上的操作板，输入入（出）库指令，堆垛机将自动完成入（出）库作业，并返回入（出）库端待令。

在线全自动控制：操作人员在计算机中心控制室，通过操作终端输入入（出）库任务或入（出）库指令，计算机与堆垛机通过远红外通信连接将入（出）库指令下达到堆垛机，再由堆垛机自动完成入（出）库作业。

（三）输送机

1. 主要技术参数

额定载荷 850/400 公斤（含托盘）；输送货物规格 1 200 毫米×1 000 毫米×1 470 毫米（含托盘）；输送速度 12.4 米/分。

2. 设备配置

整个输送系统由两套 PLC 控制系统控制，与上位监控机相连，接收监控机发出的作业命令、返回命令的执行情况和子系统的状态等。

（四）双工位穿梭车

系统完成小车的高度，其中一工位完成成品货物的接送功能，另一工位负责执行拆卸分配。主要技术参数有安定载荷 1 300 千克；接送货物规格 1 200 毫米×1 000 毫米×1 470

毫米（含托盘）；拆最大空托盘数 8 个；空托盘最大高度 1 400 毫米；运行速度 5～160 米/分（变频调速）；输送速度 12.4 米/分。

（五）计算机管理与控制系统

依据蒙牛业泰安立库招标的具体需求，考虑企业长远目标及业务发展需求，针对立库的业务实际和管理模式，为本项目定制了一套适合用户需求的仓储物流管理系统。主要包括仓储物流信息管理系统以及仓储物流控制与监控系统两部分。仓储物流信息管理系统实现上层战略信息流、中层管理信息流的管理；自动化立体仓库控制与监控系统实现下层信息流与物流作业的管理。

1. 仓储物流信息管理系统

（1）入库管理。实现入库信息采集、入库信息维护、脱机入库、条形码管理、入库交接班管理、入库作业管理、入库单查询等。

（2）出库管理。实现出库单据管理、出库货位分配、脱机出库、发货确认、出库交接班管理、出库作业管理。

（3）库存管理。对货物、库区、货位等进行管理，实现仓库调拨、仓库盘点、存货调价、库存变动、托盘管理、在库物品管理、库存物流断档分析、积压分析、质保期预警、库存报表、可出库报表等功能。

（4）系统管理。实现对系统基础资料的管理，主要包括系统初始设置、系统安全管理、基础资料管理、物料管理模块、业务资料等模块。

（5）配送管理。实现车辆管理、派车、装车、运费结算等功能。

（6）质量控制。实现出入库物品、库存物品的质量控制管理。包括抽检管理、复检管理、质量查询、质量控制等。

（7）批次管理。实现入库批次数字化、库存批次查询、出库发货批次追踪。

（8）配送装车辅助。通过电子看板、RF 终端提示来指导叉车进行物流作业。

（9）RF 信息管理系统。通过 RF 实现入库信息采集、出库发货数据采集、盘点数据采集等。

2. 仓储物流控制监控系统

自动化立体仓库控制与监控系统是实现仓储作业自动化、智能化的核心系统，它负责管理高度仓储物流信息系统的作业队列，并把作业队列解析为自动化仓储设备的指令队列，根据设备的运行状况指挥协调设备的运行。同时，本系统以动态仿真人机交互界面监控自动化仓储设备的运行状况。

系统包括作业管理、作业高度、作业跟踪、自动联机入库、设备监控、设备组态、设备管理等几个功能模块。

三、结论

自动化立体仓库项目自投产运营以来，各项技术参数和性能指标均达到设计要求，经过试运行及投产运行，全库设备运行稳定，得到用户的良好评价。

资料来源：赵皎云. 蒙牛六期的高度自动化物流系统[J]. 物流技术与应用，2008（05）：65.

思考题

1. 结合案例，谈谈物流信息系统在立体化仓库中的作用。
2. 了解我国现阶段立体化仓库的建设及使用情况，谈谈你的看法。

2.3　现代物流库存管理

库存管理是企业管理的一个重要环节。生产中需要适量的库存来保证产品生产过程的稳定；营销中需要适量的库存来保证及时向客户提供所需要的产品以及调节生产与消费在时间上、空间上的不一致，财务方面则需要合理控制库存的资金占用水平，由此形成了一种现状，即财务部门要求库存越少越好，减少资金占用，生产营销部门要求有充足的库存，保证提供及时的服务。对于仓储企业来说，还要增加收入、提高盈利、扩大市场。因此，库存管理的作用就在于协调企业各部门的需求，力求寻找一个使企业整体目标最优的均衡点。

2.3.1　库存的概念

库存是指暂时闲置的用于满足将来需要的资源。它通常摆放在仓库中。在企业生产中，有许多未来的需求变化是人们无法预测或难以全部预测到的，人们不得不采用一些必要的方法和手段应付外界变化，库存就是出于种种经济目的考虑而设立和存在的。设置库存的目的是防止短缺，所以企业一般都具有一定的库存。

库存无论对制造业还是服务业都十分重要。传统上，制造业库存是指生产制造企业为实现产成品生产所需要的原材料、备件、低值易耗品及在制品等资源。在服务业中，库存一般指用于销售的有形商品及用于管理服务的消耗用品。

2.3.2　库存的作用

一般来说，任何企业都有库存，只是由于各类企业的性质不同，其库存的种类、品种和数量有所不同。库存的作用一般表现在以下几个方面。

1．库存可以使企业降低采购成本

企业在采购过程中，采购的价格因采购数量的多少而有所不同。大批量的采购可以获得更多的价格折扣，使企业降低采购成本，实现规模经济效益。同时，大批量的采购，有时还可以避免由于市场价格上涨带来的资金支出增加。

2．库存可以调节和缓解供需矛盾

任何产品的生产都不可能与消费达到完全高度的吻合。有些产品的生产时间相对集中，而消费则是相对均衡的，一些季节性产品、批量产品在生产出来以后，需要储存，形成存货，再持续地向消费者提供，不断保证满足消费者需求，从而缓解供给和消费需求之间存在的差别。

因此，库存可以起到维护正常的生产秩序和消费秩序的作用，可以缓解、调节和消除供求之间的这种不协调。

3．库存可以缩短或消除消费者的等待时间

任何生产过程都需要一定的时间，即产品在到达最终消费者之前，都有必要的原材料的采购、物品的生产、成品的流通等过程。而每一位消费者选择的只是最终可以及时使用的成品，不会愿意花时间等待产品生产，然后再消费。如果企业保持有一定量的库存，就可以缩短或者消除消费者的等待时间，满足消费者需求，提高产品的竞争力。

4．库存具有防止和化解不确定因素的作用

库存具有一定的安全功能，就是用来防止和化解由于不确定因素的发生对企业正常运营的影响。这些不确定因素可能是由于临时用量的增加，也可能是由于市场的供货紧缺等形成的。一般来说，不确定因素主要有两种类型：一种是需求的变化；另一种是时间前置的变化。在生产中，如果实际需求量超过了计划的需求量，或者前置时间超过了计划的前置时间，这时如果企业没有一定量的安全库存，就会发生缺货，并影响企业的正常经营。所以安全库存就是为了避免此类现象的发生而存在的。

5．经济性作用

库存是企业的一项资产，它也同其他资产一样，也要追求资产运用的最优化。库存过多会造成积压，增加企业不必要的储存成本；库存不足又会造成脱销，影响企业的正常生产经营和造成消费者不满。因此，企业库存应当尽量保持一个最优值，即企业的库存既不应该投资过多，又不能投资过少，应当根据市场需求和变化特点找到最合理优化的平衡点，取得最大化的经济效益。

2.3.3　现代库存管理

（一）库存管理的概念

库存管理也称库存控制，是指对生产、经营全过程的各种物品、产成品及其他资源进行预测、计划、执行、控制和监督，使其储备保持在经济合理的水平上的行为。现代企业认为，零库存是最好的库存管理。因为库存多，占用资金也多，利息负担加重。但如果过分追求低库存，也会加大存货短缺成本，造成货源短缺，失去市场甚至失去客户。因此，在库存管理过程中，应把握好衡量的尺度，处理好服务成本、短缺成本、订货成本、库存持有成本等各成本之间的关系，以求达到企业的库存管理目标。

（二）现代库存管理方法

1. ABC 分类法

ABC 分类法是库存管理中常用的分析方法，也是经济工作中的一种基本工作和认识方法。ABC 分类法在一定程度上可压缩企业库存总量，节约资金占用，优化库存结构，节省管理精力，因此在企业管理中广为应用。

2. 经济订购批量

（1）经济订购批量的概念。经济定购批量（Economic Order Quantity，EOQ），是指通过费用分析求得在库存总费用最小时的每次订购批量，用以解决独立需求物品的库存控制问题。企业的合理存货量标准是既能满足生产经营活动的正常进行，又使存货耗费的总成本最低，这个合理的存货量取决于经济订购批量的确定，于是 EOQ 在实际中得到了广泛的应用。

（2）经济订购批量法的基本原理。在企业年消耗量固定的情况下，一次订货量越大，订货次数就越少，每年花费的总订货成本就越低，因此从订货费用的角度看，订货批量越大越好。但是，订货批量的加大，必然使存储成本增加，所以从存储费的角度看，订货批量越大越不好。订货成本与存储成本呈现此消彼长的关系，由于存货的每次订购数量直接影响到存货总成本，因此为使存货总成本在满足生产经营需要的前提下，达到最低水平，应该合理确定经济订购批量。

3. MRP

MRP（物料需求计划）是在产品结构与制造工艺基础上，利用制造工程网络原理，根据产品结构各层次物料的从属与数量关系，以物料为对象，以产品完工日期为时间基准，按照反工艺顺序的原则，根据各物料的加工提前期制定物料的投入产出数量与日期。我们都知道，按需求的来源不同，企业内部的物料可分为独立需求和相关需求两种类型。独立需求是指需求量和需求时间由企业外部的需求来决定，如客户订购的产品、科研试制需要的样品、售后维修需要的备品备件等；相关需求是指根据物料之间的结构组成关系由独立需求的物料所产生的需求，如半成品、零部件、原材料等的需求。

4. JIT

JIT（Just In Time，准时生产方式）是一种组织生产的新方式，是按照客户要求的时间、地点，需要的数量生产或提供其需要的产品或服务。准时生产方式旨在消除无效劳动与浪费，实现企业资源优化配置，全面提高企业经济效益。它是由日本丰田公司首先提出来的。20 世纪 80 年代以来，作为一种先进的生产运作管理模式，JIT 得到了广泛应用，形成了一套包括从企业经营理念、管理原则到生产组织、计划与控制及作业管理、人力资源管理等在内的理论和方法体系。

JIT 生产方式的基本要求是，在恰当的时间以恰当的数量生产恰当的产品。要求不断改进并全面进行质量控制、参与和降低库存。强调消除无效劳动和浪费，针对客户要求进行生产和提供服务。JIT 的目标如下。

（1）追求无库存或库存达到最小的生产系统。任何库存都是浪费，库存是生产系统设计不合理、生产过程不协调、生产操作不规范的结果，必须清除。

（2）改进质量，消除生产管理中各种引起不合格产品的因素，实现零缺陷。

（3）通过减少准备时间、等候时间和批量来缩短交货时间。

（4）以最小成本完成任务。

案例 2.6

某企业库存 ABC 管理策略

某小型企业拥有 10 项库存品，各种库存品的年需要量、单价如表 2-1 所示，为了加强库存品的管理，企业计划采用 ABC 库存管理法。假如企业决定按 20% 的 A 类物品，30% 的 B 类物品，50% 的 C 类物品来建立 ABC 库存分析系统。问该企业应如何进行分类？

表 2-1　某企业库存需求情况表

库存品名称	年需求量（千克）	单价（元）	金额（元）
a	9 000	8	72 000
b	95 000	8	760 000
c	4 000	4	16 000
d	50 000	4	200 000
e	1 000	10	10 000
f	125 000	5	625 000
g	20 000	5	100 000
h	20 000	8	160 000
i	5 000	5	25 000
j	2 500	7	17 500
合计	—	—	1 985 500

根据表 2-1 列出各种存货品的金额，并进行大小排列，计算各种库存品的金额百分比

和数量百分比，然后进行分类，如表2-2所示。

表2-2　计算表

库存品名称	金额（元）	累计金额（元）	累计百分比	类　别
b	760 000	760 000	38.3%	A
f	625 000	1 385 000	69.8%	A
d	200 000	1 585 000	79.8%	B
h	160 000	1 745 000	87.9%	B
g	100 000	1 845 000	92.9%	B
a	72 000	1 917 000	96.5%	C
i	25 000	1 942 000	97.8%	C
j	17 500	1 959 500	98.7%	C
c	16 000	1 975 500	99.5%	C
e	10 000	1 985 500	100.0%	C

根据 ABC 分类，进一步编制 ABC 分类表，如表2-3所示。

表2-3　ABC 分类表

类　别	品　种　数	该类库存品占全部库存种类的百分比	每一类的金额（元）	该类库存品金额占全部库存金额的百分比
A	2	20%	1 385 000	69.8%
B	3	30%	460 000	23.2%
C	5	50%	140 500	7.1%
合计	10	100%	1 985 500	100.0%

通过对企业的库存进行分类，有利于企业对不同类别的存货按不同的要求进行控制和管理。

资料来源：陈云天. 物流案例与实训[M]. 北京：北京理工大学出版社，2007：68.

思考题

1. ABC 库存管理法适应哪些情况？

2. ABC 库存管理方法是否意味着 B、C 不重要，可以缺货？为什么？

案例2.7

戴尔的库存管理模式

在企业生产中，库存是由于无法预测未来需求变化，而又要保持不间断的生产经营活动必须配置的资源。但是，过量的库存会诱发企业管理中诸多问题，如资金周转慢、产品积压等。因此很多企业往往认为，如果在采购、生产、物流、销售等经营活动中能够实现零库存，企业管理中的大部分问题就会随之解决。零库存便成了生产企业管理中一个不懈追求的目标。

一、库存谁来承担

如此看来库存显然成了一个包袱。目前条件下，任何一个单独的企业要向市场供货都不可能实现零库存。通常所谓的"零库存"只是节点企业的零库存，而从整个供应链的角度来说，产品从供货商到制造商最终到达销售商，库存并没有消失，只是由一方转移到另一方。成本和风险也没有消失，而是随库存在企业间的转移而转移。

戴尔电脑的"零库存"也是基于供应商的"零距离"之上的。假设戴尔的零部件来源于全球四个市场，美国市场 20%，中国市场 30%，日本市场 30% 和欧盟市场 20%，然后在香港生产基地进行组装后销售全球。那么，从美国市场的供应商 A 到达香港生产基地，空运至少 10 小时，海运至少 25 天；从中国市场供应商 B 到达香港生产基地公路运输至少 2 天；从日本市场供应商 C 到达香港生产基地，空运至少 4 小时，海运至少 2 天；从欧盟市场供应商 D 到达香港，空运至少 7 小时，海运至少 10 天。若要保持戴尔在香港组装基地电子器件的零库存，则供应商在香港基地必须建立仓库，或自建或租赁，来保持一定的元器件库存量。供应商则承担了戴尔制造公司库存的风险，而且还要求戴尔制造公司与供应商之间要有及时的、频繁的信息沟通与业务协调行为。

由此，戴尔制造公司与供应商之间可能存在着两种库存管理模式。

1. 模式 1：即戴尔制造公司在香港的组装基地有自己的存储库存。

该模式要求香港组装基地的库存管理由戴尔制造公司自行负责。一旦缺货，即通知供货商 4 小时内送货入库。供应商要能及时供货必须也要建立仓库，从而导致供应商和企业双重设库降低了整个供应链的资源利用率，也增加了制造商的成本。

2. 模式 2：即戴尔制造公司在香港的制造基地不设仓库，由供货商直接根据生产制造过程中物品消耗的进度来管理库存，如采用准时制物流，精细物流组织模式，按销售订单排产。

该模式中的配送中心可以是四方供应商合建的，也可以和香港基地的第三方物流商合作。此时，供应商完全了解电脑组装厂的生产进度、日产量，不知不觉地参与到戴尔制造厂的生产经营活动之中，但也承担着零部件库存的风险。尤其在 PC 行业，原材料价格每星期下降 1%。而且，供应商至少要保持二级库存，即原材料采购库存和面向制造商所在地香港进行配送业务而必须保持的库存。面对"降低库存"这一令人头痛的问题，供应商实际上处在被动"挨宰"的地位。

在这种情况下，对于供应商而言，所谓的战略合作伙伴关系以及与戴尔的双赢都是很难实现的。在供货商—制造商—销售商这根链条中，如果只有制造商实现了最大利益，而其他两方都受损，这样的链条必定解体。因为各供应商为了自身的生存，必然扩展自己新的供货合作伙伴，如对宏基电脑、联想电脑制造商供货，扩大在香港配送基地的市场业务覆盖范围。供货商这种业务扩展策略就会降低戴尔电脑产品的市场竞争力。很显然，当几家电脑制造商都用相同的电脑元件组装时，各企业很难形成自身的产品优势，而且还有泄漏制造企业商业秘密的危险。这种缺乏共兴共荣机制的供应链关系，也必然给制造商埋下隐患。

二、双赢如何实现

实行供应链管理，提升企业的核心竞争力，关键不在于企业所采用的信息技术的先进性，而在于采用合理的管理体制和运行机制以及构建整个供应链健康的利润分配机制。按法国物流专家沙卫教授的观点，戴尔电脑制造商要想与其供应商建立良好的战略合作伙伴关系，就应该在多方面照顾供应商的利益，支持供应商的发展。

首先，在利润上，戴尔除了要补偿供应商的全部物流成本（包括运输、仓储、包装等费用）外，还要让其享受供货总额 3%～5% 的利润，这样供应商才能有发展机会。

其次，在业务运作上，还要避免因零库存导致的采购成本上升。制造商一般都要向供应商承诺长期合作，即一年内保证预定的采购额。然而，一旦采购预测失误，制造商就应该把消化不了的采购额转移到全球别的工厂，以尽可能减轻供应商的压力，保证其利益。

再次，戴尔制造商应调动供应链上各个企业的积极性，变供应商的被动"挨宰"地位为主动参与，从而充分发挥整个供应链的能量。例如，让各地区的供应商同时作为该地区销售代理商之一，这样供应商又可以从中得到另外一部分利润。这种由单纯的供应商身份向供货及销售代理商双重身份的转变，使物品采购供应—生产制造—产品销售各环节更加紧密结合，也真正实现了企业由商务合作向战略合作伙伴关系的转变，真正实现了风险共担、利润共享的双赢目标。

事实上，戴尔公司就是采用了这种战略，使得戴尔每年用于产品创新的支出不到 5 亿美元，平均占公司销售额的 1.5%，而其主要的竞争对手惠普公司每年用于产品创新的支出高达 40 亿美元，平均占到公司销售额的 6.3%。但是，惠普的 PC 和服务器部门当年一年的亏损为 14.4 亿美元，而戴尔公司当年却获利 19.8 亿美元，这说明戴尔公司的战略是正确的。

沙卫教授认为，这种战略联盟关系能达到以下目的。

（1）有利于制造商新产品的研发。因为供货商最能掌握自己熟悉的采购供货领域中电子元器件新产品的面市情况，在了解其性能/价格比之后，及时反馈给制造商，让他们选用，有利于完善产品的性能。

（2）供货商、生产商、销售商紧密地联系在一起，具有供货及销售双重身份的第三方专业物流公司，全面地参与了戴尔公司的供应链生产经营活动。一个可以给各方参与者都带来盈利的真正的供应链终于建立起来。至此，第三利润源得到深层次的开发，并真正实现各方的互赢。

资料来源：李联卫. 物流案例与实训[M]. 北京：化学工业出版社，2009：135.

思考题
1. 试分析戴尔实现"零库存"的前提条件。
2. 为实现有效的库存管理，戴尔如何管理供应商？

案例 2.8

联合库存管理在襄汉公司的应用

在联合库存控制管理下，供应商企业取消了自己的产成品库存，而将库存直接设置到核心企业的原材料仓库中，分销商不建立自己的库存，并由核心企业从成品库存直接送到用户手中。

联合库存管理（Jointly Managed Inventory，JMI）是近年来在国外出现的一种新的有代表性的库存管理思想。JMI 是解决供应链系统中各节点企业的相互独立库存运作模式导致的需求放大现象，是提高供应链的同步化程度的一种有效方法。它强调双方同时参与，供需双方在共享库存信息的基础上，以生产为中心，共同制订统一的采购计划，使供应链过程中的每一个库存管理者（供应商、制造商）都从相互之间的协调性考虑，保持供应链相临的两个节点之间的库存管理者对需求的预期保持一致，从而消除了需求变异放大现象。任何相临节点需求的确定都是供需双方协调的结果，库存管理不再是各自为政的独立运作过程，而是供需连接的纽带和协调中心。从这点看，JMI 实际上是供应链节点纵横两方面的协作。

JMI 把供应链系统管理进一步集成为上游和下游两个协调管理中心，库存连接的供需双方以供应链整体的观念出发，同时参与，共同制订库存计划，实现供应链的同步化运作，从而部分消除了由于供应链环节之间的不确定性和需求信息扭曲现象导致的供应链的库存波动。JMI 在供应链中实施合理的风险、成本与效益平衡机制，建立合理的库存管理风险的预防和分担机制、合理的库存成本和运输成本分担机制及与风险成本相对应的利益分配机制，在进行有效激励的同时，避免供需双方的短视行为及供应链局部最优现象的出现。通过协调管理中心，供需双方共享需求信息，因而起到了提高供应链的运作稳定性作用。

一、联合库存管理与传统模型的比较

1. 传统库存控制

传统的库存控制管理图如图 2-5 所示。

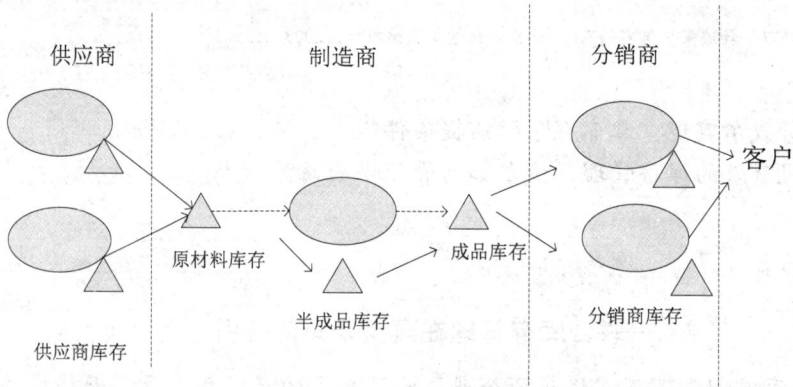

图 2-5 传统的库存控制管理图

从图 2-5 中分析，每个分销商向公司订货，每个分销商都建立自己的库存，公司为满足分销商的需求，也要建立自己的库存。供应商为保证供应，也建立自己的库存，从供应商到制造商（公司）和分销商，各自管理自己的库存，在库存管理上各自为政、互不沟通，分销商多存储商品增加销售成本，影响分销商的获利，不利于产品销售。

2. 供应链管理下的联合库存

供应链管理下的联合库存控制管理图如图 2-6 所示。

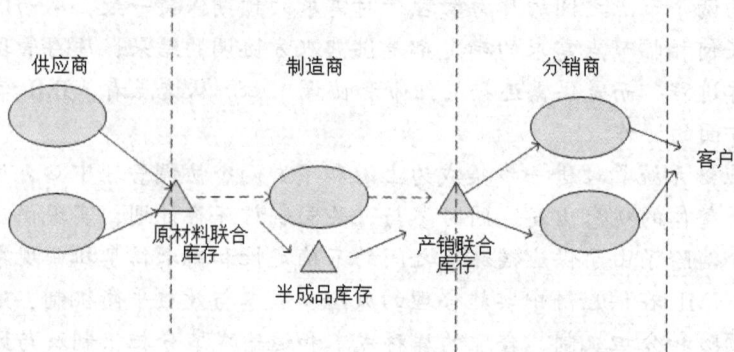

图 2-6 供应链管理下的联合库存控制管理图

从图 2-6 中分析，与传统库存控制管理相比少两个库存，一个是供应商库存，另一个是分销商库存，这样就解决了供应链系统中由于各个节点企业的相互独立库存运作模式导致的需求放大现象，是提高供应链的同步化程度的一种有效方法。

二、襄汉公司介绍

襄汉公司成立于 1993 年，是一家大型设备制造企业，主要生产举重机械设备和混凝土设备，如汽车举重机、混凝土运输车等，总资产超过 25.8 亿，员工人数超过 4 000 人，是武汉市重点扶持企业，实力雄厚。公司产品品种多，结构复杂，所需要的零部件和所用的材料种类多，库存物料品种多，库存管理难度大。

1. 襄汉公司库存管理存在的问题

襄汉公司的库存管理还处在供应链库存管理的初级阶段，持有库存主要是为了缓冲生产和销售方面的不确定性，实现大规模生产，防范物料预期的价格上涨或供给减少，以及缓解需求季节性的波动或实现均衡生产等。目前，襄汉公司的库存管理主要存在以下几个问题。

（1）库存管理多级化。襄汉公司没有成立统一的物流中心，没有建立大型立体化仓库，无法对物料的采购、运输、仓储、配送进行统一管理。销售、制造、计划、采购、运输和仓储等的控制系统和业务过程各自独立，相互之间缺乏业务合作，从而导致多级库存。物流部门控制原材料、外协件和外购配件的库存，制造和生产部门控制原材料到成品的转化过程的半成品库存和自制件库存，销售公司和售后服务中心分别控制成品库存和备件库存。物料由物流部门的仓库或制造部门的仓库流向售后服务中心的仓库，再流到各地服务中心办事处的仓库，形成多级库存管理，增加了库存占用资金和物流环节，延长了物流的周期。

（2）库存质量控制成本高。襄汉公司作为一家大型机械设备制造公司，是供应链上的核心企业，生产所需原材料和零部件绝大多数来自对外采购和对外协作，所需物料种类和规格型号多，企业供应商数量多，分布范围广，质量标准不统一，因此就增加了襄汉公司产品质量控制的工作量，增加了检测人员及检测设备，从而导致库存质量控制成本高。与此同时，襄汉公司的部分供应商是单一的加工企业，自身没有产品研发能力和质量保障能力，产品的质量较差，为了保证产品质量，襄汉公司同样需要增加质量检测人员、检测设施和检测时间，从而也导致了公司库存质量控制成本居高不下。

（3）库存持有成本高。襄汉公司的各个事业部或分公司都有自己的仓储系统，单独进行库存管理。仓库、货场、设施和设备没有进行统一规划、统一管理，没有得到充分利用，增加了库存的空间成本。由于仓库没有统一管理，公司不同的仓库持有同一种物料库存，同时物料信息不共享，难以调节不同部门库存物料的余缺，导致库存占用资金增多,从而就增加了库存的资金成本;由于缺少集中的仓储中心仓库,不能集中仓储和配送,为了保证对生产过程的连续供应,部分工厂或车间都建立了材料和半成本库,这就会增加公司库存数量、延长库存周转时间,同时也会导致库存占用资金增多,增加库存的资金成本;由于仓库多,管理人员也就多,整体工作效率低,人员工资和办公费用多,增加了库存的管理成本。此外,由于部分外购产品质量差,需要相应增加保险储备,从而增加了库存占用资金和库存持有成本。

2. 襄汉公司库存管理存在问题的原因分析

在企业供应、生产、销售等经营运作过程中,存在一定库存问题是不可避免的,因为库存管理的两个目标(降低库存成本、提高服务水平)具有悖反关系。分析襄汉公司库存管理中存在的问题,找出造成这些问题的主要原因,是平衡库存管理两个目标的重要途径,是襄汉公司库存管理优化的必要环节。

(1)面向企业外部的供应链库存问题分析。首先,面向供应商方面,严重地制约了公司库存管理。襄汉公司库存控制的决策与供应商联系不紧密,没有充分共享供需双方库存信息、采购信息、供货信息以及库存中各种物资的历史分布情况等。供应商只是通过派外人员获得粗略的月需求预测、临时加急订货和月消耗与库存盘点的信息,双方没有就联合补货策略进行研究,也没有必要的信息共享。结果导致"牛鞭效应"显著,大大增加了整个供应链的库存水平。

其次是面向公司的分销商,需求的不稳定,从而促使公司的库存不稳定。由于分销商的用户的需求不是一成不变的,而是时常变化无常,这就使分销商不得不加大库存量,从而造成了供应链的"牛鞭效益",造成了公司供应不及时。其实,这些产品并没有真正销售到用户手中,可能积压在分销商手中,从而使分销商不敢进新产品销售,造成公司和渠道的损失。

(2)面向企业内部的供应链库存问题分析。企业内部的供应链库存问题主要是指生产系统中的不确定因素。生产计划是生产系统用于驱动和控制生产的主要工具。在生产部门,物流经过上游工作地加工后再送到下游工作地加工,直到该零件部件的生产计划完成,下游工序的加工任务由上游工序决定。

造成生产系统的在制品库存的主要原因是它对需求的处理方式。在以计划驱动的生产系统中,对需求的处理方式是根据当前生产系统的状态和将要发生的变化对整个生产过程进行模拟,然后用计划来表达模拟的结果,并用计划来驱动生产。如果产生计划的模拟过程能够与实际生产过程足够接近,那么生产系统能够及时地为各个工作地按计划提供生产所需的物料,下游工地几乎没有等待的时间。但生产过程的复杂多变使得模拟十分困难,如车间的加工排序、提前期、物料到位状况等方面的不确定性都会造成计划与实际情况的偏差。而下游工作地为了缓冲这种偏差对其生产的冲击,不得不设置一定数量的安全库存，这就是企业的在制品库存。

一般来说，企业间的不确定因素在数量尺度和时间尺度上都远大于生产系统的不确定因素，从而对于供应链库存管理的影响也更大。

三、襄汉公司联合库存管理实施策略

建立联合库存管理模式的设想，就是要打破传统的各自为政的库存管理方法，建立全新的库存管理模式。商务部作为联系分销商、经销商的桥梁，成立联合库存协调管理中心，负责与供应商、下级供应部门交换物流过程中的各种信息、负责收集汇总物资采购的各种信息。公司总部设立一个总库作为产品和原材料储备中心，并按照地理位置在全国范围内分片设立 5 个地区中心仓库，分别为东北区分库、华北区分库、华东区分库、西南区分库、华南区分库，其库存全部为总库库存，由总部商务部统一调配。

总库和分库要建立基于标准的托付订单处理模式，首先要总库和分库一起确定供应商的订单业务处理过程中所需的信息和库存控制参数，然后建立一种订单处理的标准模式，把订货、交货和票据处理各个业务功能交给总部处理。其次，需要建立网络，使分销商能够定期跟踪和查询到计算机的库存状态，从而快速地响应市场的需求变化，对企业的生产（供应）状态做出相应的调整。为此，需要建立一种能够使总库和分销商的库存信息系统透明连接，可以实现查询目的的方法。最后，为实现与供应商的联合库存，总部应提供 ID 代码、条形码、条形码应用标识符、EDI 或 Internet 等支持技术。

另外，为了使联合库存管理顺利实施，同时使企业更加集中于自己的核心业务，公司决策层选择了物流外包方式。在全国范围内筛选了三家资质优良、实力雄厚的第三方物流企业，负责公司所有的物流业务。

襄汉公司所选用的联合库存控制管理模式如图 2-7 所示。

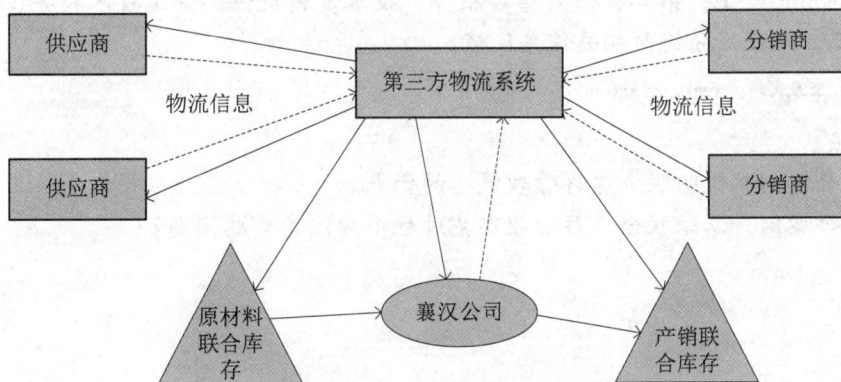

图 2-7　襄汉公司联合库存控制管理模式

1. 原材料联合库存

为公司供应原材料的供应商将生产的成品直接存入公司（核心企业）的原材料库中，变各个供应商的分散库存为公司集中库存。集中库存要求供应商的运作方式是按公司的订单组织生产，产品完成时，立即实行小批量多频次的配送方式直接送到公司的仓库补充库存。公司库存控制的管理重点是，既保证生产需要，又要使库存成本最小，还要为分销商发好货。具体的操作程序如下：第一，分析公司原材料供应商的资质状况，从中筛选出符合公司技术条件要求的供应商，并确定为合作伙伴，合作伙伴分一级伙伴和二级伙伴，二级伙伴为补充。第二，与确定的合作伙伴签订联合库存控制管理协议。协议内容包括责任、义务、利益。公司生产需求计划（数量、时间）传递给供应商，供应商组织生产，生产后按量、按时配货发给公司。公司生产使用或按供应商指示发给其他用户。第三，加强公司联合库存控制管理，既保证账、卡、物相符，又要保证不损坏变质。第四，搞好管理人员技术培训，提高业务素质。第五，加强领导，精心组织，专人负责。

2. 产销联合库存

公司总库承担产品储备中心的职能，相当于整个全国分库的供应商。在分库所辖区域内，设立地区中心仓库，承担各分销商产品供应工作。中心仓库的库存产品由公司总库配送或分销商代储。中心仓库的管理人员由总部指派，负责产品的接收、配送和管理。各中心仓库在联合库存协调管理中心即商务总库的领导下，统一规范作业程序，实时反馈产品需求信息，使联合库存协调中心能够根据进、出库动态信息，了解产品供应情况，充分利用现有资源，合理调配，提高发货速度，以最低的消耗实现最大收益，及时准确保证分销商及市场的需求。

建立产销联合库存的关键：第一，按照分销商的购货要求，及时、准确、安全地把产品配送到用户手上；第二，做好售后服务、技术资料提供、施工技术指导、施工人员培训；第三，处理好分销商相关信息反馈。

资料来源：百度文库，wenku.baidu.com.

思考题

1. 结合案例，说明联合库存管理策略的优点。
2. 结合案例，总结联合库存管理实施过程中应注意哪些问题？

第3章 采购管理

　　物流已经成为我国进入 21 世纪后经济活动中的一个热点问题。物流活动涉及企业经营活动的全过程，从企业的角度分析，企业的物流活动包括生产物流、销售物流、采购物流和回收物流。在近十几年的我国物流研究中，采购物流的研究是一个薄弱环节，应当引起物流业者的充分重视。

　　采购活动是人类经济活动的基本环节，也是现代企业从事生产经营活动的物质基础。无论是生产企业还是流通企业，离开了采购，其经营活动都是无法进行的。为了加强企业的采购管理，首先就要了解采购的概念及其特点。

3.1　采购与物流

3.1.1　采购的概念

　　在现代企业物流管理、供应链管理中，一个至关重要的环节就是采购活动。一般认为，采购是指单位或个人基于生产、销售、消费等目的，购买商品或劳务的交易行为。根据人们取得商品的方式不同，采购可以从狭义和广义两个方面来定义。

　　狭义的采购是指限于以购买的方式，由买方支付对等的代价，向卖方换取物品的行为过程。这种以货币换取物品的方式，就是最普通的采购途径。广义的商品采购是指除了以购买的方式之外，采用以租赁、借贷、交换等各种途径，取得商品及劳务的使用权或所有权的活动过程。在日常经营活动中所讲的商品采购，主要是从外部市场获得资源的采购活动。

　　对于企业而言，采购是从组织外部获取资源的活动过程。所谓组织外部是指涉及市场、供应商及其他企业、组织等主体，所获取的资源是有偿的，包括物料、产品、工程和（劳务）服务等。企业采购过程通常是以合同方式有偿取得货物、工程和服务的行为集合，具体类型包括购买、租赁、委托、雇佣等活动。

3.1.2　采购管理的概念

采购和采购管理是两个不同的概念，采购是一种具体的业务活动，而采购管理是指为保障企业物资供应而对企业的整个采购活动进行的计划、组织、指挥、协调和控制活动。因而，企业采购管理的目的是为了保证供应，满足生产经营需要，是企业管理系统的一个重要子系统，是企业战略管理的重要组成部分，一般由企业的中高层管理人员承担。采购是一项具体的业务活动，是作业活动，一般由采购员承担具体的采购任务。当然，采购业务活动也需要加强管理，包括采购人员选择、每一具体环节的衔接等。

一般情况下，有采购就必然有采购管理。但是，不同的采购活动，由于其采购环境、采购数量、品种、规格的不同，因此管理过程的复杂程度也不同。个人采购、家庭采购，尽管也需要筹划决策，但毕竟相对简单，一般可在"家庭理财"方面研究，这里重点研究的是面向企业的采购管理活动（组织、集团、政府等）。当然，在企业的采购中，工业制造和商贸流通企业的采购目标、方式等还存在差异，但有共同的规律，所以一般也就不再进行过细的划分。

案例 3.1

建材连锁巨头百安居——物流采购网络优势

1969 年诞生于英国南安普敦市的 B&Q（百安居），隶属于世界 500 强企业之一的英国翠丰（Kingfisher）集团。拥有三十多年成功经营管理经验的 B&Q，主要经营厨具、洁具、灯具、电工电料、油漆涂料、瓷砖、家具、软装饰、五金工具、木材地板、建材管件、园艺、家用电器等共 50 000 多个品种的商品，目前已在全球 10 多个国家和地区拥有 700 多家仓储式装饰建材连锁超市，销售额位列欧洲第一、世界第三，是国际化程度最高的建材连锁超市企业。

百安居以一流的产品品质、周到的全程服务、超低的市场价格，赢得了中国广大消费者的认同，在同行业市场占有率名列前茅。其成功运营的背后离不开不断优化的供应体系、高效的物流配送系统和功能强大的 IT 系统的支撑。

一、采购优势

百安居之所以能做到低价，依赖于它层次分明的采购体系。

百安居的采购网络是三个层次的结合。首先是全球采购网络，分布在全球超过 14 个国家和地区。其次是全国网络，百安居在中国已经有 60 多家大型门店，华南以深圳为中心,华东以上海为中心,华北以北京为中心。这些地方都十分接近建材生产基地,可以有效降低采购成本。另外,百安居还会在每个城市寻找当地的品牌供应商。这样,百安居把每个城市建立的采购网络逐渐培养成全国的网络,再纳入百安居的全球网络。

有关专家在研究百安居的经营策略时发现,它集中了沃尔玛的低价采购和麦当劳的多区域规模收益优势。麦当劳采购的主要货物是食品,附加值低,依靠低价采购很难大幅度降低成本。所以麦当劳在人流密集的地方大量建店,通过规模经营降低价格。百安居与此类似,它计划 5 年内在中国开设 80 家分店,如图 3-1 所示为百安居卖场外景。

图 3-1 百安居卖场外景

同时,百安居采购的建材也有多种品牌和设计样式,附加值低。这样,采购和经营成本的控制就成了问题。于是,百安居又成功运用了沃尔玛“本地化采购”和“一站式”营销的经营方式,针对中国传统建材市场多而散,采购力量薄弱的特点,百安居也发挥了连锁销售的本地采购能力。

百安居作为欧洲最大的建材零售商,每年从中国采购的建材、五金工具等商品金额高达近百亿美元。占总采购量的 1/3,这一采购量还以每年 15%的速度递增。

百安居中国区的总部设在上海,它的全国采购中心也设在那里。与采购规模相适应,百安居中国采购中心有 150 多名员工,每个区域大约 30 人,各个城市所设的采购小团队,由 5~6 个人组成。不过,千万不能小看这些基层的采购小团队,他们是百安居采购网络的神经末梢。优秀的供应商往往由这些小团队发现,然后推荐给区域的采购中心,慢慢地再被纳入到全国的采购网络。这样一来,随着百安居在全国事业的发展,它的基层采购网络覆盖越来越广、越来越深,其供应商的数量也会随之迅速增加,百安居整体采购成本进而大大下降。

百安居的采购网络还有一个吸引供应商的法宝，那就是他的老东家翠丰集团，通过与百安居的合作，已经有相当多的供应商逐步进入翠丰集团的采购体系，不仅分享了巨大的采购份额，还争得进入欧洲市场和全球其他建材连锁店的机会。

二、物流策略

要配合百安居庞大的采购网络，以及每日巨额销售所需配送服务，物流体系自然也不能逊色。

在中国，百安居是唯一一家与第三方物流企业合作的建材超市。他们的物流管理模式是当前国内最先进的，但与第三方物流企业合作并不是百安居物流运作最佳的解决方案，不过在社会资源有限的情况下，却是最适当的办法。采购网络优势与先进物流管理模式的结合，是百安居在中国市场的核心竞争力所在。

所有跨国零售企业进入中国都会遇到物流的瓶颈，直接影响到它在全国连锁战略的发展。因此，百安居与上海的物流企业新科安达合作，由新科安达负责所有新开超市的物流配送，既解决了上游供应商送货问题，也解决了下游到客户端的配送。

在百安居的规划中，在新开业的超市正常运营后，上下游物流业务将分配给不同的第三方物流企业。上游供应商送货问题将由佳宇物流公司负责，而每个超市的日常配货则寻找当地的物流企业。这是百安居目前在中国能实现的最适当的物流解决方案。

现在国内很多建材超市都完全靠自己做物流，七八个人，再弄上几辆卡车就解决问题了。其实，这种服务的附加值不高，往往还不能按时送货，不能做到很好的售后服务，配送能力就更跟不上，所以百安居认为还是应该由专业的物流公司来做。

但百安居同样也承认，虽然这种模式在社会资源不发达的条件下是最适当的，却不是最好的。百安居在与物流供应商的合作中已经发现不少问题，如很多物流企业的信息化程度低，不能实现与百安居信息系统的有效对接。所以，百安居解决物流的第二种模式就是建设自己的物流中心。百安居已经在北京、上海、广州、武汉、哈尔滨等地布局物流中心。

百安居作为欧洲第一、世界第三的家居装饰建材连锁企业，树立"一站购齐"的全新装潢理念，秉承"我们的专业服务，总能超越你的期望"的宗旨，为客户提供全心全意的服务，拥有先进而低廉的全球采购体系和先进的流通手段，以及成功的运营模式。从以"物流分销、货取源头、仓店合一"为特征的仓储式经营，到严格规范的供应商和品质管理；从产品的全球化批量采购，到自有品牌商品的不断推陈出新；从轻松的一站式购物，到专业的设计装潢配套服务，百安居无不走在行业前列。

资料来源：陈达强. 采购与供应案例[M]. 北京：中国物资出版社，2009：129.

思考题

1. 百安居的采购策略是什么？
2. 结合案例，讨论百安居采购有哪些优势。

案例 3.2

汽车零部件采购管理

一、汽车零部件采购与市场背景

在国内汽车生产已经形成"3+9"格局，在这一格局中，一汽、东风和上汽三大汽车集团的汽车产量就占全国产量的 51%；另外 9 个独立生产商的产量合计也只占全国的 40%。因此，"3+9"的产量已占到全国的 91%；中国的整车生产厂家已超过 100 多家。

中国目前对进口的整车征收 25%的关税，对汽车零部件征收 10%的关税，中国采取的相关措施不过是在防止外国新车化整为零，避开关税大规模进入中国市场。

有数据显示，欧美汽车制造企业的物流成本占销售额的比例是 8%左右，日本汽车厂商只有 5%，而中国汽车生产企业这一数字普遍在 15%以上。可见，中国汽车企业的物流成本明显偏高。

今后的 10～15 年，中国将成为世界最大的汽车消费国和汽车制造国，而在全球采购物流配送的大潮中，后起之秀的中国无疑将成为"兵家必争之地"。

经过实际调查和理论研究得出，制造和装配只占整个供应链运作中物流时间的一小部分，而大部分时间都花在一些业务和信息数据的处理、运输以及等待上，尤其是真正的增值时间只有整个物流周期的 0.05%～5%。因此，提高物流时间效率、降低物流成本是提高汽车制造竞争力的关键。

汽车物流网络可以分为两类：一类是自营汽车物流网络，即自成网络；另一类是利用第三方汽车物流网络，即利用服务于不同厂商，有较好的回程利用率的第三方物流网络。国内汽车物流公司多数是从整车物流做起，零部件物流要求较高。

发展主体思路：中国汽车物流应当从汽车供应链角度建立物流战略和运作模式。

二、汽车制造业供应链过程

汽车制造业供应链过程可以分为采购—生产—销售—售后服务过程。要考虑时间价值、货币价值、服务价值。汽车零部件的采购涉及本地采购、国内采购和国际采购，同时需要相应的物流服务。

从汽车供应链过程对物流进行划分，分为零部件采购物流、生产物流、汽车销售物流、售后物流。其中，汽车零部件送料要求做到 JIT 配送，要求有较高的服务水平；成品车运送相对简单，但带有大区域物流规划特点。采购供应物流环节的物流成本约占物流总成本为 25%～30%。因而，不同的企业有着不同的零部件采购供应渠道，不同的采购供应渠道决定了不同的物流成本。商品车物流重点是降低运输成本，其中可以大有作为的是大范围利用运输工具和运输通道，进一步整合客户市场和物流资源。

从汽车物流运作的对象可以划分为汽车零部件物流运作模式和整车物流运作模式。其中，零部件物流占销售成本约 15%～16%，不仅涉及服务质量而且涉及服务成本，其服务成本不但要涉及运输，同时还要涉及仓储过程，直接影响到资金占有和使用效率。

汽车采购与物流战略：根据中国汽车生产格局，要求从厂家、客户、通道，以及汽车物流经营主体、物流运作模式等方面来进行汽车物流系统优化。因此，中国汽车物流战略的基点应该是集成物流，通过集成物流运作提高服务质量、效率并降低成本，因此需要有系统化的汽车物流集成战略，战略实施主体是 3PL 走向集成物流提供商（ILP）或领先的物流服务提供商（LLP）。如图 3-2 所示为汽车零部件。

图 3-2　汽车零部件

从围绕单一制造商的物流服务到跨地域制造商的网络服务；从 3PL 与制造商双边战略合作到 3PL 与制造商的多边战略合作。汽车物流对集成物流提供商的战略要求和物流能力体现在以下几个方面：集成物流提供商（ILP）的服务能力基于 3PL 而且高于 3PL。提升物流服务水平，促进企业自管物流转变为外包 3PL。通过 LLP 或 ILP 改善物流系统规划设计、物流运作方案来提高物流服务质量，降低汽车物流成本。IPL 通过规模、集成和精益物流等途径，降低汽车物流成本。

三、汽车零部件、整车采购及供货的基本模式

汽车零部件国家采购涉及 KD（Knocked Down），包括 CKD、SKD、PBP、CBU 模式。CKD（Completely Knocked Down）成套批量化包装部件模式供货，一般常规是，一辆汽车所需要的相同的零部件个数为一套,原则上,6 套相同的部件作一单位包装和运输。

SKD(Semi Knocked Down)整车拆分部件供货模式,在一些国家进口完整汽车会交纳高额的关税,进口汽车部件相对便宜,为了减少费用,已完工的汽车被拆成部件运往指定的国家,一般是拆卸下易安装的部件,如轮胎等。

PBP(Part By Part)批量化包装供货模式,与 CKD 相反,没有固定的包装和运输模式,一旦确定所需零部件的储量,零部件即可批量包装和运输。

CBU(Completely Build Up)模式供货,整车物流,也即是汽车零公里运输。

中国劳动力成本优势使跨国公司采购成本降低,但是采购同时产生的附加物流成本却在增加。例如货物库存时间国外一般是 14 天,在国内平均为 40～45 天,直接影响资金流转;资金流转次数海外一般是 8～10 次/年,国内每笔资金流转 1～2 次/年。

对于合资方为欧洲的轿车企业来说,进口 KD 件的订货周期约 4 个月,交付周期约为 35～45 天。零部件占用资金约占整个企业存货资金的 40%,其中,进口 KD 的资金占用比例为 80%～90%,国产零部件资金的占用比例为 5%～15%,原材料资金占用比例为 3%～5%。

由此可见,进口 KD 件是零部件资金占用的主要矛盾。因此,对进口 KD 件订货和供货模式进行深入研究,对降低供应链的总成本至关重要。

四、国内某汽车厂零部件采购与物流管理

如果实施供应链管理,将汽车零部件采购的供应物流进行外包,即实行一体化的零部件入厂物流外包,原来的非专业用运输车辆在总供货体积 26 立方米不变的前提下,通过路径规划、分析,合理的仓库选址和分流,不仅运输总公里数可以从目前的 924 千米骤减到 236 千米,而且原先 4 辆配送车辆完成的工作现在 1 辆配送车辆就可以做到,车辆装载百分比也可以从目前的 21% 迅速提升至 84%。

资料来源:柳和玲. 物流运作案例剖析[M]. 北京:中国物资出版社,2006:30.

思考题

1. 汽车零部件采购与物流有哪些关系?
2. 结合案例,讨论汽车零部件国际采购与供货有哪几种基本模式。

3.2　现代采购方法和技术

现代采购是指运用现代科学的采购技术和方法,通过计算机网络实现从信息收集、供应商选择、采购、运输、库存、使用全过程信息化、网络化,最大限度地满足生产需要,降低采购物流成本,实现采购目标。

3.2.1 采购方法

我们对物资库存量的控制，要考虑什么时间提出订货或采购、每次订购多少等问题。控制库存量的基本方法可以分为定期订购方法和定量订购方法（或订货点法）。

1. 定期订购方法

定期订购方法就是企业订购时间预先确定。例如，每月或几周订购一次，而每次订购的数量则不固定，随时根据库存的情况来决定。

订购周期是指从提出订购、进货、检查直至入库的整个周期所需的时间。订购间隔期是指前后两次订货日之间的时间间隔。实际库存量为订购日的现有库存数量。订货余额为过去已经订购但尚未到货的数量。

定期采购的优点：由于订货间隔期间确定，因而多种货物可同时进行采购，这样不仅可以降低订单处理成本，还可以降低运输成本；这种方式不需要经常检查和盘点库存，可节省这方面的费用。

定期采购的缺点：由于不经常检查和盘点库存，对商品的库存动态不能及时掌握，遇到突发性的大量需要，容易造成缺货现象带来的损失，因而超市为了应对订货间隔期间内需要的突然变动，往往库存水平较高。定期采购控制法适用于品种数量大、占用资金较少的超市商品。

2. 定量订购方法

订货点法，也称定量订购方法，是指对库存状况进行连续性的记录、观察、核对，一旦发现库存量下降到一定的标准量（订货点）时，就填发订货单进行固定数量的订货，是一种订货数量确定而订货时间不固定的订购方法。具体办法是预先规定一个订货点量（R），当实际库存量降到订货点量时，就按固定的订购数量（Q），即预先确定的经济订购批量（EOQ），提出订货或采购。

定量订货方式的优点：由于每次订货之前都要详细检查和盘点库存（看是否降低到订货点），能及时了解和掌握商品库存的动态。因每次订货数量固定，且是预先确定好了的经济批量，方法简单。

定量订货方式的缺点：经常对商品进行详细检查和盘点工作量大且需花费大量时间，从而增加了库存保管维持成本。该方式要求对每个品种单独进行订货作业，这样会增加订货成本和运输成本。

定量订货方式适用于品种数目少但占用资金大的商品。

3.2.2 采购技术

1．JIT 采购技术

日本汽车企业创造的 JIT 生产模式是在受到美国超级市场的管理模式的启发而产生形成的。JIT 生产模式又进一步推广了 JIT 思想在整个物流领域的传播与应用。

JIT 采购模式不同于传统采购模式的主要特点是直接面向需求和间接面向需求的区别。主要表现在需求品种、需求质量、需求数量、需求时间以及需求地点。即供货商时刻要按照需求方的需要送货。相比较传统的采购模式，很明显 JIT 采购模式属于一种最优选择模式——设置了一个最高标准、一个极限目标，即原材料和外购件的库存为零，缺陷为零。同时，为了尽可能地实现这样的目标，JIT 提供了一个不断改进的有效途径，即降低原材料和外购件库存，从而暴露物资采购问题，同时采取措施解决这一问题，进而降低原材料和外购件的库存。如图 3-3 所示为传统的采购模式和 JIT 采购模式。

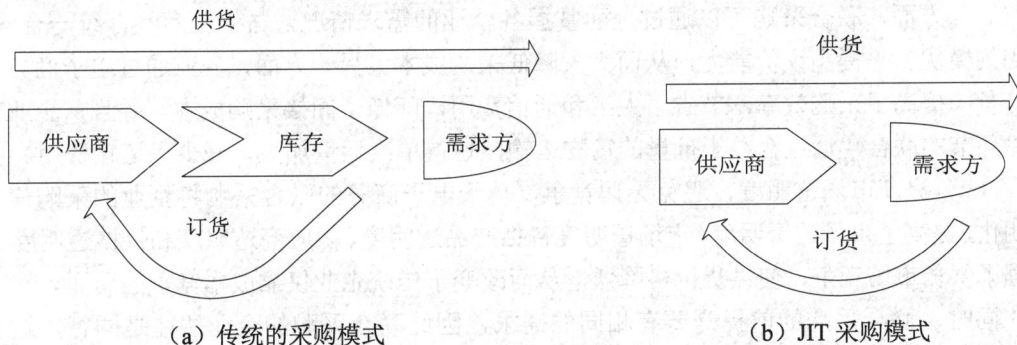

（a）传统的采购模式　　　　　　　　（b）JIT 采购模式

图 3-3　采购模式

2．ERP 采购技术

ERP（Enterprise Resource Planning，企业资源计划）思想是在 MRP 以及后来的 MRP II 的基础上，融合了其他的现代管理思想和技术而形成的。MRP 的思想在 20 世纪四五十年代已经产生，六七十年代随着以计算机技术为主的信息技术的发展使 MRP 的思想应用于社会实践，从而成为生产物流领域里的一种新方法。其后又经过多次改进，直至形成 MRP II 体系。现阶段又融合了其他的现代管理思想和技术，发展成为 ERP 技术。

在任何一个采购管理中都应该包括如下最基本的四个方面的内容：① 供应商的选择；② 请购的选择；③ 订货及订货跟踪；④ 检验货物。ERP 管理系统也不例外。在市场经济的运作机制中，与供应商的合作模式的重要性越来越明显。ERP 的管理思想强调，不仅要管理好本企业的采购，而且还要与供应商之间建立起互惠共赢的协作关系，以达到信息共享，共同保证和提高市场竞争能力，最终实现企业利润最大化的目标。ERP系统还可以帮助企业实现随时给企业提供订购验收的信息，对外购或委外加工的材料进行跟催。并整合各方面采购信息，降低交易双方的信息成本。

3．联合采购

联合采购是对同一货物或服务有需求的多个买方，在相互合作的条件下合并各自需求，并以一个采购商的形式向供应商统一订货，用以扩大采购批量，降低采购成本的一种采购方式。这种方式在欧美等国家早已被广泛采用，国际大型企业也纷纷整合供应商资源，建立联合采购平台。

联合采购不仅把企业货物和服务联合化，还降低了企业采购成本，提高了生产效益。其优势主要表现在以下几个方面。

（1）降低采购成本，获得最大利润。联合采购能将多个不同企业的分散订单集合起来，形成一个统一体并向外界采购产品，积小单位为大单位，从而使采购者拥有更大话语权。一方面，联合采购可以通过全面掌握各企业的需求情况，与供应商签订统一合同，利用规模优势来提高议价能力，从而大大降低采购成本。另一方面，企业通过电子商务平台订货，提高了采购效率，节省了人工和通信费用，降低了间接采购成本。并且，企业在运输环节的联合，通过合并小批量的货物运输，使得单次运量加大，减少了运输费用。

（2）提高市场透明度，避免无谓竞争。基于电子商务的联合采购将企业的采购信息透明化，提高了市场的透明度（市场透明度包括产品透明度、供应商透明度和价格透明度），加强了供货市场竞争，使供货价格降低，从而改变了传统企业仅靠成本竞争的局面。

同时，联合采购的前提是要有相同的需求，因此联合采购的企业往往是同行，这种通过与竞争对手合作的采购模式，改变了企业之间相互替代的横向竞争关系。合作双方有一个共同的利益目标——降低采购成本，因此相互联手，减少恶性竞争，最终创造一个共同发展的良好市场环境。

（3）创造协同效应，实现规模经济。波特在《竞争优势》一书中将价值链定义为综合了设计、生产、销售、运输和管理等一系列价值增值活动。从价值链的角度来看，联合采购是多个企业通过价值链上的活动协调和共享达到扩大价值的目的，这种协调和共享可有效地降低业务活动成本和增强竞争力。每个企业的资源和能力都是有限的，走联合之路，合理利用资源，进行优势互补，可以产生良好的协同效应。区域内的联合采购，形成一定的采购规模，组成"联合舰队"，可以实现买方降低采购成本、卖方降低生产成本，以及实现供应商资源的共享。

案例 3.3

海尔推行的准时采购

海尔物流的特色是借助物流专业公司力量，在自建基础上小外包，总体实现采购 JIT、原材料配送 JIT 和成品配送 JIT 的同步流程。同步模式的实现得益于海尔的现代集成化信息平台。海尔用 CRM 与 BBP 电子商务平台架起了与全球用户的资源网、全球供应链资源网沟通的桥梁，从而实现了与用户的零距离，提高了海尔对订单的响应速度。

海尔的 BBP 采购平台由网上订单管理平台、网上支付平台、网上招标竞价平台和网上信息交流平台有机组成。网上订单管理平台使海尔 100% 的采购订单由网上直接下达，同步的采购计划和订单，提高了订单的准确性与可执行性，使海尔采购周期由原来的 10 天减少到了 3 天，同时供应商可以在网上查询库存，根据订单和库存情况及时补货。

网上支付平台则有效提高了销售环节的工作效率，支付准确率和及时率达到 100%，为海尔节约了近 1 000 万的差旅费，同时降低了供应链管理成本，目前海尔网上支付已达到总支付额的 20%。

网上招标竞价平台通过网上招标，不仅使竞价、价格信息管理准确化，而且防止了暗箱操作，降低了供应商管理成本，实现了以时间消灭空间。网上信息交流平台使海尔与供应商在网上就可以进行信息互动交流，实现信息共享，强化合作伙伴关系。除此之外，海尔的 ERP 系统还建立了其内部的信息高速公路，实现了将用户信息同步转化为企业内部的信息，实现以信息替代库存，接近零资金占用。

在采购 JIT 环节上，海尔实现了信息同步，采购、备料同步和距离同步，大大降低了采购环节的费用。信息同步保障了信息的准确性，实现了准时采购。采购、备料同步，使供应链上原材料的库存周期大大缩减。目前已有 7 家国际化供应商在海尔建立的两个国际工业园建厂，爱默生等 12 家国际化分供方正准备进驻工业园，与供应商、分供方的距离同步有力保障了海尔 JIT 采购与配送。

资料来源：胡松评. 企业供应链物流管理[M]. 北京：北京大学出版社，2012：254.

思考题

1. 海尔的采购平台由哪几个部分组成，各起到什么作用？
2. 结合案例，讨论 JIT 采购有哪些优势。

案例 3.4

扬州亚星客车 ERP 采购

一、企业简介

扬州亚星客车股份有限公司坐落于风光秀丽的古城扬州，是一个在市场经济激烈竞争中脱颖而出的"国家火炬计划重点高新技术企业"。1998 年 9 月，扬州亚星客车股份有限公司成立。1999 年 8 月，公司在上海证券交易所成功上市。公司具备年产各类客车10 000 辆、客车底盘 10 000 个、客车座椅 30 万座的生产能力。公司成立以来已经向社会提供各类客车 40 000 余辆，累计实现销售收入 80 余亿元，历年的产销量、销售收入等主要经济指标均位于全国客车行业前列。

二、行业特点

客车行业作为我国汽车工业的一个重要组成部分，近年来发展很快。绝大多数大中型客车企业都具有自主品牌，在开发研究、生产工艺、市场、售后服务等方面拥有充分的控制权。随着配套总成和零部件的技术进步，客车产品技术水平不断提高，客车出口由过去的"零敲碎打"正式走向整车大批量出口和在国外散件组装阶段。

1. 在线订单

在订单和服务方面，整车厂通过网络进行在线客户选车配置以及在线订单方式，和客户之间建立个性化的交易沟通平台。厂家和客户建立实施的网络服务、投诉和 24 小时维修响应机制。

2. 产品生命周期管理

在产品设计方面，大力吸引客户到车辆的设计、开发中来，和客户共同参与设计和产品体验，提升客车乘坐、驾驶以及安全等方面的综合素质。为此，优秀的车辆生产厂家建立完整的产品设计和产品生命周期管理平台，并在整个车辆的质量追溯体系建设上引进 SPC 及 FMEA 缺陷分析机制。

3. 精益生产

客车生产企业，充分学习轿车领域的精益制造的经验，在现场管理、生产配料等领域进行精益化生产。

4. VMI 和第三方物流

采取第三方物流和 VMI 的采购方式，并和供应商之间建立基于网络的信息协同，通过小批量、快速送货的方式减少供应链成本。

伴随着亚星客车的发展与经营资产优化，在吸收了亚星商用车公司的优质资产后，对 ERP 管理系统产生了扩大应用范围与深度的迫切需求。原有的信息管理系统已不能适应当前的需要，亚星客车领导高瞻远瞩，决定抓住时机，目标建设一套具有企业特色、先进、实用、可靠的 ERP 系统，以适应公司的总体发展战略。

三、管理模式创新：配置接单单车生产

亚星客车的生产和服务采用"配置接单单车生产"的管理模式，生产经营上围绕客户选配的车型以及个性化的需求为主要驱动力，组织单车的设计、计划、采购、车间、委外等业务活动，以提高各部门的协同工作效率，快速响应市场需求。"配置接单单车生产"的管理模式通过 ERP 系统在亚星得到了成功的实践。

1. 配置接单按单设计

亚星客车与客户签订销售合同时，订单中心能够通过 ERP 系统准确描述基于标准车型配置基础上的客户所有选配信息。订单式生产决定了每个客户的订单都要按单设计，因此设计时间直接影响计划排产及交期，而且客户需求一旦发生变化，设计同时需要变更。通过配置接单信息的实时共享、PDM 和 ERP 的集成，保证设计 BOM 和生产 BOM 同步，客户选配需求得到准确响应。

2. 单车生产按单配料

客车生产普遍采用订单式生产，管理的难点是能否按照生产进度要求准时准量地进行配料。亚星客车的工厂布局按照整车的生产步骤部署，分为车架、底盘、六大件、焊装、涂装和总装。通过 ERP 系统的应用实现了按单配料，保证专料专用，减少了因此导致的交期延误。

3. 按单采购严管价格

亚星客车关键配套件的价格波动大，在采购部、财务部、生产部之间形成有效的采购需求、供应及时以及成本合理的最优是亚星管理者追求的目标。根据 MRP 运算的结果进行关键部件的按单采购。采购部门进行严格的价格控制，并能有效预测价格趋势，降低采购成本。

4. 按单核算成本控制

作为上市公司，对财务管理的要求非常规范和精细，需要按照订单核算每一辆车的成本、按照每一个车间核算每一道工序的成本，实现成本的精细化控制。

四、亚星客车的 ERP 整合项目

2008 年，伴随着客车业务整合，亚星客车的用友 ERP 整合项目启动，亚星商用车公司原采用 SAPR/3 系统，此次整合选择用的是用友 UFIDAU 8.71 系统，ERP 应用在广度

和深度上都做了一定程度的拓展。

1. 业务流程

U8 支持了整车接单、采购、装配过程的所有关键业务流程。亚星客车利用自身丰富的整车经验和 IT 经验，在 U8 整体解决方案基础上，利用 UAP 平台，开发了具有亚星客车特色的订单管理系统，支撑企业业务运营，如图 3-4 所示为用友 ERP 计划安排流程。

计划排程

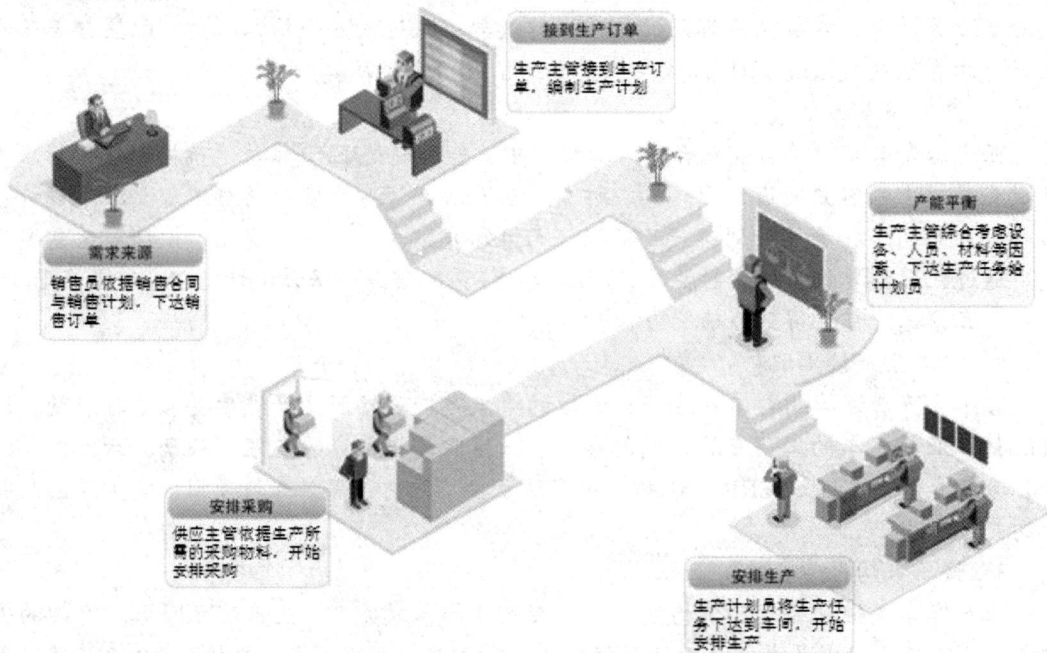

图 3-4　用友 ERP 计划安排流程

2. 应用效果

亚星客车的 ERP 项目经过两年多的应用，项目取得了重要成效，已经成为亚星不可或缺的有机组成部分，其带来的主要效益如下。

（1）两套编码体系变为一套。统一了物料编码沟通语言，提高了物料管理的准确性，同时也为信息化成功上线打下坚实的基础。

（2）通过订单管理平台的应用，原有传递、审批、变更需要 2～3 天，缩减为 1 天，实现了实时共享。

（3）基于标准配置的客户订单选配准确性由 90% 提高到 98% 以上，特别是在客户配置发生变化以后，能够第一时间反馈到技术中心、计划、生产、采购各部门。

（4）库存资金的周转天数由 28 天缩短到 22 天。

（5）订单交期由 45 天缩短到 35 天，有效降低交期延误，即使出现延误也能事先预测并分析延误原因，从而提高了客户满意度。

（6）由于与 PDM 的集成，配置信息的有效共享，排程时间从 2～3 天缩短为 1 天，更快响应客户需求的变动和应对意外。

（7）采购部门将管理的重心由价格的审批、制定转移到原材料价格趋势的预测分析上来，为全年降低近 1 000 万的采购成本。

资料来源：豆丁网，www.docin.com.

思考题

1. 结合案例，谈谈亚星客车 ERP 采购是如何实现的。
2. 亚星客车是如何配置接单单车生产的？

案例 3.5

西门子公司的全球采购策略

公司之间未来的竞争是供应链之间的竞争，采购链则是供应链中非常关键的一环。怎样在供应商不断增多的同时有条不紊地管理供应商？怎样在压低供应商价格的同时和供应商保持良好关系？怎样在降低物料采购成本的同时保持产成品的优异质量？怎样在统一供应商标准的同时不失采购的灵活性？当世界经济面临着网络化和全球化大潮的时候，采购链管理也面临着无法躲闪的变革。

西门子公司是一家有 150 多年历史、横跨数个产业的航空母舰式的公司，仅仅西门子信息与移动通信（以下简称西门子移动公司）一家公司，2010 年的采购额就达到了 45 亿欧元。西门子移动公司的供应商浩如烟海，分布在全球的各个角落，如何与他们协同作战？如何做到"精益采购"？如何从采购环节中节省成本？"我们产品的价格每年都以 20%～25%的幅度下降，这笔钱从哪里来？只有从供应体系中挤出来。"西门子移动公司全球采购中国部门的德籍副总裁柯逸华说。全球集约化采购是西门子公司进行采购管理、节约采购成本的关键，西门子移动公司的采购系统是西门子公司整个全球采购网的一部分。

一、全球统一采购

过去很长一段时间里，西门子公司通信、能源、交通、医疗、照明、自动化与控制等各个产业部门根据各自的需求独立采购。随着西门子公司的逐渐扩大和发展，采购部门发现不少的元部件需求是重叠的：通信产业需要订购液晶显示元件，而自动化和控制分部也需要购买相同的元件。由于购买数额有多有少，选择的供应商、产品质量、产品价格与服务差异非常大。

精明的西门子人很快就看到了沉淀在这里的"采购成本"。于是，西门子公司设立了一个采购委员会（Procurement Council），来协调全球的采购需求，把六大产业部门所有公司的采购需求汇总起来。这样，西门子移动公司可以用一个声音同供应商进行沟通。大订单在手，就可以吸引全球供应商进行角逐，西门子移动公司在谈判桌上的声音就可以响很多。对于供应商来说，这也是一件好事情。以前一个供应商，可能要与西门子公司的六个不同产业部门打交道，而现在只需要与一个"全球大老板"谈判，只要产品、价格和服务过硬，就可以拿到全球的订单，当然也省下不少时间和精力。如图3-5所示为西门子全球采购策略。

图3-5　西门子全球采购策略

西门子移动公司的全球采购委员会直接管理全球材料经理（Commodity Manager），每位材料经理负责特定材料领域的全球性采购，寻找合适的供应商，达到节约成本的目标，确保材料的充足供应。手机市场的增长很快，材料经理的一项重要职责就是找到合适的、能够与西门子公司一起快速成长的供应商。西门子公司认为，供应商的成长潜力在其他成熟产业可能并不重要，但是在手机产业，100%的可得性是选择供应商的重要指标。

西门子移动公司的采购系统还有一个特色是，在采购部门和研发部门之间有一个"高级采购工程部门"（Advanced Procurement Engineering）。作为一座架在采购部和研发部之间的桥梁，高级采购工程部的作用是在研发设计的阶段就用采购部门的眼光来看问题，充分考虑到未来采购的需求和生产成本上的限制。

二、分合有度

有了这些充分集权的中央型采购战略决策机构，还需要反应灵活的区域性采购部门来进行实际操作。由于产业链分布在各个国家，西门子移动公司在各地区采购部门的角色很不一样。日本西门子移动公司采购部门的角色类似于一个协调者。由于掌握着核心技术，日本的供应商如东芝公司和松下公司直接参与了西门子手机的早期开发（Early Supplier Involvement）。西门子移动公司需要知道哪些需求在技术上是可行的，哪些是不可行的，而东芝和松下等企业也要知道西门子公司想要得到什么产品，采购部门的主要工作就是与日本供应商的研发中心进行技术方面的协调、沟通和同步运作。中国西门子移动公司采购部的角色重心就不同了。其主要任务是利用中国市场的廉价材料，降低生产成本，提高西门子手机的全球竞争力。2001年西门子移动公司的全球采购额是20亿欧元，单是在中国的采购就达到5亿欧元，占全球采购额的25%。在中国生产的每部西门子手机都达到了60%的国产化率（Localization）。

三、供应商管理策略

在21世纪的采购管理，供应商早已不是以前的小供货商，而是企业的战略联盟者（Strategic Alliance）。对于这些不再俯首帖耳，有时甚至还会高高在上的"伙伴们"，如何才能让他们为西门子移动公司的业务做更大的贡献呢？

高级采购工程部门的任务就是用目标价格倒推成本（Target Price-based Costing）。"我们对供应商的要求是每年都能比上一年节省更多的成本。"西门子公司的采购管理人士如是说。除了给供应商持续的成本压缩压力以外，西门子移动公司还充分利用订单份额来做诱饵，让现有的2~3个供应商充分竞争。只有价格最低的供应商，才会得到西门子公司更多的订单。西门子公司有时也会故意放一两个新的供应商进来，打破原有的供应商竞争格局。新供应商更好的服务和更低的价格会迫使老供应商降低价格、提高服务，西门子移动公司就可以坐收渔翁之利。为了使选择供应商的过程尽可能公平透明，西门子公司还使用了一套网上竞价（E-Biding）系统。西门子公司对现有的长期供应商相当有人情味，为了保持良好的供应商关系，现有的供应商在这套系统中有一定的优先权。而想新加入的供应商则必须靠过硬的质量、价格和服务来与现有的供应商竞争。

每年年底，西门子移动公司内部所有与供应商有过接触的部门还会对供应商进行价格、物流服务和产品质量三方面的总成本（TCO）进行评分，成本最高的供应商可能就会失去大笔订单。在竞争面前，供应商自然会对自己的产品质量、产品价格、物流服务等各方面严格审视，以期达到西门子移动公司的高标准、严要求。这套体系的好处是所有的供应商都知道其他供应商能做什么，这样就能把价格和服务的底线推到循环竞争的极限。柯逸华说，在未来的规划中，西门子移动公司50%的采购量都会通过这套系统来进行。通过保持这样一种"充分竞争"的环境，西门子移动公司能非常高效率地管理自己的供应商，节约采购成本。

资料来源：陈达强. 采购与供应案例[M]. 北京：中国物资出版社，2009.

思考题
1. 西门子移动公司如何与供应商协同作战？
2. 结合案例，说说企业如何选择采购方法。

3.3　供应商管理

3.3.1　供应商管理的含义

供应商管理是指企业的供应部门以经济效益为目的对企业需用物资的供应厂商进行选择、考核、评比、不断优化的动态管理过程。

在供应链管理中，核心企业对供应商的管理就是以自己的诚信为基础，在互惠互利原则的指导下，选择优秀的供应商，并与其建立长期的合作伙伴关系。通过建立统一经营理念、价值观念和企业文化，创造和谐的合作竞争氛围，尽可能地实现双赢。

3.3.2　供应商管理的意义

供应商的选择与管理是物流管理的重要环节，有效的供应商管理无论对整个物流来说，还是从单个的企业来看，都至关重要。供应商已成为一种战略筹码，供应商管理也成为造就企业竞争力的有效手段。谁拥有具有独特优势的供应商，谁就能赢得竞争优势。加强对供应商的管理可以缩短交货期，提高产品质量，降低成本，提升企业在市场竞争中的应变能力。搞好供应商的选择与管理，建立科学合理的供应商选择及管理体系，不断优化企业的供应网络，对于提高供应商管理的效益，提高企业核心竞争力，具有重大的意义。

1．供应商管理有助于提高客户对需求和服务的满意度

目前，很多顾客与供应商之间仍然是相互对立而非合作伙伴关系，希望通过减少自己的要素投入来实现自我利益最大化的目的。只有加强供应商管理，使采购方与合格的供应商建立合作伙伴关系，通过信息共享，才能达到低成本、高柔性的目标。

2．供应商管理有助于提高供应商对客户需求反应的敏捷性

零库存管理、准时制生产、精益物流等逐渐占据生产领域、流通领域、管理领域，

在这样的环境中，只有加强供应商的管理，使采购方与供应商建立合作伙伴关系，才能提高供应商对客户需求反应的敏捷性。

3．供应商管理有助于保证采购质量、降低采购成本

供应商产品的质量是客户生产质量和研发质量的组成部分，供应商的质量管理体系同时也就是客户的质量管理体系。所以，加强供应商的管理，选择合适的供应商，使供应商在竞争的环境中保持提高产品质量、合理降低成本的竞争状态，对保证采购质量、降低采购成本有积极的意义。

案例 3.6

兖州煤业强化供应商管理

兖州煤业股份有限公司是国有特大型企业集团兖矿集团有限公司的控股上市公司，主要从事煤炭生产、洗选和加工，煤炭销售以及铁路运输业务，年煤炭生产能力在 6 000 万吨左右，销售收入达 500 亿元。在生产经营活动中，每年消耗的材料、设备和备品备件达 40 亿元，常年使用的物资品种达 4 万多个，有上千家供应商为公司供应物资。因此，如何管理好供应商，对企业成本和效益、安全与发展有着重要的影响。如图 3-6 所示为兖州煤业采煤工作面。

图 3-6　兖州煤业采煤工作面

一、对供应商的评价和认证

对供应商的评价和认证是采购流程中最具战略意义的采购活动之一，对提高采购绩效意义重大。兖州煤业历来重视供应商管理工作，一直实行动态管理，采取过程优化、优胜劣汰的管理方法，每年进行一次供应商的认证和评价工作，把符合条件的供应商作

为合格供方，否则进行淘汰，取消供应资格。对符合条件要求加入的新供应商实行准入制度，根据需要按程序审批。

兖州煤业在对供应商的评价过程中，主要参考六项指标，即供应商资质、产品质量、交付能力、服务水平、管理水平和成本。供应商资质是一个基本和前提，它包括营业执照、税务登记、机构代码、银行资质等情况，这是供应商开展经营活动的必备条件。产品质量是评价供应商产品满足企业功能性需要的能力。它一直是对供应商管理的一个关键问题。评价产品质量主要用具体指标来考核，如供应商产品满足公司规格要求的程度、合格率、各种证件资料、退货率、废品率及质量认证体系等。

产品质量、交付能力、服务水平和管理是评价供应商的最基本因素，还有一个关键的因素是成本。供应商能否使公司获得一个理想的采购成本是衡量它的关键，尤其是价格竞争十分激烈时，成本就显得特别重要。评价供应商成本主要看交付价格和所有权总成本。交付价格是指产品在质量有保障、其他条件满足的情况下价格最有优势。所有权总成本包括所有的与采购活动相关的成本，包括采购价格、订单跟踪、催货、运输、检测、返工、存储、废物处置、保修、服务、停工损失、产品退回等造成的费用。对于煤炭企业使用的成套设备等，有后续成本的采购项目比较适合所有权总成本评估。

二、与供应商的合作技巧

按照供应商评价的六项指标，兖州煤业股份有限公司在每年进行一次评估的基础上，合理优化，明确分类，便于在采购活动中，因人制宜，区别对待，实现效率和效益的最大化。目前，兖州煤业股份有限公司将所有供应商分为战略性供应商、竞争性供应商（普通供应商）、技术性供应商、待选供应商及淘汰供应商五大类。

战略性供应商有很大一部分是资源型、紧缺型和市场变化较大的企业，其产品质量可靠、信誉好，甚至供不应求，其产品对公司生产经营的制约性很大，采购方没有主动权。因此，和他们建立长期合作伙伴关系是企业生产发展的保障。竞争性供应商和普通供应商数量较大，他们经常是交叉的，其产品多数是社会长线物资，属于买方市场，竞争比较激烈，采购方有比较大的主动权。技术性供应商是指其产品技术含量较高、通用性较差、市场竞争不很充分的供应商。待选供应商是根据生产形势对物料需求的变化，或者新产品、新技术的推广，或者产业政策变化推出的替代或更新产品，或者在现有供应商无法满足供应的情况下，为了保证生产需要，按照一定程序增加的那些符合条件的供应商。淘汰供应商主要是因为其产品质量、服务或其他原因未能满足公司要求，有的甚至为企业造成损失或影响的。

2003年，煤业公司实行"三集中、五统一"的物流一体化管理体系并结合 ERP 系统上线，对供应商进行了首次评估认证和系统优化，大力淘汰经营性供应商，使原有的 3 276

家供应商数量优化为 972 家。这样便于企业合理确定供应商类别及地位，使供应商结构得到优化，为开展供应商动态管理提供基础。

在市场采购活动中，兖州煤业股份有限公司结合不同供应商的特点，坚持因人制宜，区别对待，采取不同的工作措施，开展比价采购"阳光工程"，规范采购行为，对采购计划、渠道、价格、合同、考核等全过程规范程序，落实责任，互相监督，努力降低采购成本，提高经济效益。

一是对战略性供应商建立战略联盟，形成供应链关系，实行供应互保，达成保证供应和享受优惠价格的共识，并定期交流沟通，经常走访客户，了解信息，把握市场动态，对需求物资及时做出反应。这样不但做到了货找源头，直达供货，减少了中间环节，而且保证了物料质量。2011 年，公司采购额为 45 亿元，其中前五大供应商采购占总额的 20.1%。主要集中在钢材、木材、水泥、胶带等大宗材料和主要设备，实现了从生产厂家直接采购。

二是对竞争性供应商采取招标议标，比价采购。对于小批量、多频率使用的物资，利用批量和买方市场的优势，集中批量进行比价和招议标。并严格规范比价和议标程序，按照公开、公平、公正的原则，组织尽可能多的供应商参与竞标，避免暗箱操作，使发布公告、投标、开标、评标和授标的工作程序规范、完整。与此同时，改变了设备、配件分别招标的办法，实行关联搭配，捆绑议标，让相关业务科室合作采购，从而减少招标次数，提高单次订货金额，获得更大的价格空间。近年来，每年通过比价采购节约资金都在近亿元。

三是对普通供应商实行超市采购，二次比价。兖州煤业股份有限公司借鉴商业超市经营模式，在矿井生产一线建设了"物资井口超市"，将阀门、开关、工具等零星使用、多频率使用的小型物资及二三类物资、工矿配件等物资置于其中，让使用单位在超市内自主选择，形成第二次比价。为保证超市规范运作，制定了科学合理的运作流程，细致规定了供应商选择、进货验收、补货、退货等环节的操作规范。

四是对技术性供应商实行供需见面，公开竞标。因国家专控、技术专利、单一来源等原因不具备比价条件的，在确保产品质量的前提下，实行一批一议、专家评定、现场报价、面对面谈判、当场确定供货商的全过程公开议标方式，增加议标透明度。

资料来源：全国物流信息网，www.56888.net.

思考题

1. 结合案例，说明企业选择供应商时应注意哪些问题。
2. 结合案例，谈谈企业如何与供应商保持较好的合作关系。

第 4 章　配送与配送中心管理

引言

　　配送主要涉及从供应链的制造商到终端客户的运输和储存活动。运输的功能在于完成产品空间上的物理转移，克服制造商与客户之间的空间距离，从而产生空间效用；而储存的功能就是将产品保存起来，客户产品供应与需求在时间上的差距，创造时间效用。所以配送创造了时间效用和空间效用，是物流中一种特殊的、综合的活动形式，既包含了商流活动和物流活动，也包含了物流中若干功能要素。

4.1　现代物流配送

4.1.1　配送的定义

　　我国物流前辈王之泰从两个方面对配送进行了定义：一是从经济学资源配置的角度对配送在社会再生产过程的位置和配送的本质行为表述"配送是以现代送货形式实现资源的最终配置的经济活动"；二是从配送实施形态表述"配送是按用户订货要求在配送中心或其他物流节点进行货物配备，并以最合理方式送交用户"。

　　中华人民共和国国家标准《物流术语》（GB/T 18354—2006）给配送下的定义：在经济合理区域范围内，根据客户要求，对物品进行拣选、加工、包装、分割、组配等作业，并按时送达指定地点的物流活动。

4.1.2　配送的内涵

　　配送本身是一种商业行为，虽然配送具体实施时，也由商物分离形式实现的，但从配送的发展趋势看，与商流越来越紧密地结合在一起，是商物合一的产物，本身是一种商业形式，所以有人把它叫做商业配送。

　　配送是送货，但和一般送货有区别。一般送货可以是一种偶然的行为，而配送是一种有确定组织、渠道，有一套装备和管理力量、技术力量，以及制度的体制形式。配送比送货的内容更广泛，包括分货、选货加工、配货等业务；配送依赖物流信息系统的配合；对技术要求更高。所以说，配送是一种高水平的送货形式。

配送是"配"和"送"有机结合的形式。配送利用了有效的分拣、配货等理货工作，使送货达到一定的规模，利用规模优势取得较低的送货成本。

配货是以用户要求为出发点进行的送货。从用户利益出发，按用户要求进行的一种活动，明确"用户第一""质量第一"的服务观念，配送企业是服务地位而不是主导地位。

配送是相对于干线运输而言的概念。从狭义上讲，运输分为干线部分的运输和支线部分的配送。从工厂仓库到配送中心之间的批量货物的空间位移称之为运输，从配送中心向最终用户之间的多品种小批量货物的空间位移称之为配送。

案例 4.1

家乐福集中采购和外包配送管理案例

法国零售巨商家乐福正加速争夺全球市场，力图成为全球零售业领头羊。其中最大的"战场"之一是巴西。在那里，家乐福将与全球最大的零售商之一——沃尔玛一决雌雄。

巴西家乐福最早成立于 1973 年。但巴西这个拥有 1.75 亿人口的国家既为零售商们提供了巨大的发展机会，同时也存在诸多艰难挑战。一方面，它拥有巨大的购买力市场；另一方面，又被资源贫乏危机所困扰，缺乏必要的基础设施，经历着永无尽头的经济危机。尽管如此，家乐福努力坚持生存。现在，家乐福已经成为巴西的第二大零售商，仅次于巴西本国零售商（Companhia Brasileira de Distribuicao，CBD）。

然而，当家乐福实施扩张性经营战略之后，它在巴西零售业市场上变得首屈一指。40 年前，家乐福引入了高级百货商店这一新型业态，集百货商场和超级市场于一体，销售从鸡蛋到电子设备的所有商品。

最近，家乐福开始了一项商业系统和全球业务流程标准化的工程。这项工程是在系统开发商 Accenture 的帮助下，采用统一的财政、会计平台以及 People Soft 公司的企业资源计划（ERP）软件模型。该项目的部分内容包括在任一国家创建共享服务中心（SSCs），用途是组织商品的集中购买和供应。这种思想在巴西激发了一种类似的单个店面订单和配送管理方法。共享服务中心将来自许多零售店的订单分组、汇总，把总需求传达给厂商。但零售店经理仍负责决定商品订购数量和种类。家乐福的执行官说，过量库存和客户服务水平不协调将导致产品积压。

一、集中配送

家乐福经营管理者发现 Sao Paolo 地区有建立配送中心的迫切需要，但一旦到了选择具有熟练配送经验的设施设备服务商的时候，家乐福却没有很大的选择余地。原因是，巴西没有提供这项服务的市场。据家乐福物流执行官 Marco Aurelio Ferrari 所说，家乐福是巴西唯一一家采用物流服务商的零售企业。因此，巴西几乎没有一家零售商具有丰富的零售经验。

最终，家乐福选择 Cotia Penske 物流公司经营 Sao Paolo 配送中心。该公司是一个新兴的物流公司，是 Penske 物流公司和 Cotia 贸易公司的结合体。Penske 物流公司本身是 Penske 运输租赁公司的子公司。而 Cotia 贸易公司拥有 25 年的进出口商品运作经验。

据 Penske 的副总裁 Jim Erdman 介绍，Cotia Penske 在巴西的第一个客户是福特汽车制造公司。它为福特汽车公司经营配送中心，代理销售 340 余种汽车零部件。最初，合同仅应用于 23 个商店和有限的几类商品；随后合同应用范围迅速扩展，现已包括 96 家高级百货公司、23 家超级市场和 6 家较小的配送中心。

在 Sao Paolo 的 Osasco，主要配送设施的建设分两个阶段：第一阶段用地 4.5 万平方米，随后几年将增长到 8 万平方米。Sao Paolo 配送中心经营辐射范围达七八百千米。家乐福高级百货商场除一少部分分布在附近其他州外，绝大多数都围绕着 Sao Paolo。配送中心现在经营 36 000 类产品，包括食品、器械和电子设备，拥有 170 台电动升降机和 220 台无线电频率接收器。随着设施逐渐完善、作业效率提高，Sao Paolo 配送中心的员工数量由 800 人减少到 600 人。Sao Paolo 配送中心每年处理 3 500 万到 4 000 万份货单。依季节不同，Sao Paolo 配送中心平均每天交易货物约 5 500 份。

Cotia Penske 在距 Sao Paolo 东北方向 500 米的 Vitoria 为家乐福开设了第二个配送中心，拥有 30 名员工和 12 000 平方米的工作场所，配送范围包括两个高级百货商场和 15 个超级市场。

由于规模庞大，家乐福需要的不仅是可储存充足产品的基本仓库，而且需要复杂的仓库管理系统。Cotia Penske 新的物流服务商通过整合 Penske 零售商、世界其他地区消费品配送专业技术，凭借 Cotia 公司对巴西零售市场的掌握与了解，开发自己的仓库管理软件，解决了库存管理系统越来越难以适应家乐福在巴西日益扩展的商业网络需求的难题，同时方便了与当地客户的联系。

二、经营业绩考核

家乐福拥有两个配送中心，在经营中，这两个中心保持紧密联系。每个月 Carrefour 和 Cotia Penske 都要在一起分析评估本月的经营业绩，业绩衡量标准有以下 13 个。

（1）质量检查。对基本设备和家用电器，家乐福检查所有产品并确定 99.99%合格后才运往商店；对纺织品、玩具、快运食品，检查 20%的产品并确定 99.99%合格后运输。

（2）生产力。以每人每小时计算。

（3）配送时间间隔。以每天实际发车量计算。

（4）规定时间内完成运输任务的能力。实际统计以 24 小时、48 小时，或更长的时间计量。

（5）将家乐福企业资源管理系统和 Cotia Penske 仓库管理系统的数据比较，差错率不高于 0.05%。

（6）平均每车装载量。以车辆最大容量计。

（7）货车预计接发货物数量及实际接发货物数量。

（8）从供应商处得到的货物数量及需求的货物数量。

（9）运至商店的货物数量及商店的需求量。

（10）货车装载时间。分货车及货物类型计算。

（11）由供应商提供的单一商品和混合商品的数量和比率计算。

（12）以运至商店的货物为单一商品和混合商品的数量和比率计算。

（13）以家乐福或 Cotia Penske 拒绝受理商店订单的比率计算。

三、库存作业准确率

据主要负责人介绍，到目前为止，配送中心库存作业准确率非常高。由于采用条码技术，库存管理准确率达 99.97%，外向物流订单处理准确率达 99.89%。此外，尽管配送中心对商品库存量和商品积压值不能提供确切数字，但库存量和商品积压确实很少。其中最重要的是，由于产品现货供应能力、客户服务水平以及库存管理可见度的提高，商品销售量持续增加。

通过集中配送，家乐福实现了拥有少量库存，但却增加了存货的项目分类。尤其在那些占地很大的商店，这点很重要，所以商品必须被分类存储在各个商品架上。Cotia Penske 的配送中心不经营易腐蚀食物，仅经营含有有效期的干燥食品。通过条码扫描技术提供的食品信息，能保证供应新鲜产品并准确除去原有商品架上过期产品，而将指定的产品分配到相应的架上。

此外，家乐福也保留了从分销中心到商店运输的垂直管理。Dantas 说，零售商与五个运输公司直接合作，而且以后也将继续保留这种合作关系。

巴西税法将给消费者带来不便，这是因为家乐福和 Cotia Penske 为消费者提供服务时将受到很多限制。此外，家乐福将丧失为控制巴西货物流通精心创造的谈判机会。Ferrari 认为："我们在价格和服务方面具有优势，直到现在一切都运转正常。"最后，家乐福将被迫将物流操作的重任委于那些未经考验的合作者。Ferrari 还认为，假如 Cotia Penske 能使运输商们让步，他将会考虑对未来计划做一个调整。

四、交叉送货

家乐福计划在 Sao Paolo 配送中心增加交叉送货的功能。在这里，零售商引用沃尔玛的例子，仅在巴西开设 10 家高级百货商场，却通过交叉送货中心完成 70%～80% 的运输业务。

由于增建换装站，涉及产品接收和运输的物流过程，不再需要长期储存货物，降低了库存成本，同时加快了产品的响应时间。Ferrari 说："过去，我们建立的管理信息系统不具有'交叉送货信息'转换功能，但在 2004 年，我们更改信息系统，建立具有'交叉送货信息'功能的管理信息系统。"

不久以后，Cotia Penske 与家乐福签署管理巴西新配送中心的合约。设施由 Exel 物流公司经营，负责管理 6 家高级百货商场和 33 家超级市场的采购与配送业务。Dantas 说，尽管家乐福在十月下旬仍未决定由谁负责经营，但建立一个服务于易腐烂商品的配送中心的计划仍将在年底实施。

Ferrari 说，在过去，家乐福的第三方供应商从不与运输商发生商业关系，直到 6 个月之前，他们之间才第一次建立伙伴关系。它是巴西零售企业、物流服务商、运输商共同制定供应链管理综合决策的开始。在供应链合作中，家乐福仍处于最核心的地位。下一年，他希望对仓库货架作业流程实现更严格的控制，此外，计划采用仿声仓库储存系统和无线电识别系统。

五、经营障碍

对家乐福经营影响最大的因素是巴西匮乏的基本设施和不稳定的经济因素。巴西高速公路货运量占总货运量的 75%，但仅有 2 万辆商业经营性卡车，而且这些经营车辆的驾龄仅 18 年。由于小公司在巴西有免税的优势，因此大型跨国运输公司不愿意在巴西投资。目前，巴西政府开始投资高速公路系统的外包发展和维修，极少数资金充足的私营公司也紧跟其后，增加投资。据 Ferrari 说，现在巴西 85% 多的运输市场份额属于巴西本国公司。

在巴西，像家乐福这样大型的零售商面临的最大问题是巴西有限的购买力。多数巴西人处于贫困线上，仅仅有 90% 的人有能力购买最基本的生活用品。假如巴西经济稳定并且巴西中产阶级数量能继续扩大，这种困境将可能得到解决。同时，家乐福希望通过自行开发的信用卡操作系统能使这种困境有所改善。理论上讲，当利率降低时，这项计划将使家乐福客户拓宽他们的支付业务。

资料来源：李联卫. 物流案例与实训[M]. 北京：化学工业出版社，2009：122.

思考题

1. 请结合家乐福的案例说明集中配送的优势，并说明理由。
2. 结合案例，谈谈连锁超市企业物流系统如何提高配送效率？

案例 4.2

沃尔玛的物流配送体系

沃尔玛公司作为全美零售业年销售收入位居第一的著名企业，素以精确掌握市场、快速传递商品和最好地满足客户需要著称，这与沃尔玛拥有自己庞大的物流配送系统并实施了严格有效的物流配送管理制度有关，因为它确保了公司在效率和规模成本方面的最大竞争优势，也保证了公司的顺利扩张。沃尔玛现代化的物流配送体系，表现在以下几个方面。

1. 设立了运作高效的配送中心

从建立沃尔玛折扣百货公司之初，沃尔玛公司就意识到有效的商品配送是保证公司达到最大销售量和最低成本的存货周转及费用的核心。而唯一使公司获得可靠供货保证及提高效率的途径就是建立自己的配送组织，包括送货车队和仓库，配送中心的好处不仅使公司可以大量进货，而且通过要求供应商将商品集中送到配送中心，可以再由公司统一接收、检验、配货、送货。

2. 采用先进的配送作业方式

沃尔玛在配送运作时，大宗商品通常经铁路送达配送中心，再由公司卡车送达商店。每店每周收到 1～3 卡车货物，60%的卡车在返回配送中心的途中又捎回沿途从供应商处购买的商品，这样的集中配送为公司节约了大量的资金。

3. 实现配送中心自动化的运行及管理

沃尔玛配送中心的运行完全实现了自动化。每种商品都有条码，通过几十千米长的传送带传送商品，激光扫描器和电脑追踪每件商品的储存位置及运送情况，每天能处理 20 万箱的货物配送。

4. 具备完善的配送组织结构

沃尔玛公司为了更好地进行配送工作，非常注意从自己企业的配送组织上加以完善。其中一个重要的举措便是建立了自己的车队进行货物的配送，以保持灵活性和为一线商店提供最好的服务。这使沃尔玛享有极大竞争优势，其运输成本也总是低于竞争对手。

一、沃尔玛物流配送体系的运作

1. 注重与第三方物流公司形成合作伙伴关系

在美国本土，沃尔玛做自己的物流和配送，拥有自己的卡车运输车队，使用自己的后勤和物流方面的团队。但是在国际上其他地方的沃尔玛就只能求助于专门的物流服务提供商了，飞驰公司就是其中之一。飞驰公司是一家专门提供物流服务的公司，它在世界上的其他地方为沃尔玛提供物流方面的支持。飞驰成为沃尔玛大家庭的一员，并百分之百献身于沃尔玛的事业，飞驰公司与沃尔玛是一种合作伙伴关系，它们共同的目标就是努力做到最好。

2. 挑战"无缝点对点"物流系统

为顾客提供快速服务。在物流方面，沃尔玛尽可能降低成本。为了做到这一点，沃尔玛为自己提出了一些挑战。其中的一个挑战就是要建立一个"无缝点对点"的物流系统，能够为商店和顾客提供最迅速的服务。这种"无缝"是指使整个供应链达到一种非常顺畅的链接。

（1）自动补发货系统。沃尔玛之所以能够取得成功，还有一个很重要的原因是沃尔玛有一个自动补发货系统。每一个商店都有这样的系统，包括在中国的商店。它使得沃尔玛在任何一个时间点都可以知道，目前某个商店中有多少货物，有多少货物正在运输过程中，有多少货物是在配送中心等。同时补发货系统也使沃尔玛可以了解某种货物上周卖了多少，去年卖了多少，而且可以预测将来的销售情况。

（2）零售链接系统。沃尔玛还有一个非常有效的系统，叫做零售链接系统，可以使供货商们直接进入到沃尔玛的系统。任何一个供货商都可以进入这个零售链接系统中来了解他们的产品卖得怎么样，昨天、今天、上一周、上个月和去年卖得怎么样，可以知道这种商品卖了多少，而且可以在 24 小时内进行更新。供货商们可以在沃尔玛公司每个店中，及时了解到有关情况。

沃尔玛无缝链接的信息系统如图 4-1 所示。

图 4-1　沃尔玛无缝链接的信息系统

沃尔玛的集中配送中心是相当大的，而且都位于一楼。配送中心之所以都在一楼，是因为沃尔玛希望产品能够滚动，希望产品能够从一个门进另一个门出。如果有电梯或其他物体，就会阻碍流动过程。因此，沃尔玛都是以一个非常巨大的地面建筑作为配送中心。沃尔玛使用一些传送带，让这些产品能够非常有效地流动，对它处理不需要重复进行，都是一次性的。采用传送带，运用无缝链接形式，就可以尽可能降低成本。沃尔玛所有的系统都是基于一个 UNIX 的配送系统，并采用传送带，采用非常大的开放式的平台，还采用产品代码，以及自动补发系统和激光识别系统，所有的这些加在一起为沃尔玛节省了相当多的成本。

二、配送中心的职能

1. 转运

沃尔玛把大型配送中心所进行的商品集中以及转运配送的过程叫转运，大多是在一天当中完成进出作业。

2. 提供增值服务

沃尔玛配送中心还提供一些增值服务，如在服装销售前，需要加订标签，为了不损害产品的质量，加订标签需要在配送中心采用手工进行比较细致的操作。

3. 调剂商品余缺，自动补进

每个商品都需要一定的库存，如软饮料、尿布等。在沃尔玛的配送中心可以做到这一点，每一天或者每一周，它们根据这种稳定的库存量的增减来进行自动的补进。这些配送中心可以保持 8 000 种产品的转运配送。

4. 订单配货

沃尔玛配送中心在对于新商场开业的订单处理上，采取这样的方法：在这些新商场开业之前，沃尔玛要对这些产品进行最后一次的检查，然后运输到这些新商场，沃尔玛把它称为新商场开业的订单配货。

资料来源：唐晓文. 沃尔玛超市的物流配送[J]. 中国电子商务. 2013（12）.

思考题

1. 请结合案例，说明配送中心在物流体系中的作用。

2. 沃尔玛降低成本的措施体现了物流系统的重要作用，这给我国的企业带来什么启示？

案例 4.3

白沙物流的 GIS 及线路优化

白沙物流成立于 2002 年，由湖南省长沙市烟草专卖局（公司）与湖南中烟工业有限责任公司共同出资组建，主要为长沙地区的 2.3 万余名零售客户提供卷烟配送服务。自2004 年以来，白沙物流利用信息化手段强化物流管理，以管理信息化实现管理现代化，开创了效率更高、服务更优、成本更低的物流工作新局面。

一辆即将从湖南白沙物流有限公司（以下简称白沙物流）出发的送货车，体验信息化建设为白沙物流带来的高效和便捷。送货车行驶过程中，车载导航屏幕上一直显示着本次送货的行车线路图。按照线路图的引导，驾驶员按最优化的线路在最短时间内将卷烟送到了零售客户店中。

一、白沙物流信息化建设

在白沙物流了解到，他们研发的送货线路优化系统，综合考虑了客户地理位置、需求集中区域、道路状况、运力状况等 17 个因素，以配送路径最优、装载率最高、费用最省为原则，可以实时生成包括配送线路、车辆安排、人员安排在内的配送方案。这只是白沙物流强化信息化建设的一个缩影。

"信息化建设，不只体现在信息技术的先进与否上，更体现在信息技术对物流工作各个环节的渗透和使用上。"白沙物流总经理姜新荣介绍道。在这一思路的指引下，白沙物流积极构建以现代烟草物流管理信息平台为核心的管理体系，以整合企业资源、提高工作效率。

在构建物流管理信息平台过程中，白沙物流突出流程精细化管理，形成了服务考评、成本管理、绩效考核、生产管理、安全管理、需求牵引、线路优化七大子系统，从作业层、管理层和决策层三个方面，实现了对整个经营活动的管理和监控。

如图 4-2 所示为白沙物流配送中心运营场景。

图 4-2　白沙物流配送中心运营场景

"也就是说，白沙物流建立的物流管理信息平台涵盖了物流运作过程中的全部业务，包括数字化仓储管理、自动化分拣管理、配送业务管理、配送线路优化、作业调度管理、中央监控、决策分析、成本核算等内容。"姜新荣说。现代物流信息技术的应用，实现了工作的调度性管理、设备的定置化管理和工作流程的痕迹化管理。

"配送成本要降下去，管理措施必须精细化，过程控制必须严起来。"姜新荣向记者介绍。建立一个低成本配送模式，以此实现效益最大化、效率最高化、综合成本最低化，是白沙物流一直在探讨的课题。

二、配送 GIS 及线路优化系统

白沙物流烟草配送 GIS 及线路优化系统是基于集成了国际上发展成熟的网络数据库、WEB/GIS 中间件、GPS、GPRS 通信技术，采用地图引擎中间件产品为核心开发技术平台，结合白沙物流的实际，开发设计的集烟草配送线路优化、烟草配送和烟草稽查车辆安全监控、烟草业务（访销、CRM 等）可视化分析、烟草电子地图查询为一体的物流 WEB/GIS 综合管理信息系统。该系统利用 WEB/GIS 强大的地理数据功能来完善物流分析，及时获取直观可视化的第一手综合管理信息，即可直接合理调配人力、运力资源，求得最佳的送货路线，又能有效地为综合管理决策提供依据。系统中使用的 GPS 技术可以实时监控车辆的位置，根据道路交通状况向车辆发出实时调度指令，实现对车辆进行远程管理。白沙烟草物流开发使用 GIS 线路优化系统后，实现了以下六大应用功能。

1. 烟草配送线路优化系统

选择订单日期和配送区域后自动完成订单数据的抽取，根据送货车辆的装载量、客户分布、配送订单、送货线路交通状况、司机对送货区域的熟悉程度等因素设定计算条件，系统进行送货线路的自动优化处理，形成最佳送货路线，保证送货成本及送货效率最佳。线路优化后，允许业务人员根据业务具体情况进行临时线路的合并和调整，以适应送货管理的实际需要。

2. 烟草综合地图查询

能够基于电子地图实现客户分布的模糊查询、行政区域查询和任意区域查询，查询结果实时在电子地图上标注出来。通过使用图形操作工具如放大、缩小、漫游、测距等，来具体查看每一客户的详细情况。

3. 烟草业务地图数据远程维护

提供基于地图方式的烟草业务地图数据维护功能，还可以根据采集的新变化的道路等地理数据及时更新地图。即对烟户点的增、删、改；对路段和客户数据的综合初始化；对地图图层的维护操作；地图服务器系统的运行故障修复和负载均衡等功能。

4. 烟草业务分析

实现选定区域，选定时间段的烟草订单访销区域的分布，进行复合条件查询；在选定时间段内的各种品牌香烟的销量统计和地理及烟草访销区域分布；配送车组送货区域的地图分布。通过在各种查询统计、分析现有客户分布规律的基础上，通过空间数据密度计算，挖掘潜在客户；通过对配送业务的互动分析，扩展配送业务（如第三方物流）。

5. 烟草物流 GPS 车辆监控管理

通过对烟草送货车辆的导航跟踪，提高车辆运作效率，降低车辆管理费用，抵抗风险。其中车辆跟踪功能是对任一车辆进行实时的动态跟踪监控，提供准确的车辆位置及运行状态、车组编号及当天的行车线路查询，如图 4-3 所示。

6. 烟草配送车辆信息维护

根据车组和烟草配送人员的变动及时在这一模块中进行车辆、司机、送货员信息的维护操作。包括添加车辆和对现有车辆信息的编辑。

三、实施效果

白沙物流财务部负责人介绍，他们通过成本管理系统对分拣、配送等环节进行成本的预算、核算、监控和分析，努力控制好每一个成本环节。例如，分拣人员和配送人员需及时将当天工作中的各项物耗情况、生产情况、配送情况通过终端设备录入成本管理系统，保证了成本信息反馈渠道的畅通。

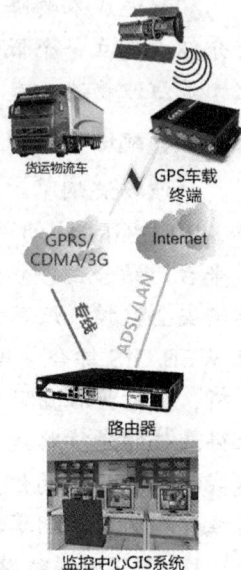

图 4-3　白沙物流配送中心 GPS 车辆监控管理示意图

此外，为进一步优化配送模式，白沙物流还借助线路优化技术，研发了需求牵引系统，根据当日订单需求量，按照区域内的客户数和货物量，确定每日送货的最佳线路、配送车辆和人员安排。同时，需求牵引系统还可结合卷烟销售的淡旺季情况，优化车辆调度，合理分配淡旺季的出车量，进一步降低配送成本，提升配送管理水平。

在客户数和配送量不断增加的情况下，白沙物流的送货车辆从 2005 年的 84 台优化到了 2010 年的 49 台。2010 年，白沙物流单件卷烟物流配送费用由 2008 年的 27.83 元下降到 20.87 元，共节约配送成本 1 300 多万元。

资料来源：白沙烟草物流 GIS 配送优化系统案例[J]. 中外物流，2006（07）.

思考题

请结合案例说明白沙烟草物流 GIS 线路优化系统的作用。

4.2　配送中心与配送中心管理

4.2.1　配送中心的概念

配送中心就是从事货物配备（集货、加工、分货、拣选、配货）和组织对用户的送货,以高水平实现销售和供应服务的现代流通设施。配送中心是基于物流合理化和发展市场两个需要而发展的,是以组织配送式销售和供应,执行实物配送为主要功能的流通型物流节点。它很好地解决了用户多样化需求和厂商大批量专业化生产的矛盾,因此逐渐成为现代化物流的标志。

从事配送业务的物流场所或组织,应基本符合下列要求。

(1) 主要为特定的用户服务。

(2) 配送功能健全。

(3) 完善的信息网络。

(4) 辐射范围小。

(5) 多品种、小批量。

(6) 以配送为主、储存为辅。

4.1.2　配送中心的发展趋势

根据国内外物流配送业发展情况,在电子商务时代,信息化、现代化、社会化、专业化将是配送中心的发展趋势,这种新型物流配送中心可归纳为以下一些特征,即物流配送反应速度快、物流配送功能集成化、物流配送服务系列化、物流配送作业规范化、物流配送目标系统化、物流配送手段现代化、物流配送组织网络化、物流配送经营市场化、物流配送流程自动化和物流配送管理法制化。

案例 4.4

沃尔玛北方配送中心案例

位于天津市北辰区津围公路北辰科技园高新大道 69 号的沃尔玛天津配送中心,远望犹如一个大金钩,由长杠和短钩组成,如形所示,这两部分也确实各有用途。长杠的部分是流转仓库,短钩的部分为库存仓库。这两部分总面积约为 4.3 万平方米,它们伫立在配送中心总面积 12.3 万平方米的空旷土地上。如图 4-4 所示为沃尔玛配送中心图。

刚通过门口的两个大风车,便能看见"长杠"上一溜标准的黑边门。这是沃尔玛天津配送中心的 72 个出货门,据说满量运作时,每一个出货门将对应一家门店。在建筑的另一端,与之对应的是 121 个收货门(包括 100 个普通收货门和 21 个稳定库存收货门)。收货门与出货门不同,仅为普通面貌。据介绍,之所以出货门与收货门不一样,是因为供应商送货的车辆各种类型都有,不宜统一标准;而配送中心对外发货时,均为统一的标准规格的厢式车,统一标准的黑边门易于提高效率。在收货门与出货门均有升降平台,可对厢式车进行水平取货。虽然一边收货门，另一边出货门，看起来简单，却是配送中心内部可以进行交叉配货（Cross Docking）的关键设计之一，而交叉配货正是沃尔玛这类商业企业实现物流高效的关键点之一。

图4-4　沃尔玛配送中心图

　　从配送中心的"短钩"部分进入，数十排高层立体货架一顺儿排开，这是沃尔玛的稳定库存仓库，约上万平方米，其作用在于为新开门店储备货物以及为一些销售不稳定或者季节性商品预留部分库存。步入"长杠"则是一大片空旷的区域，面积约2万平方米。这正是沃尔玛配送中心的核心区域——直通货流转区。在这里，货物从进入收货门到离开出货门，最长时间不会超过24小时。供应商送来的大部分货物在这里交叉配货后直接发货。

　　直通货流转区又分为普通分拣区和特殊货物分拣区两个区域。所谓特殊货物，是指一些超重、超大或者极小极贵重的货物，它们通常需要仓库人员手工分拣配货。在普通分拣区，有两套椭圆形分拣机，分拣机的前端地面上有输送带，但此输送带并未与分拣机连接，分拣机的另一头，是自带的数条手臂。货物入仓后，经过贴码扫描，进入地面上的输送带；来到分拣机旁，由人力将货物挪到分拣机上；分拣机低速运行，货箱经过不同手臂时，有工人将之推到应入的手臂；货箱进入手臂后，在手臂不同的位置，由工人取下来，在托盘上堆垛。堆垛完毕后，整个托盘送往出货区。货物从收货门到出货门之间的直线距离中经历交叉配货的各个作业环节，运行方向简单清楚不逆转，极其方便作业。

　　在这个过程中，其实自动化程度并不算高，诸多环节仍是人工处理。保障其准确度和效率的关键在于配送中心的软件系统。货物入库贴码时，条码标签上显示了货物要送往的门店编号、品类、数量等信息，分拣机的不同手臂代表了不同的门店，手臂上的不同位置属于各家不同门店。工人通过条形码上的编号识别货物的归属。在收货、上分拣机、入手臂、下分拣机、出货等各个环节的工人都配有手持终端，扫描到达此环节的货物，信息传入信息系统，系统马上分析此货物有没有到达该到达的位置。如果某段时间内没有收到信息，系统便会反馈，货物是否丢失等。可以说，沃尔玛天津配送中心的自动化程度不算高，但其智能化的信息系统与严谨的作业环节、严密的管理，在相当程度上弥补了这一点，同样可以实现高效运作。

沃尔玛中国供应链高级总监李成龙表示，天津北辰科技园区区位优势明显，腹地广阔，交通便捷，为物流业的发展提供了良好的条件。他说，沃尔玛的物流体系是公司业务稳固发展的一个支柱，同时，沃尔玛中国的配送中心根据发展需要，兼顾中国商店位置和供应商需求，参考美国配送中心模式的同时兼顾中国本土供应链的特色而配置。

目前沃尔玛在天津和深圳各有一家配送中心，分别负责长江以北和长江以南的物流配送。沃尔玛中国配送中心采用沃尔玛统一标准的全球配送信息系统，该信息系统与沃尔玛中国总部采购及营运系统联网，能随时了解商场的商品库存及销售信息，从而帮助配送中心做到准确收货、及时配送。天津配送中心是沃尔玛北方地区最重要的货物转运中心，有员工近300人，2007年10月8日正式投入使用，负责北方28家沃尔玛购物广场、1家山姆会员商店的货物周转，配送距离最远达黑龙江省哈尔滨市，货物运输时间最长需要48小时。每天平均发往各地卖场的货柜约25条柜，最高量可达145条柜，日处理能力高达33万箱。沃尔玛的配送中心均为过站式仓储，货物在配送中心最多停留一天时间，通常不预留库存。

盖世理表示，天津配送中心是按照沃尔玛的最高版本设计建设的。沃尔玛中国物流总监高健也表示，如果没有新的技术更新，这种总仓将作为沃尔玛在中国的第三个、第四个总仓的范本。

其实，在新配送中心落成之前，2003年投入使用的原沃尔玛天津配送中心，是沃尔玛在长江以北地区的唯一一家配送中心。原天津配送中心与原深圳配送中心一样，都是沃尔玛租赁的仓库，其内部构造并不太适合沃尔玛的物流要求。高健解释，因为这根本不是零售业专用的配送仓库，零售企业物流操作要求是交叉配货，但普通仓库在当初建设时并没有考虑这些，致使物流效率难以提高。直到2007年末新的深圳配送中心投入使用，这一状况才得以改变。

沃尔玛的物流布局并非只有天津和深圳两处。据了解，2009年年底，浙江嘉兴的沃尔玛新总仓将投入使用。该总仓将沿袭天津、深圳的模式，仍由盖世理承建。嘉兴总仓投入使用之后，天津和深圳的配送范围将发生改变，深圳总仓将辐射珠三角以及西南部地区；嘉兴总仓将辐射长三角地区；天津总仓将辐射北京、天津周边以及东北地区。届时，沃尔玛在中国版图内的物流布局将基本完成，为其进一步扩大销售规模、提高市场份额奠定坚实的基础，提供强有力的支撑。

资料来源：徐贤浩. 物流配送中心规划与运作管理. 武汉：华中科技大学出版社，2008：302.

思考题

1. 请结合沃尔玛北方物流中心的情况，指出实施交叉配货需要哪些基础设施及管理方式。

2. 结合案例，说明物流中心作业效率与其自动化程度高低的关系。

案例 4.5

济南自动化配送中心

一、自动化配送中心的总体构成

1. 配送中心的总体布局

自动化配送中心是由固定货架的堆垛机系统、旋转货架系统、输送系统、分拣系统组成。总体分布如图 4-5 所示。

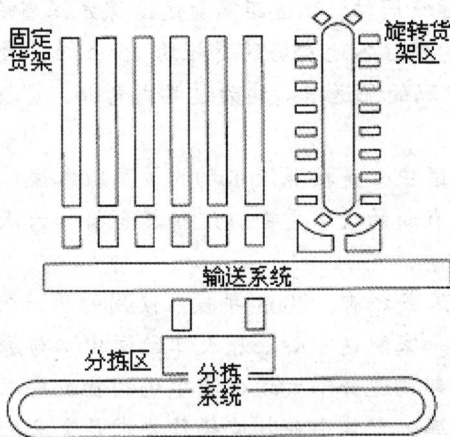

图 4-5　配送中心总体布局

2. 配送中心主要设备及其功能

（1）固定货架。大件区：托盘式货位，用于存放单元包装重量大于 4.5 千克，最大边长大于 320 毫米的器材。小件区：货箱式货位，用于存放单元包装重量小于 4.5 千克，或最大边长小于 320 毫米的器材。

（2）堆垛机。水平运行速度 4～60 米/分钟，垂直升降速度 4～10 米/分钟。它在大件区以单元方式存取货物，在小件区以单元方式或拣选方式存取货物。

（3）旋转货架。旋转货架由五层分别独立旋转的货架构成，长 50 米、宽 2 米、高 4 米，链式结构，在旋转货架一端的两侧有两个液压升降台，在每一层旋转货架上有 200 列小货车，每个小货车由链条套着，使其沿导轨前进，在每个小货车上有 6 个货位，可以存放 6 种不同的货物，它适应于体积小、重量轻且存取频率高的器材。

（4）输送系统。输送系统是连接存储区（固定货架区、旋转货架区）与分拣区和库台的一套自动输送设备。

（5）自动分拣系统。自动完成器材的识别、分类、分配、入箱、账目处理。

（6）计算机管理和控制系统。采用人机对话，实现全部作业的管理和控制。

二、配送中心的计算机控制系统

多功能自动化仓库是一个综合物资供应系统，也是集物资储存、输送、分配等功能于一体的集成自动化系统。它实现了包装标准化、识别条形码化、输送机械化、管理微机化和控制自动化。通过对存储物资特点（尺寸、重量、收发频率）及发放规律的研究，确定整个系统分为存储区、输送区、分拣区、暂存区及控制室。物资储存区又分为大件、小件及微小件。大件及小件采用高层固定货架存放，巷道堆垛机存取；大件采用托盘整进整出；小件采用货箱，可用单元或拣选作业；微小件采用多层旋转货架及液压升降台，采用拣选作业。

系统由计算机管理、计算机监控、堆垛机控制、旋转货架控制、输送机控制及自动分拣控制等子系统构成，是一个可靠、灵活的集散控制系统。

系统在 NOVELL 网环境下实行全仓库集中管理，负责监控的 1 号、2 号、3 号、4 号计算机及对各控制对象实现直接控制的八套 PLC 组成了一个集散式控制网。这样的集散控制其优点是可靠性高。当某一计算机出现故障时，由各 PLC 控制的分系统可以继续运行。系统具有四种控制方式，即手动、半自动、单机自动及系统自动。手动是通过操纵按钮实现的；半自动通过拨码实现自动认址与定位；单机自动是靠 PLC 的程序实现分系统自动运行的；系统自动是计算机与 PLC 在线自动运行。作业方式主要有库台入库、单元库台出库、单元分拣出库、拣选分拣出库、盘库、倒库等，这种多作业方式既可以实现对多用户、大批量物资的供应，也可以实现对少用户、小批量的供应。

系统对物资货位分配和存取进行管理，并对信息进行处理，打印报表等。其具体工作如下。

（1）按照规定的原则，自动进行入库物资的货位分配。

（2）确定系统的作业方式。

（3）在分拣出库方式下，1 号管理、计算机条码识别器、3 号分拣计算机站、8 号 PLC 站实现实时通信及控制。

（4）按需要实现对物资货位的调整。

（5）实现盘库。

（6）提供各种信息，如库存量、出入库量等。

（7）打印各种报表。

（8）打印条形码。

（9）分拣系统自诊断，以保证系统正常运行。

它是一个计算机集散控制系统，由 2 号监控计算机站、1 号～7 号 PLC 组成。2 号计算机控制系统与 NOVELL 网的信息通道。为了满足系统功能复杂、快速响应与高可靠性的要求，将各 PLC 站通过现场总线连接成网络，其数据传输按序进行，简化了硬件结构。

三、监控计算机的功能

（1）根据管理计算机的指令，确定运行方式；发出自检指令以检验各分系统能否正常工作；控制各分系统的启动、暂停和停止运行。

（2）确定各分系统联网（在线）运行或脱网（离线）运行。

（3）将从管理计算机取来的数据处理成各分系统需要的格式，并实时地将这些数据分发至各分系统。

（4）收集和处理来自各分系统的反馈信息，以判断系统目前工作状态和确定它的下一步工作。

（5）在 CRT 上显示各分系统工作状态的动态模拟画面，并以直方图或数字形式显示运行中的工作参数。

四、堆垛机控制系统

按系统运行要求，堆垛机设计成单元—拣选综合式来存取托盘、货箱。或者以拣选方式存取物资。堆垛机的单机或系统自动是由 1 号～4 号带远程模块的 PLC 实现的。控制室的 PLC 与堆垛机控制台上的远程 I/O 模块通信是通过双绞屏蔽线实现的。这解决了远距离通信问题。

（1）堆垛机控制系统运行方式决定于全系统的方式。它本身具有单元入库、单元出库、拣选出库、盘库、倒库等方式，除拣选出库和盘库外，系统都可以实现无人操作。

（2）与监控计算机联网时，接受监控机发来的运行方式指令和货单；与监控计算机脱开时，可以在堆垛机控制台上用键盘键入运行方式和货单。

（3）该系统可以显示堆垛机运行的目的货位、目前货位、物资存取数量、物资代码、运行和故障状态。

（4）系统具有自诊断功能，显示故障部位并暂停运行。

（5）当系统以拣选方式运行时，先自动地送给输送系统 1～4 个周期货箱，然后再自动取出一个空箱开始工作；当工作完成后，自动将周转箱送回原位。

（6）当以盘库方式运行时，系统将不显示存有的物资数量，而仅显示盘点的货位。盘点后输入的实有数量如与计算机判断的数量相符合，则该货位盘点完成；若二者有差别时，显示信号提醒操作人员再盘一遍，确有差别则记录下来。

（7）在单元出入库方式下运行时，系统保证在任何时间，取到巷道外的货箱最多为3个，以防止发生货箱在运行中的交通阻塞。

五、分检系统

系统由8号PLC和升降机上的控制台组成。

（1）系统具有拣选入库、拣选出库和盘库三种运行方式。

（2）系统自动完成初始化条件，即当正式运行时，系统使每个旋转层转到初始状态，而升降台对应于第一层。

（3）两台升降机自动协调工作。当仅用一台升降机时，操纵人员通过控制台可以工作在任何一层；如同时使用两台升降机，PLC控制它们各自工作在不同层位。

（4）系统对每个旋转层具有自诊断功能。

六、输送系统

系统由输送车和若干出入库台、分拣货台、旋转倒库台共19个认址点组成，由7号PLC进行控制。

（1）在各种运行方式下，自动完成各工作点之间货箱的输送任务。

（2）货箱输送按先后次序自动排序。

（3）系统可通过控制台上的按钮及键盘进行控制，并显示输送车目的位置和当前位置。

（4）具有自诊断、暂停和初始化功能。

七、包装系统

系统由两台上包机、环形传送翻盘装置、条形码激光阅读器、3号分拣计算机或PLC组成。

（1）当多个用户同时领用物资时，系统可以自动按用户要求的类别、数量自动分拣，自动装箱，并在装满时自动打印装箱单。

（2）系统具有同步跟踪控制功能，能在正确的位置将包装翻盘装箱，错包不会分配出去而落入回收箱。

（3）系统具有自动封口功能，同时打印装箱单。当解除封口时，分拣继续进行。

（4）具有自诊断、自检功能。

（5）具有数据统计、显示和打印功能。

八、全系统的特点

（1）多层旋转货架。每层水平旋转和两台升降机垂直运动相互配合，自动认址、定位显示。它特别适用于微小形器材的存储和存取。每层可以独立正反转，在进行存取货物路径优化之后，可以大大提高收发效率。

（2）采用了标准化包装和条码识别技术。独立开发了条形码软件，使器材的提取分配速度和准确度大大提高。

（3）高准确度分配系统。该系统实现了用户要求的类别和数量，自动装箱，其差错率小于万分之一。

（4）使用了单元拣选综合式堆垛机。它可实现无人操作单元出入库运行，也可实现人机结合拣选出入库作业，并使用了带远程模块的 PLC 系统。系统性能稳定、可靠。

（5）整个系统具有多功能、多运行方式。既可满足多用户、大批量物资的发放，也可满足多用户、小批量的发放；既可以单元方式完成物资的出入库无人操作，也可以人机结合方式完成拣选出入库。既可实现单机自动化，也可实现系统自动化。该系统具有丰富的软件，使其运行可以进行不同的组合，具有柔性特征。

该系统可以广泛用于工矿、企业、医药、交通各部门的物资储存与分配，它的研制成功与运行，标志着我国仓储技术已经达到国际现代化水平。

资料来源：百度文库，wenku.baidu.com.

思考题

1. 自动化配送中心组成要素有哪些？
2. 思考配送中心自动化程度与成本控制之间的关系。

案例 4.6

易初莲花的配送中心案例

2008 年 6 月 20 日起汽油、柴油价格每吨提高 1 000 元，7 月 1 日开始，北京限制黄标车的行驶，7 月 20 日，北京开始施行两个月的单双号限行。一系列的政策让零售企业不得不面对物流难的现实，不过，这也是对零售业物流配送的一场大考。

"运输的车辆受到限制，白天货车禁行，夜间卸货又存在扰民问题，所以我们采用了甩挂运输方式，从根本上缓解了这些问题。"易初莲花物流配送中心副总经理刘海峰在接受《中国商贸》记者采访时如是说。

一、搭建供应商与卖场的中转平台

对于大型零售企业的这种较强的"抗风险"能力，刘海峰认为与企业对物流配送的重视程度有很大关系，完备的物流配送体系是经得起"风浪"的。

作为一家跨国零售企业，易初莲花在华发展迅速。据统计，截至2007年，易初莲花已经在华开设了75家卖场，销售额以每年20%以上的速度增长。易初莲花的业务之所以能迅速增长，很大的原因是在节省成本以及在物流配送、配送系统方面有所成就。

"与其他竞争者相比，易初莲花能够给客户提供更好的价值，这是因为易初莲花把注意力放在物流运输和配送系统方面。"刘海峰表示，"物流和配送在公司的地位非常重要。"

刘海峰告诉记者："卖场配送中心是在供应商和卖场之间搭建的一个中转平台，目的是减少整个供应链的运作成本及保证商品能快速、及时地运送到卖场进行销售。在整个供应链环节中，配送中心是一个很重要的组成部分。"

据介绍，易初莲花先后在上海、广州、北京建立了三个大型干货配送中心及一家生鲜配送中心，负责对全国的卖场进行商品配送，目前易初莲花卖场的绝大部分商品是通过这四家配送中心进行配送的。

易初莲花北京配送中心位于北京城南的大兴区，是一座面积为10 000平方米的货架式立体仓库，可存放7 000个标准托盘的商品，每天进出货量约20 000箱，目前只负责干货的配送。另外易初莲花在上海和广州各设立有一个干货配送中心，面积分别是48 000平方米和18 000平方米。

"易初莲花的配送中心为划区域配送，即每个配送中心只负责配送本区域内的易初莲花卖场，但三个配送中心之间也会有商品的配送，是区域间的商品调拨。"刘海峰表示。

二、低成本与高效率

在有着比较完善的系统支持下，易初莲花的物流以配送为主，仓储为辅，呈现出商品周转快的特征。配送的职能就是将商品集中起来，配送给门店，同时可以储存部分促销商品。

"就配送中心而言，我们是通过采购和门店订货，有专门的订单管理部门向供应商发出订单，供应商接到订单后，按照订单的要求备货，并将商品直接送到配送中心，不用去配送到每个门店，这样既节省了供应商的配送费用又加强了我们对商品的掌控力度，可以保证商品及时到店，减少商品的缺货概率，这一点是没有配送中心的零售企业无法比拟的。"刘海峰表示。

刘海峰向记者介绍了整个配送的流程：顾客到易初莲花的卖场时，他们买了一些产品，如毛巾被。如果物流循环是比较成功的，那么在他买了商品之后，系统就开始自动进行供货。这个系统当中的可变性使得这些卖方和买方（工厂与商场），可以对于这些顾客所买的商品和订单及时地补货。

"不过，易初莲花真正的挑战是能够提供顾客所需要的服务。"刘海峰表示，"物流业务要求比较复杂，如有的时候可能会有一些产品出现破损，因此在包装方面就需要有一些对产品特别的运销能力。因此，对于易初莲花来说，能够提供的产品的种类与质量是非常重要的，不过，我们已经能够寻求到这种高质量与多品种结合，而且对于商场来说，它的成本也是最低的。"

三、无缝补货系统

易初莲花物流配送的成功，是因为它有一个补货系统，每一个卖场都有这样的系统。这使得易初莲花在任何一个时间点都可以知道，现在这个商店当中有多少货品，有多少货品正在运输过程当中，有多少是在配送中心等。

与此同时，易初莲花也可以了解某种货品上周卖了多少，去年卖了多少，而且可以预测易初莲花将来可以卖多少这种货品。

"易初莲花所有的货品都有一个统一的产品代码，这是非常重要的。因为可以对它进行扫描，可以对它进行阅读。"刘海峰表示，"这个自动补货系统，可以自动向商场经理来订货，这样就可以非常及时地对商场进行帮助。经理们在商场当中走一走，然后看一看这些商品，选到其中一种商品，对它扫描一下，就知道现在商场当中有多少这种货品，有多少订货，而且知道有多少这种产品正在运输到商店的过程当中，会在什么时间到，所有关于这种商品的信息都可以通过扫描这种产品代码得到，不需要其他的人再进行任何复杂的汇报。"

另外，作为易初莲花的供货商，他们也可以进入易初莲花的零售链接当中，可以了解他们的商品卖得如何。通过零售链接，供货商们就可以了解卖的情况，来决定生产的状况，根据易初莲花每天卖的情况，他们可以对将来卖货进行预测，以决定他们的生产情况，这样他们产品的成本也可以降低，从而使整个过程是一个无缝的过程。

四、"精准"是硬道理

在易初莲花的物流当中，有一点非常重要，易初莲花必须确保卖场所得到的产品是与发货单上完全一致的产品，因此易初莲花整个物流配送过程都要确保是精确的，没有任何错误的。

"做好这一步，将为我们节省很多时间和成本。"刘海峰介绍，"卖场把整车的货品卸下来就好了，不用再逐一去检查每个产品，因为他们相信配送过来的产品是没有任何问题的。"

精准的良好传统让易初莲花赢得消费者的心，也为他们赢得了大量的时间和金钱。

这些货品直接可以摆上货架，并让消费者满意。

"当消费者买了某产品的时候，系统会精准地设定需要补货的情况，所以整个物流配送是个循环的过程，每个环节都做到精准。"刘海峰表示，"我们还追求消费者对产品需求的精准化配送，这是比较难的一件事，因为各地的消费习惯不同，导致卖场配送什么样的产品要经过调研。例如，燕京啤酒在北京销售得非常好，但是到了其他城市，它的销售可能就不如北京好。易初莲花已经考虑到了这方面的问题，并针对这种问题也做了相应的变通，如增加地方采购等。"

资料来源：李成. 易初莲花的高效配送[J]. 市场周刊：新物流，2008（09）：32.

思考题

1. 请结合案例，说明无缝补货系统的运作模式。
2. 结合案例，说明如何保证高效率与低成本之间的平衡。

案例 4.7

家家悦的连锁超市物流

山东家家悦超市有限公司的前身是山东省威海糖酒采购供应站，成立于 1974 年。当时的家家悦（山东省威海糖酒采购供应站）只是全省糖酒行业中的"小字辈"，年销售额仅有 800 万，利润 20 多万。

一、转型

20 世纪 90 年代初，在市场经济的大潮中，原本靠国家调配物资吃饭的糖酒站纷纷倒下来，威海糖酒采购供应站也面临着前所未有的困难。1995 年 5 月 27 日，威海糖酒站超级市场开业。随着超市规模不断扩张，家家悦总经理王培桓的眼光也自然投向国外的发达国家和地区的同行，并开始学习国外同行的先进经验，在企业经营、管理等方面进一步严格规范。

2000 年，王培桓在日本考察发现自己一手建立起来的企业和国外企业比，最主要的就是没有自己的物流体系，在生鲜食品的经营过程中缺少标准化和规范化。2001 年，当中国的物流业还处在起步摸索阶段时，家家悦（威海糖酒采购供应站）物流体系的建设就已经步入正轨，并开始在威海城郊筹建第一个物流中心。

二、物流体系建设

家家悦先在威海经济技术开发区建成一处 9 000 平方米的副食品配送中心，后又建设一座 1 万余平方米的现代化配送中心，实现了仓储的立体化、装卸搬运的机械化、信息处理的自动化和配送的智能化。

目前使用的这个常温物流中心是 2007 年开始建设,2008 年投入使用的。面积为 10 000 平方米,内部分为 3 个区,考虑到北方冬季比较寒冷,物流中心北侧不设进出库通道,中心采用 U 字形的动线设计,南侧共设计了 40 个装卸码头和快速滑升门。1~7 号门为收货区,8~23 号门为出货区,24~40 号门也是收货区,形成一个双"U"的作业动线。如图 4-6 所示为威海家家悦物流配送中心内景。

图 4-6 威海家家悦物流配送中心

物流中心设计了高货架存储区、较大面积的临时堆存区和配置了电子标签的拣货区。库区内使用高货位叉车和电动托盘搬运车进行存储作业。部分按箱出货的商品采用纸质单据进行拣货作业,拣选作业完成后用笼车集货,随后用牵引车拖至出货区等待出货,拆零拣选则使用电子标签配合流力货架进行。未来这个中心还在考虑采用语音拣选的方案和曼哈顿(MA)的 WMS(仓库管理系统)。

王培桓认为,一个强大的配送中心就像连锁企业的心脏,只有打造出健康、高效的心脏,超市的扩张血液才能得以迅速在企业全身循环。"发展连锁,物流先行"这一明确而坚实的理念,让他将高效、低成本的物流配送视为连锁企业制胜的"秘密武器",这也赋予了家家悦超市在日后的扩张中稳扎稳打的风格。于是,当一些商家满足于一家又一家开店扩张的时候,家家悦超市却一直在潜心打造一个支撑连锁超市的"后台"体系——物流配送体系。

如今,家家悦以 300 多家连锁门店的规模称雄山东中东部商业版图,销售网络从威海拓展到烟台、东营、潍坊、青岛、临沂、莱芜等地的 26 个市县,总营业面积 60 万平方米,形成了大卖场、百货店、综合超市、社区店、折扣店等多种业态并举的格局。

三、生鲜物流中心建设

真正体现王培桓对超市物流体系建设理念的是家家悦在文登建成的集生鲜蔬菜加工、物流配送、农产品收购为一体的家家悦生鲜物流中心。这个中心的投入使用也是构建"农超对接"家家悦模式的重要基础平台。

王培桓说，以前从未想过在超市可以做生鲜，但从日本考察回来以后，家家悦大胆地在超市做生鲜，受到老百姓的普遍欢迎。而从日本学习归来的高管们，也带回了日本超市管理的"绝招"——标准前移。即根据国家标准，超市为所销售的生鲜品制定企业标准，在生鲜品的种植（养殖）、运输、加工等各个环节都设置检验人员，严格按照标准执行，并对生鲜产品实行"统一采购、统一加工、统一配送"。

山东家家悦生鲜物流中心总投资2亿元，占地面积2万平方米，是采用轻钢与保温维护板及内贴保温材质构筑的冷链仓储库房，利用先进的电子技术手段实现对冷链系统的全面实时的监控，保证恒温储存，实现原料的安全性。中心于2006年开工建设，次年投入使用。全套的设计采用国外最先进理念完成。它是集产品收购、检测、保鲜、仓储、分级加工、市场交易物流为一体的现代化生鲜物流中心。年处理50万吨的农副产品。

家家悦生鲜物流中心产品包括六大系列共1 200多个品种，分别是净菜系列、海产系列、主食系列、禽产系列、畜产系列以及农产系列。中心不但有适应各种食品加工的车间，还设有检验蔬菜农药残留的检验中心、进行各种口味食品开发的产品开发中心、产成品检验的质量检验中心、污水处理站、冷库、保持中心内洁净卫生的工作人员着装准备区等。

1. 加工作业流程

家家悦生鲜物流中心把农产品采购和加工的平台前移到最接近农民的地方，只要是和家家悦签订种植协议的农户，都可以直接到生鲜物流中心内按照协议价格或双方协商的价格出售各种农产品，在现场，各种车辆满载着各种农产品，在等待过磅。同时他们还要紧盯着收货区大屏幕显示器上不断滚动的农作物农药残留检测的结果。只有检测通过，才可以进行后续的过磅、搬运到指定收货区域、结款等工作。

2. 品质管理

在各个加工车间，都可以看到家家悦对环境卫生的控制非常严格，工作人员每进入一次工作区都必须在密闭的隔间进行"空气浴"。整个中心食品加工区都安装了空气过滤设备。中心也设置了专门的冷库，并严格执行0℃～4℃的恒温环境下收货、严格地验收检测程序和建立完善的台账制度，确保家家悦生鲜加工中心从源头把好收货关。

为保证整个运输及销售过程都控制在鲜、冻要求的冷链状态，家家悦还投资组建了自己的冷藏、冷冻运输车队，并要求配送时的车厢温度误差不超过±2℃，并对车辆进行运前运后定时消毒，保证产品的安全、营养、卫生。

四、拓展产业链

2005 年，山东家家悦在获得强大的后台——物流配送体系的支持和企业经营规模不断扩张的背景下，公司积极探索向第一、二产业渗透，拓宽发展空间，先后在荣成和文登投资建设绿色食品工业园和农副产品批发交易中心，利用企业的规模优势、物流优势和信息优势，通过绿色食品工业园和农副产品交易市场作为平台，带动周边农业生产，形成商业带动工业，工业带动农业，农工商一体化的发展格局。

从提供种植信息入手，根据销售数据分析，实现城乡需求信息对接，引导农民进行订单生产，形成了从生产基地→交易中心→生鲜加工→冷链配送→店部销售的一条龙产业链，构建起农产品现代化流通体系，被商务部确定为"农超对接"工程首批试点企业。创造了被业界称为中国现阶段"农超对接"的三大模式之一的家家悦模式（另两种模式为麦德龙模式和沃尔玛模式）。

目前，公司已经在全国 28 个省的 80 多个产区建立农产品基地 2 000 多个，年产量50 万吨；有 17 个品种的农产品通过了无公害认证，12 个品种通过了绿色认证。2008 年，超市生鲜商品的销售额超过了 20 亿元，其中 80%以上直接从基地采购，为农副产品建立了稳定的流通销售渠道，解决了农产品的"卖难"问题，增加了农户的收入，也在销售终端丰富了商品种类，满足了城市居民的消费需求。

经过十几年的发展，中国的连锁超市行业的发展进入了转型阶段，如何确立发展的新的突破口是国内超市界普遍关注的问题。家家悦能够从偏居一隅，发展成为走向全省（山东）并具有行业代表性的领导者得益于多种因素，绝非凭借一招一式。但在其发展之路上一直强调物流的后台作用，无论是建设常温物流中心，还是建设在国内首屈一指的生鲜物流中心，都贯彻了企业管理团队"发展连锁，物流先行"的发展战略。可以说，也就是在强劲后台的支持下，企业逐步完成了强化企业核心竞争力，不断地进行供应链整合的目标。

连锁超市的核心竞争力在很大程度上体现在核心产品的经营能力上，目前中国的超市业同行都认同了生鲜食品是超市的核心产品，家家悦超市是中国超市中最早开始推行生鲜食品全面自营的公司，并成为在生鲜食品的经营水平方面全国领先的超市公司之一。

家家悦最早在生鲜食品的自营方面为了保证自己的经营特点特色、新鲜度和品质采取了在每一家店都设立后置加工处理台和厨房，但这种体系不能保证每一个店的处理加工质量是一致的，不能保证处理加工成本是最优的、商品品质的控制是最佳的、效率和效益是最好的。建设生鲜加工配送中心可以很好地解决这些问题，而且企业发展的综合效益会更高，主要体现在以下几个方面：第一，产品在加工过程中利用率高；第二，同一个产品按规格的分拣分割过程会为企业创造更多的收益，蔬菜水果一般都会增加 20% 以上的效益，光猪肉一项一年就多创造收益 600 万元；第三，能更快更好地支持店铺发展的速度和质量，生鲜加工配送中心所加工配送的产品系列化和标准化，就有力地支持了店铺的发展速度和运营质量的提高。

对家家悦这样一个营业规模 2011 年突破 150 亿的公司，在公司发展的区域范围内没有可依靠的第三方物流的条件，自建生鲜加工配送中心是一个必然的选择，虽然投资大，但收益更大。

资料来源：李罗源. 连锁超市生鲜物流运营模式分析[J]. 全国商情：经济理论研究，2009（10）：48.

思考题

1. 结合案例，说明家家悦生鲜物流有何特色。
2. 结合案例，考虑家家悦集团为何大力建设物流配送体系。

案例4.8

上海联华生鲜食品加工配送

上海联华生鲜食品加工配送中心有限公司是联华超市股份有限公司的下属公司。主营生鲜食品的加工、配送和贸易，拥有资产总额近 3 亿元，是具有国内一流水平的现代化生鲜加工配送企业。公司总占地面积 22 500 平方米，其中包括生产车间、冷库、配送场地、待发库、仓库（地下室）、办公楼等。冷库 8 700 吨；运输车辆 46 辆（其中 24 辆为制冷保温车），保证商品安全生产，快速流通。联华生鲜食品加工配送中心是我国国内目前设备最先进、规模最大的生鲜食品加工配送中心。联华生鲜食品配送中心的配送范围覆盖联华标超、快客便利、世纪联华、华联吉卖盛、联华电子商务等 2 000 余家门店，为企业的快速发展奠定了基础。

一、物流系统

连锁经营的利润源重点在物流，物流系统好坏的评判标准主要有两点：物流服务水平和物流成本。物流服务是指对在供应链中商品要在企业和供应商/顾客之间移动，与每笔交易相关的资金和信息移动相关的业务流程进行管理。物流成本是物流活动中所消耗的物化劳动和活劳动的货币表现。物流成本管理方法如下。

1. 通过采用物流标准化进行物流管理

物流标准化是以物流作为一个大系统，制定系统内部设施、机械设备、专用工具等各个分系统的技术标准。制定系统内各个分领域如包装、装卸、运输等方面的工作标准，以系统为出发点，研究各分系统与分领域中技术标准与工作标准的配合性，统一整个物流系统的标准。

2. 通过实现供应链管理，提高对顾客物流服务的管理来降低成本

实行供应链管理不仅要求本企业的物流体制具有效率化，也需要企业协调与其他企业以及客户、运输业者之间的关系，实现整个供应链活动的效率化。

3. 通过效率化的配送降低成本

对于用户的订货要求尽量短时间、正确的进货体制是企业物流发展的客观要求，但是，随着配送产生的成本费用要尽可能降低，特别是多频度、小单位配送要求的发展，更要求企业采取效率化的配送，就必须重视配车计划管理，提高装载率以及车辆运行管理。

因此，拥有快速物流配送的能力和超低的物流成本，是一家现代连锁商业企业取得竞争优势的关键一环，也是企业的核心竞争力。在这方面，联华曾对外界发布过一个引以为豪的数字——联华物流的配送费率（即配送一定价值商品所需的物流配送成本），一直被控制在2%以内，甚至低于沃尔玛4.5%的水平，为整个联华的快速发展提供了强有力的保证和支持。

生鲜食品一般是指肉类、水产、果蔬、面包、熟食等商品种类，这些商品是超市最重要的商品经营品种。生鲜食品加工配送由于其商品的特殊性，是物流系统中复杂程度最高、管理最难，同时服务水平也要求最高的。生鲜商品大部分需要冷藏，所以其物流流转周期必须很短，才能节约成本；生鲜商品保值期很短，客户对其色泽等要求很高，所以在物流过程中需要快速流转。两个评判标准在生鲜配送中心通俗地归结起来就是"快"和"准"。

二、联华生鲜配送中心是从如何做到"快"和"准"的呢？

1. 订单管理

门店的要货订单通过联华数据通信平台，实时地传输到生鲜配送中心，在订单上标明各商品的数量和相应的到货日期。生鲜配送中心接收到门店的要货数据后，立即到系统中生成门店要货订单，此时可对订单进行综合查询，在生成完成后对订单按到货日期进行汇总处理，系统按不同的商品物流类型进行分类处理。

（1）储存型的商品：系统计算当前的有效库存，比对门店的要货需求以及日均配货量和相应的供应商送货周期自动生成各储存型商品的建议补货订单，采购人员根据此订单和实际的情况做一些修改即可形成正式的供应商订单。

（2）中转型商品：此种商品没有库存，直进直出，系统根据门店的需求汇总按到货日期直接生成供应商的订单。

（3）直送型商品：此类商品不进配送中心，由供应商直接送到各相关需求的门店。系统根据到货日期，分配各门店直送经营的供应商，直接生成供应商直送订单，并通过

EDI 系统直接发送到供应商。

（4）加工型商品：系统按日期汇总门店要货，根据各产成品/半成品的 BOM 表计算物料耗用，比对当前有效的库存，系统生成加工原料的建议订单，生产计划员根据实际需求做调整，发送采购部生成供应商原料订单。

各种不同的订单在生成完成或手工创建后，通过系统中的供应商服务系统自动发送给各供应商，时间间隔在 10 分钟内。供应商收到订单后，会立即组织货源，安排生产或做其他的物流计划。

2. 物流计划

在得到门店的订单并汇总后，物流计划部根据第二天的收货、配送和生产任务制订物流计划。计划包括人员安排、车辆安排、批次计划、线路计划、生产计划、配货计划等。

（1）线路计划。根据各线路上门店的订货数量和品种，做线路的调整，保证运输效率。上海联华公司按照"合理规划、统一标准、经济实用、综合配套"和"优质、高效、低成本"的要求，以物流标准化管理为重点，以注重效率为导向，优化送货线路，提升物流配送水平。

线路优化调度最终实现的目标：实现物流中心操作流程改造，真正实现访送分离。

线路优化前后比较：① 以前的操作流程。车辆的送货清单生成完全是按照访销线路来确定的，很难从整体上优化，提高送货效率。② 改造后的操作流程。改造后的操作流程通过在公司的数据处理中心进行处理，充分掌握了每辆送货车、每条送货线路的送货量、往返时间、送货户数、送货里程、油耗等信息。并根据电子排单系统，生成优化后的送货清单，改变了原有按访销线路定送货线路的缺陷，加快了运输效率，减少了不必要的重复运输，从而节省了运输费用。

（2）人员安排。拣货配货人员、加工包装人员、司机及押运人员安排。根据实际上班人员数将订单任务及时分配到位，从而减少不必要的支出，降低配送成本，提高配送效率。

（3）车辆安排。通过合理安排车辆出车的时间表调配车辆，安排车辆使用数及到场装运时间。如车辆不足，及时向外租用车辆，并根据客户的不同要求和货物不同的特性安排相应车辆，以满足客户个性化的需求和保证货物的质量，而提高公司的服务水平，也可为公司节省部分费用。

公司为所有配送门店维护送货路线，系统提供自动排车功能，同时也允许人工调整排车结果，每天的配车时间约 1 小时即可完成。排车信息通过基于工作流的概念，使企业内部人员方便快捷地共享信息，高效地协同工作；改变过去复杂、低效的手工办公方式，实现迅速、全方位的信息采集、信息处理，为企业的管理和决策提供科学的依据。一个企业实现办公自动化的程度也是衡量其实现现代化管理的标准。公布给门店后，让门店及时了解到货量、送货时间、车牌、司机等信息。司机出车、回车通过刷卡登记，为司机的考核提供了有效手段。

（4）批次计划。根据总量和车辆人员情况设定加工和配送的批次，实现循环使用资源，提高效率；在批次计划中，将各线路分别分配到各批次中。

（5）生产计划。根据批次计划，制订生产计划，将量大的商品分批投料加工，设定各线路的加工顺序，保证和配送运输协调。

（6）配货计划。联华生鲜配送中心的产品销售网络覆盖联华标超、快客便利、世纪联华、华联吉卖盛、联华电子商务（联华OK网）等2 000余家门店，每天都要处理大量的订单，配送1 000多种货物，如果没有很好的计划，其后果可想而知。

根据批次计划，结合场地及物流设备的情况，做好配货的安排。如针对门店类型的配货限量控制；针对业务类型的配货限量控制，如正常配货、批发配货；同时启动标签拣货，而且系统可以实现拣货差错、串位、破损落实到人。为实行提前一天预约锁定库存，最大限度地利用库存资源，预先安排库存、拣货员等资源。而且是车到凭行驶证当场配货，解决了因配货场地有限而导致的瓶颈问题；物流计划设定完成后，各部门需按照物流计划安排人员设备等，所有的业务运作都按该计划执行，不得更改。在产生特殊需求时，系统安排新的物流计划，新的计划和老的计划并行执行，互不影响。

随着配送中心作业人员熟练程度的不断提高，联华配送中心的高性能与稳定性将越来越得到充分体现。在今后的5～10年内，该配送中心将支撑着联华实现快速发展。

物流又被称为"第三利润源"，充分说明了它在中国市场所拥有的巨大潜力。物流配送处于供应链上集团与客户的临界面上，是企业营运的第一脉搏，内部的任何业务问题都会影响到物流配送企业供应链体系的问题聚集点。

资料来源：岩菲. 突出质量管理，规范生鲜食品经营[J]. 上海百货，2011（04）：10.

思考题

1. 结合案例，说明生鲜配送中心规划应考虑哪些因素。
2. 结合案例，考虑文中配送中心的工作流程。

第 5 章　运 输 管 理

引言

　　运输的诞生和发展，经历了极其漫长的历史过程。它是伴随着社会生产力的提高和科学技术的进步而产生和发展的，它的产生和发展也促进了社会、经济、政治和文化的发展与进步。运输是人类社会的基本活动之一，是我们每个人生活中的重要组成部分，同时也是现代社会经济活动中不可缺少的重要内容。人类社会由散乱走向有序，由落后迈向文明，运输发挥了不可估量的重要作用。

　　随着现代物流的产生与不断发展，运输被赋予了新的含义。它与其他物流环节保持着密切的联系，并在物流系统中占有重要的地位，发挥了巨大的作用。

5.1　运输与物流运输

5.1.1　运输的概念

　　运输是社会物质生产的必要条件之一，是国民经济的基础和先行。马克思将运输称为"第四个物质生产部门"，是生产过程的继续。这个"继续"虽然以生产过程为前提，但如果没有它，生产过程就不能最后完成。虽然运输这种生产活动和一般生产活动不同，它不创造新的物质产品，不增加社会产品数量，不赋予产品新的使用价值，而只是变动其所在的空间位置，但这一变动能使生产继续下去，使社会再生产不断推进，并且是一个价值不断增值的过程，所以将其看成一个物质生产部门。

　　运输是物流的主要功能之一。按物流的概念，物流是物品实体的物理性运动，这种运动不但改变了物品的时间状态，也改变了物品的空间状态。运输承担了改变物品空间状态的主要任务，是改变物品空间状态的主要手段。运输再配以搬运、配送等活动，就能圆满完成改变空间状态的全部任务。

5.1.2　运输的作用

　　（1）运输是社会物质生产的必要条件之一，是国民经济的基础和先行。运输能提高物品的使用价值，还能实现资源的优化配置。

（2）运输具有扩大市场、稳定价格的作用，它对发展经济、提高国民生活水平有着十分巨大的影响。

（3）运输是"第三利润源"的主要源泉。作为物流系统中的最大支柱流，运输费用在整个物流费用中所占的比重最大。因而，合理组织运输活动，节约运输成本，是降低物流成本的关键。

案例 5.1

海尔的运输服务

海尔物流是海尔集团为了发展配送服务而建立的一套完备安全、现代化的物流配送体系，海尔物流服务的主要对象分为两类：海尔集团内部的事业部和集团外部的第三方客户。海尔物流拥有 16 000 部货车，海尔物流通过分布在全国的服务网络，可视的、灵活的管理系统去帮助客户，并提高对客户的响应速度和及时配送。

1. 订单聚集

海尔采用 SAPLES 物流执行系统，将运输管理、仓库管理以及订单管理系统高度一体化整合，使得海尔能够将顾客订单转换成为可装运的品项，从而有机会去优化运输系统。海尔可以集运和拆分订单去满足客户低成本运输的需要。这种订单的聚集和客户的订单观念直接联系在一起，使海尔能够更加准确、有效、简单、直观地管理客户的运输和相关物流活动。

2. 承运人管理和路径优化

海尔物流提供持续的、一致的程序去管理费用和承运团队的关系，依靠对运输的优化而持续地更新海尔的运输费用折扣。海尔的流程和软件系统可以使其不断去改进审计和付款、装运招标和运输追踪。海尔的运输管理系统可以允许海尔的运输工程师去设计和执行复杂的最佳运输路径，这有可能包括了多重停留、直拨与合并运输。所有这些都可以在路径设计、运输方法选择时被考虑。由于海尔的仓库管理系统和运输管理系统是高度集成的，在多地点停留的货车可以将装卸的信息直接与仓库的系统互通，确保货车在正确的路径上准点到达。

3. 多形态的费率和执行系统

海尔物流管理各种形式的运输模式，包括了快递、整车、零担、空运、海运和铁路运输，并按照客户的需求，应用各种先进的费率计算，然后系统向客户提出建议。海尔的运输管理系统还集成到海尔的财务收费系统，可以向客户提供其综合性的财务报告。

4．行程执行

海尔物流应用海尔总结出来的一整套建立在相互协商、不同服务功能的界定，和其他商业标准的方法，来计算运费。通过集中运输中心的设立，可以整合所有的承运者，选择合适的承运工具，大幅度地降低偏差和运输成本。

5．可视化管理

海尔物流的动态客户出货追踪系统可以对多点和多承运人进行监控，相关的客户可以从系统上直观地查询到订单的执行状况，甚至每个品种的信息。每次的出货，不论是在海尔集团系统内，还是在海尔的全国网络内，所有的承运活动都被电子监控。所有的运输信息都可以在 Web 上查询。海尔的信息系统和以海尔文化为基础的管理，确保所有承运人和整个网络都能及时、准确和完整地获得所有可视化的数据。

6．运输线合并

海尔物流将不同来源的发货品项，在靠近交付地的中心进行合并，组合成完整的订单，最终作为一个单元来送交到收货人手中。

7．持续移动

海尔物流可以根据客户的需要去提高承运的利用率，降低收费费率。例如，海尔的运输工程师可以将家电从贵州运到上海，而在昆山将一批计算机产品补货到货车运送到重庆。海尔物流管理的运输网络和先进的工具可以追踪这些补货的路径，安排需要，发现降低成本的机会。

8．车队、集装箱和场地管理

许多客户都拥有自己的专有货车、集装箱和设施场地供自己的车队使用。海尔物流可以管理这些资源，从而将其纳入海尔物流整体运输解决方案中。海尔的先进系统可以提供完整的车辆可视化管理，不论是周转箱还是集装箱，在现场还是在高速公路上，海尔物流都为这些独特的运输需要服务，这包括了散货、冷冻冷藏、周转箱的回转以及危险品等需要特殊处理和相关条例管理的运输。

9．国际贸易管理

海尔凭借在对出口文件、保税设施、守法、金融贸易、货物运输等方面的经验，能进行适当的处理。

资料来源：张丽. 海尔日日顺家电物流最后一公里实现路径研究[J]. 物流技术，2014（05）：47-49.

思考题

1．海尔物流为客户提供哪些运输服务？

2．你认为这些运输服务会给客户和海尔物流带来什么利益？

3．海尔物流的客户出货追踪系统是如何运作的？

案例 5.2

TNT 运输的后勤保障服务

像物流服务于其他行业一样，运输也需要后勤保障服务。运输后勤服务对运输经营的重要支持，体现在提高运输系统功能和降低运输成本等方面。TNT 澳大利亚公司厂属的各个从事货物运输的公司一般都不拥有自己的车辆，所使用的运输车辆和主要设备都是采用租用方式获得的。运输公司（货运站）使用的运输车辆可以是转包合同司机的车辆，也可以是租 TNT 车辆管理公司的车辆，如小轿车运输的车架等。专用设备也是从 TNT 车辆管理公司租用的，货运站装卸搬运各种型号的叉车是从 TNT 叉车公司租用的。货物运输用的平托盘、箱式托盘、笼式托盘等专用运输装置是从 TNT 搬运器具公司（Material Handling）租用的。TNT 澳大利亚公司的车辆管理公司的主要职责是负责购买和处置所有道路运输设备；在标准费用条件下，为所有车辆进行维护。TNT 车辆管理经理负责认可所有维护作业，以确保服务质量。公司有统一的车辆使用要求，并确保车辆使用的全部时间中保持良好的公司形象。

一、车辆管理服务

TNT 澳大利亚公司车辆管理由 TNT 车辆管理公司负责（TNT Fleet Management）。该公司始建于 1963 年 6 月，主要为 TNT 和 ANSETT（道路运输部分）提供车辆、设备管理服务。1991 年在澳大利亚有 270 多名雇员和专家，组成了不同领域的车辆管理实体，可以帮助和指导用户解决有关汽车运输车辆、设备的各种问题。

1. 车辆购买与处理

该公司集中负责车辆购买，根据所掌握的车辆技术性能、经济性、适用性等信息资料，进行车辆选型；根据所掌握的市场行情商谈车辆的购置与处理业务。

2. 车辆运用工程（车辆综合管理）

一般称设备综合管理（学），即用系统学的思想进行设备管理，不但要管设备的后半生还要管设备的前半生。根据用户（TNT 或其他部门）的需要，在对用户特殊经营条件进行深入调查研究的基础上，提供道路运输设备和设计特种设备（该公司设计的一些设备模型已经被制造厂家作为标准设备采纳）。车辆设备的综合管理使企业能以最低的车辆寿命周期成本实现企业的经营目标。如图 5-1 所示为 TNT 运输车辆。

3. 车辆维护和修理服务

在澳大利亚本土建立十多个维修服务中心并形成了服务网络。维修中心的设备一天可工作 18 小时，提供野外作业车辆运行中的维修服务，这些设备可用于长途牵引车、大型货车和轻型商业车，从标准设备到特殊牵引设备、起重设备、液压设备的维护修理。

图 5-1　TNT 运输车辆

4. 车辆出租

车辆出租是该公司的一项主要业务，能以非常具有竞争力的价格向用户提供车辆短期和长期出租。它作为澳洲第一个在车辆管理中应用计算机的组织，不断地适时更新，以适应用户需求的变化，以计算机网连接遍及澳大利亚各地的车辆管理服务中心，从而能实现以最低成本、最有效的车辆运用与管理的目标。

5. 车辆的零配件管理

该公司业务覆盖在零件制造、铸模等方面，以确保最小停工损失的总成互换和经济修理等方式提供服务。由于具有一定规模，拥有最完备的库存能力，是澳洲最大的机动车辆零件购买者，因此可以以非常具有竞争力的价格得到所需配件，并能提供零件、喷漆、润滑等服务。

6. 机动车辆辅助服务

例如，提供从轿车、商业车到维修中心车辆的清洗，并可以完成达到零售标准的详细服务。

二、叉车购买、出租、维修及零配件销售服务

叉车是运输过程中平托盘、箱式托盘、笼式托盘、集装箱装卸、搬运必不可少的设备，是集装化运输的重要设备，在货运站、港口、机场、仓库等处需大量使用叉车。和车辆管理相似，叉车的集中经营管理也有诸多优点，在经营中处于优势地位。TNT 叉车公司从事最大范围内的材料搬运车辆的购买、出租、维护、修理和零配件销售。

1. 经营范围

包括手动托盘叉车，汽油、柴油、液化气、电瓶等为动力的叉车，操作吨位从 1 吨到 30 吨。

2. 叉车出租服务

叉车的出租可分为天、周、月租用，以短期出租为例，清晨用户只需一个电话，就

可以以最高效率使用叉车完成当天的经营业务。叉车出租服务减少了不经常使用叉车的用户自己购买叉车利用率低的损失，同时没有专业维修和万一设备损坏时的误工损失等。

3. 叉车系列服务

TNT 叉车公司在全国各地有自己的库存系统，形成了叉车零配件采购、库存、零售及修理的一套系统。叉车主要来自日本、英国、德国等国家，全部库存采用计算网络管理。由于进口订货到货物进库一般需 3 个月，利用计算机进行库存控制，可以以最低库存费用确保维修、销售零配件的需要。例如，20 000 个零配件品种，可以在 24 小时之内送到澳大利亚任何地方。

三、TNT 车辆（包括叉车）管理取得的主要成就

车辆费用在运输成本中占很大一部分，加强相关的后勤管理的思想、方法和业务等，都有许多值得借鉴的地方。

（1）持续不断地完善计算机记录，可提供全部的车辆技术和历史档案。

（2）能与授权修理者就车辆的服务、修理和零部件价格进行特别协商而确定。

（3）通过澳大利亚最大卡车服务中心提供商用车辆服务和修理。

（4）与供应商就保证条款进行谈判。

（5）车辆修理前的审批，消除不必要的服务、无效的修理程序。

（6）计算机每月报告系统提供每一辆车运行的所有方面的详细分析结果和运行中非正常成本的例外报告。

（7）专家有效管理用户的车辆，提供修理工和驾驶员的信息。

持续地关注特殊车辆的使用，了解制造商的政策、车辆管理技术的发展和变化，提高车辆管理专业化水平。

资料来源：百度文库，wenku.baidu.com.

思考题

1. 结合案例，说明车辆管理在运输管理中的作用。

2. 谈谈 TNT 是如何做好运输后勤保障的。

案例 5.3

多式联运技术在欧美发展的现状

考虑到运输业在各个国家地区间发展的不平衡性，联合国贸易与发展组织（UNCTAD）所倡议的多式联运以英文"MULTIMODALTRANS—PORT"命名。根据

UNCTAD 的定义，多式联运是一种运输服务，它由一个多式联运操作者（Multimodal Transport Operator，MTO）承担货物经过多种载运工具的运输从发运点交货到目的地的责任，MTO 根据运输协议收取一笔运费并保证有限的交货时间。随着商品流通市场对物流环节日益增长的服务要求，这一概念在欧美发达国家已经逐步被 INTERMODALISM 替代，它特指货物在运输过程中，这一设备适合任何运输工具的操作要求，因此当货物从一种载运工具转到另一种载运工具时，不需要直接对货物本身进行操作。

跨国的多式联运服务包括国际和国内运输两个部分。在国际运输方面，目前 ISO 标准的集装箱普遍应用于国际集装箱班轮运输，但是各个国家和地区内的运输使用了大量非标准集装箱和装载工具。在北美，美国与亚太地区的贸易增长导致了美国西海岸与美中、美东内陆运输走廊的形成。然而贸易的不平衡性，导致了运输量的不平衡，即大量货物由西海岸运往美国东部和中部地区，而回程货运量非常小。为解决这个矛盾，双层集装箱铁路运输服务（Double—Stack Container Rail Service）在提供由美东往美西调拨空箱服务的同时，将这一内陆运输走廊的效率提高了 20%～40%。另外，由于美国客户大量使用超高和超长集装箱进行内陆运输，这一系统的技术标准除了包括 ISO 标准的集装箱外，还包括一些非标准集装箱，以及车载拖车子板（Trailer on Mil Flatcar，TOFC）和车载集装箱（Container on Rail Flatcar，COFC）。

目前在美国，其国内市场的需求导致了在集装箱的使用方面，存在一个非 ISO 标准化的趋势。这种载运工具被广泛应用于欧洲区内的公路、铁路和内河运输。它的主要优点是其内尺码符合容纳欧洲标准托盘的需要，允许侧面装卸货物，从而提高了操作效率。其缺点是外尺码不符合 ISO 标准，不能用于国际集装箱班轮运输；不支持堆叠，从而降低了堆场土地的利用率；只允许使用叉车做底部托举的操作，从而降低了操作的灵活性。

总之，尽管欧盟在推广多式联运系统方面很努力，在决策方面，其各个国家的兴趣仍然是一个重要的因素，欧盟仍然缺乏内陆运输工具的统一标准。在欧美发达国家，国际多式联运系统被认为是一次革命，这次革命以集装箱化为基础，主要表现在运输系统的组织与管理方面。目前，班轮公司之间的合作与兼并已经相当普遍，其中主要的合作方式为共享舱位（Vessel-sharing）和舱租赁（Slot-charter），而长期合作的结果往往导致企业间的兼并，以进一步增强其国际竞争力。例如，SEALAND 与 MAERSK，P&O 与 NEDILOYD 等。通过合作与兼并，集装箱班轮运输已基本覆盖了全球的航运服务，因此在提供多式联运服务方面，班轮公司往往扮演一个协调者和组织者的角色。

除此之外，无船操作公共承运人（NVOCC）通过其在全球的网络能够为客户提供全方位的多种服务，包括全程运价、联运提单、多种运输模式的协调和集成、信息跟踪与查询系统，以及拼箱集运和为货物提供附加值等操作。许多国际性的 NVOCC 宣称它们能够为客户提供 One stop Shopping 的服务。在欧美等发达国家，更多的是由 NVOCC 扮演多式联运系统的组织者与协调者，然而 NVOCC 在全球的发展往往取决于不同国家对这一行业以及发展多式联运系统的态度。

多式联运系统在欧美的发展表明，政府需要进一步开放运输行业，其意义主要表现在打破行业内的垄断，鼓励竞争机制的建立和消除行业间的分离。北美在多式联运技术方面的世界领先地位，从某种程度上，可以归结为美国政府的各种鼓励措施和在 Deregulation 方面的努力，这些措施主要通过立法来进行实施，早在 1980 年，美国联邦政府通过了一系列法案，以鼓励多式联运系统的发展，其中机动车辆运输承运人法案（The Motor Carder Act 1980）消除了在公路运输中的各种操作限制；交错运输法案（The Stagger Act 1980）部分解除了公路铁路联运业中的管制。在国际运输方面，1984 年通过的航运法案（The Shipping Act 1984）和 1988 年通过的航运改革法案（The Ocean Shipping Reform Act 1988）在消除班轮公司与其他运输企业合作中的障碍的同时，进一步削弱了班轮公会在国际航运业务中的垄断地位。1991 年通过的运输有效性多式联运界面法案（Multimodal Surface Transportation Efficiency Act, IS-TEA）要求各个州政府必须作出多式联运的发展计划以推动和协调各个州在多式联运发展中的政策。如图 5-2 所示为多式联运示意图。

图 5-2　多式联运示意图

然而，在欧洲，由于历史的原因，各个国家对于发展运输业存在着不同的态度，因而导致产生了一个整个欧洲范围内的分散的运输系统，包括不同的技术标准、运价系统等。在其他发展中国家，多式联运系统的发展更是受到多方面因素的制约，包括运输系统中不足的基本建设，如码头、公路、铁路等；落后的电子通信方式；还有管理中存在的瓶颈效应，如在通关、检疫等方面繁琐的操作规程和落后的运作方式。随着国际分工的进一步明细，国际贸易往往在发达国家和发展中国家进行，但是发展中国家中的运输企业往往缺乏为整个运输链服务的角色意识。UNCTAD 指出，当运输中出现货损、延误等纠纷时，可能会在法律责任方面出现混乱，特别是在一些发展中国家，法律对运输责任的规定和划分不严格，对多式联运在这些国家的推广起着阻碍作用。

资料来源：何洁. 浅谈集装箱海铁多式联运[J]. 中国储运，2013（06）：107-108.

思考题

1. 集装化运输的优点是什么？
2. 什么叫国际多式联运？如何实现多式联运？
3. 如何进行多式联运的合理化？
4. 什么是无船承运人？

5.2 运输合理化

5.2.1 运输合理化的含义

合理运输从整体上看是指以最少的运力、最快的速度、最短的线路、最优的服务、最少的费用，满足国民经济对货物运输的需要。从运输企业来看，是指在完成相同货物运输员的情况下，投入运力最少、服务质量最好、运输费用最低的运输，即合理运输。其意义主要体现在以下几个方面。

（1）运输合理化，可以充分利用运输能力，提高运输效率，促进各种运输方式的合理分工，以最小的社会运输劳动耗费，及时满足国民经济的运输需要。

（2）运输合理化，可以使货物走最合理的路线，经过最少的环节，以最快的时间，取最短的里程到达目的地，从而加速货物流通，既可及时供应市场，又可降低物资部门的流通费用，加速资金周转，减少货损货差，取得良好的社会效益和经济效益。

（3）运输合理化，可以消除运输中的种种浪费现象，提高商品的运输质量，充分发挥运输工具的效能，节约运力和劳动力。而不合理运输将造成大量人力、物力、财力浪费，并相应地转移和追加到产品中去，人为地加大了产品的成本，提高了产品价格，从而加重了需求方的负担。

5.2.2 影响合理运输的因素

1．运输距离

运输时间、货损、运费、车辆周转等技术经济指标，都与运距有一定比例关系，运距长短是运输是否合理的一个最基本因素。缩短运输距离有利于改善经济指标。

2．运输环节

每增加一次运输，不但会增加起运的运费和总运费，而且必然要增加运输的附属活动，如装卸、包装等，各项技术经济指标也会因此下降。所以，减少运输环节能促进合理运输。

3．运输车辆

对车辆进行优化选择，按运输车辆的特点进行装卸运输作业，发挥所用运输车辆的最大作用，是合理运输的重要一环。

4．运输时间

运输时间的缩短有利于运输车辆的快速周转，能充分发挥运力的作用，同时有利于资金的周转，也有利于运输线路通过能力的提高。

5．运输费用

运输费用是考核合理运输的一个重要指标。在同等条件下，运输费用低，运达速度快，有利于市场的竞争。

5.2.3　组织合理运输的措施

1．合理选择运输方式

各种运输方式都有着各自的适用范围和不同的技术经济特征，选择时应进行比较和综合分析。首先要考虑运输成本的高低和运行速度的快慢，甚至还应考虑商品的性质、数量的大小、运距的远近、货主需要的缓急及风险程度。

2．合理地选择运输工具

根据不同商品的性质、数量选择不同类型、额定吨位及对温度、湿度等有要求的车辆。

3．正确地选择运输路线

运输路线的选择，一般应尽量安排直达、快速运输，尽可能缩短运输时间，否则可安排沿路或循环运输，以提高车辆的容积利用率和车辆的里程利用率，从而达到节省运输费用、节约运力的目的。

4．提高货物包装质量并改进配送中的包装方法

货物运输线路的长短、装卸操作次数的多少都会影响到商品的完好，所以应合理地选择包装物料，以提高包装质量。货物包装的改进，对减少货物损失、降低运费支出、降低商品成本有明显的效果。

5．提高车辆的装载技术

可采取零担货物拼整车发运的办法减少运输功用，节约运力。主要有零担货物拼整车直达运输、零担货物拼整车接力直达或中转分运、整车分卸、整装零担等四种具体做法。

案例 5.4

中外运汽车物流管理应用

我国汽车产业的高速发展为汽车物流行业提供了巨大的增长空间，作为汽车产业支撑的汽车物流行业，市场规模不断扩大，知名的国内外第三方物流企业纷纷抢滩中国汽车物流业市场，汽车物流的发展已进入以整车物流为主，向零部件入厂物流、零部件售后物流等方向延伸的竞争格局。然而，与成熟的欧美汽车物流公司相比，我国的汽车物流业起步时间不长，服务商在企业竞争能力、物流成本和服务水平等方面还有很大的提升空间。

中国外运签约华晨宝马汽车有限公司，为其提供专业的汽车物流服务。华晨宝马汽车有限公司，是宝马集团和中国著名的华晨汽车控股有限公司共同投资设立的合资企业，业务涵盖 BMW 品牌汽车的生产、销售和售后服务。随着宝马加大在中国的布局，华晨宝马陆续在沈阳建立了大东、沈北和铁西工厂，达到年产 10 万辆汽车的能力。为了完善宝马在华配送的流程，华晨宝马选择了中国外运作为其汽车物流配送商，中国外运将以专业的服务携手华晨宝马，"强强联合，共创双赢"，并借此在汽车产业物流拓展的道路上百尺竿头，更进一步。

为了更好地服务华晨宝马并拓展汽车物流业务，中国外运需要借助先进的信息管理系统提升自身的服务水平。中国外运最终选择业界知名的供应链管理系统和解决方案服务商 Sino Services 锐特信息作为本次项目的合作伙伴。

一、关键需求

中国外运主要为华晨宝马提供汽车零部件的入场物流服务。零部件厂商按照既定的流程，向中国外运预订车辆，再由中国外运送达华晨宝马的工厂。华晨宝马对整个送货链的控制及时间要求相当严格，以配合其 JIT 生产制造的模式，即需满足准时物流的要求；同时还需对整个送货环节进行全程监控，并确保信息共享给相关方，包括华晨宝马、零部件厂商、中国外运，以及调度员、外运客服、司机、华晨宝马仓库人员等各个角色，以便及时掌握运输的情况并对异常情况迅速做出反应。

二、物流解决方案

Sino Services 锐特信息对华晨宝马入场物流业务以及中国外运的运输流程进行了梳理，并针对客户的具体需求提供了解决方案。

1. 运输过程跟踪

零部件供应商向中国外运下达订单后，调度员进行运力资源配载并安排司机开始运输。关键需求包括对运输环节各个状态的实时采集和反馈；实现对运输过程不同维度的跟踪，如中国外运客服/零部件供应商对订单执行情况的跟踪，调度员对车辆的跟踪；对运输环节信息的共享，各相关方能够实时掌握运输的情况；对异常情况的登记、归档；以及降低运输过程中数据采集的人工投入和差错率，提高数据采集的及时率。

通过对运单、行车单（派车单）等的跟踪来实现不同用户视角的信息共享（客户/供应商、调度），并通过图形方式直观展现；对各个环节进行时效性校验，对延迟的或者异常的状态用突出的颜色进行标识。

（1）运单跟踪。可以看到该运单从供应商下单、客服提交、调度受理、任务待命、出场、取货、送达各个环节的状态、操作人以及操作时间。

（2）行车单跟踪。可以看到车辆的待命、出场、回程、回场等状态，并通过 GPS 实时掌握车辆的运行情况，历史轨迹回放等功能还可对车辆的历史运行情况进行回顾。

在异常反馈方面，系统针对每个环节的异常进行自动/手动捕捉。通过与 GPS 的结合，对一些节点采取自动数据采集的方式，并自动判断该节点状态是否异常。同时结合华晨宝马对运输作业过程中异常管理的规定，设定固定的工作流，哪些环节出现异常需要做什么操作，由系统按照设定的工作流执行，减少人为操作的影响。

通过与 GPS 和电子围栏的结合引入对车辆出场、提货、签收、回场各环节的自动数据采集和反馈功能；通过自动判断逻辑，对 GPS 反馈的数据进行处理，实现订单执行环节的自动处理机制；大大降低了由于操作人员的延迟操作而导致的订单信息和运输信息流转的延迟。

（3）自动配车功能。系统可以自行对订单采用相应的配载逻辑并形成配车计划，调度人员只需进行部分人工调整，从而提高了工作效率。

实时车辆跟踪如图 5-3 所示。

2. 运输时效管理

运输时效管理是为了确保实现 JIT 准时物流的需求。系统支持将整个运输过程进行拆分，定义各环节的完成时限，并通过实时采集反馈实际的任务完成时间进行对比，从而实现对整个流程的即时监控。华晨宝马的零部件物流运输过程被拆分成调度确认、车辆出场、车辆到达提货点、车辆装货、车辆离开提货点、车辆到达卸货点、车辆卸货、车辆装空箱、车辆离开卸货点、车辆返空箱、车辆回场等环节，并对每个环节、每种物料、每种车辆、每条路线进行时效性的设定。如果在运输执行的过程中，任何一个环节出现问题，系统都会自动发出提醒，并对下个环节提出预警，这样相关人员可以在第一时间内得到信息反馈，并根据时效应对机制采取相应措施，提高整个运输过程的时效性。系统的运输环节/时效设定如图 5-4 所示。

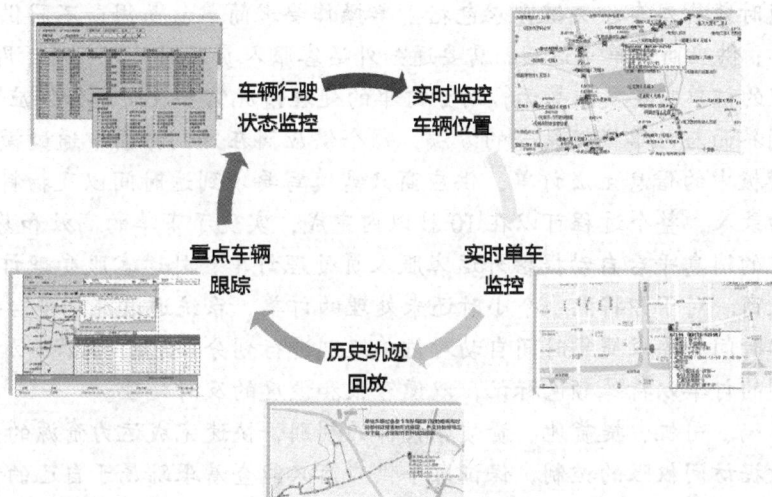

图 5-3 实时车辆跟踪

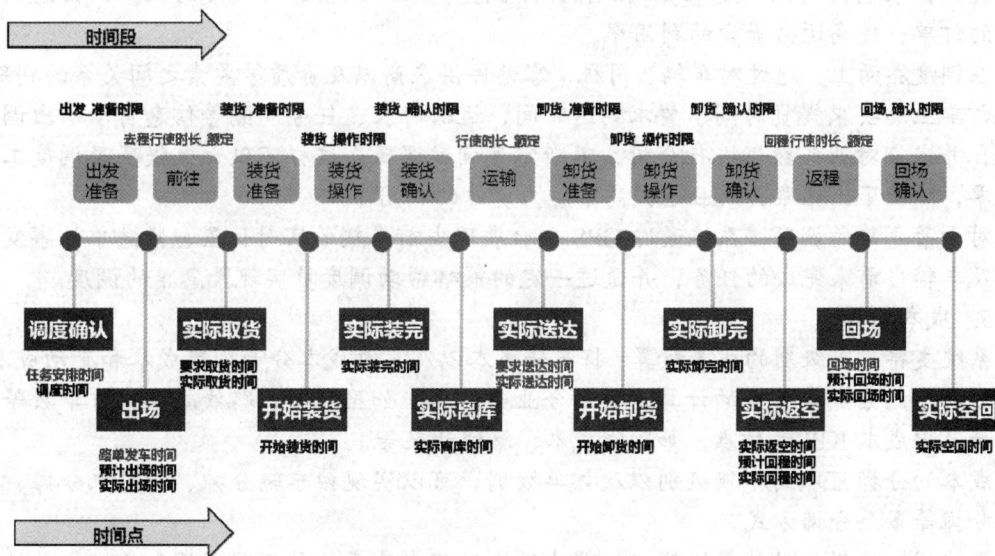

图 5-4 运输环节/时效设定

3. 快速下单及订单处理

对应不同的业务形态，零部件供应商向中国外运下的订单分为两种：一种是预约单，供应商需提前 24 小时下单，中国外运的客服人员接到订单后 1 小时内进行确认并提交调度，调度 24 小时内安排车辆；另一种是发车单，供应商可以随时下单，车辆停在供应商现场，可以随时装货发车。关键需求包括下单操作要求简单、易用；不同供应商只能查看自己的订单；供应商订单下达后，需要通知外运客服人员及时处理，对于即将下单满 1 小时还未处理的订单需要发出警示；对于订单的处理情况需要及时通知供应商。

采用定制界面与订单模板结合的方法，每个供应商在定制界面中通过模板下单，系统自动采集模板中的信息生成订单，供应商只需填写要求到达时间以及物料数量就完成了一票订单的录入，整个过程可以在 10 秒以内完成，实现了下单的高效和易用。

通过系统的消息平台自动提醒外运客服人员处理订单，外运客服受理订单后，系统自动提醒供应商。对于即将满一个小时还未处理的订单，系统通过消息平台警示客服。

根据下单时间和要求提货时间自动对订单级别进行划分（普通、紧急、加急、特急），并对不同级别的订单以特殊颜色标记，以便客服和调度的及时处理。

通过对车辆、司机、提货地、资质等条件的判别，快速完成运力资源的分配。

通过对数据访问权限的控制，保证每个供应商只能查看跟踪属于自己的订单。

4. 调度管理及运力资源利用

关键需求包括简化调度人员的工作；降低凭借人工经验进行调度的比率；快速响应紧急的订单；提高运力资源的利用率。

在调度界面上，通过对车辆、司机、零部件供应商以及资质等要素之间关系的判别，以及订单上的要求提货时间、要求到达时间、运输时长、任务间隔等信息自动给出调度建议，并定期对业务数据进行分析，不断完善调度逻辑。这样不仅大大提高了调度工作的效率，降低了出错率，而且也提高了运力资源的利用率。

对于紧急单的调度，系统通过 GPS 平台展现当前车辆的实时位置、紧急单的事发位置以及车辆当前未完成的任务，并通过一定的策略帮助调度员实现紧急单的调度。

5. 成本核算

系统支持单车级别的成本核算：将车辆成本以及人员成本分为固定成本和变动成本。通过对各个细分成本条目的计算，再结合业务信息，如里程数、路线趟次、订单数等，可以计算出成本 KPI 考核点，如路线成本、路线油耗等。

成本的分摊可以到车辆级别以及订单级别；可以实现按车辆分摊、按司机分摊、按客户分摊等多个分摊方式。

系统同时提供自动计算逻辑，以解决运输过程中基于各种不同费用和分摊方式的成本核算。通过相关的计算逻辑的设计和自动计算功能的配置，可以解决各类成本统计的需求。

6. 油卡管理

中国外运的车辆全部采用油卡加油的方式，司机领取加油卡加油，并在加油完后归还加油卡和加油小票。系统通过油卡管理来实现油卡的充值及加油信息的记录；录入加油信息时自动计算油卡内余额，并通过对系统消息平台的结合实现油卡金额预警；根据加油记录和车牌号对每辆车每月的燃油费进行分摊计算。

三、应用效益及未来规划

通过可视化平台，使零部件供应商、中国外运和华晨宝马实时掌握零部件运输的全过程，并通过对运输时效性的管理以及与 GPS 应用/预警的结合，全程控制运输各环节的执行时限，并使得相关人员能及时获知异常情况从而作出处理，满足汽车物流对实时性的严格要求。

通过自动数据采集、自动信息反馈、自动报警、自动条件判断、自动运算、自动流程触发等功能的应用，大大提升了整个运输过程的效率，并降低了由于人为操作而引发的错误。

对成本的精细化核算，再结合业务信息，如里程数、路线趟次、订单数等，计算出成本 KPI 考核点，如路线成本、路线油耗、每公里成本、每公里油耗，从而方便管理者对运营效益的全面了解，并迅速制定出相应的策略，降低企业运营成本。

零部件供应商向中国外运下单的前置时间由未上系统时的一周减少到现在的 24 小时；运输趟次提升了两倍。系统运输节点跟踪如图 5-5 所示。

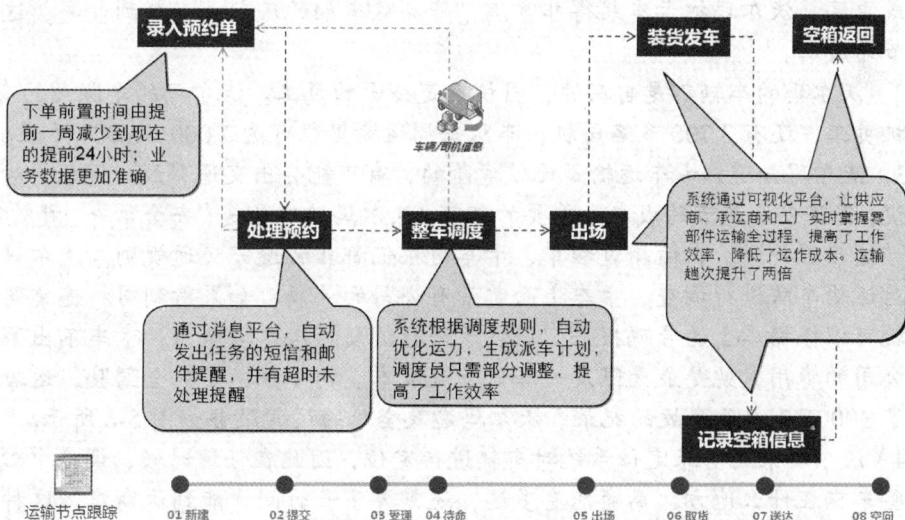

图 5-5　运输节点跟踪

本项目作为中国外运物流管理平台的重要组成部分，下一步将继续发展并完善现有的系统功能架构，在现有基础上横向扩展对汽车运输领域中其他典型运输业态的支持（成品物流、退货物流、逆向物流等），纵向深化对车队的日常精细化管理（车辆、运输人员、油料、备品备件、轮胎），以支持中国外运在汽车物流领域里的业务拓展！

资料来源：高月. 华晨宝马汽车有限公司汽车零部件采购流程优化研究[D]. 辽宁大学，2012.

思考题

1. 结合案例，说明中外运如何做好运输管理。
2. 讨论如何做好运输车队的日常精细化管理？

案例 5.5

沃尔玛降低运输成本的途径

沃尔玛公司是世界上最大的商业零售企业，在物流运营过程中，尽可能地降低成本是其经营的哲学。

沃尔玛有时采用空运，有时采用船运，还有一些货物采用卡车公路运输。在中国，沃尔玛全部采用公路运输，所以如何降低卡车运输成本，是沃尔玛物流管理面临的一个重要问题，为此他们主要采取了以下措施。

（1）沃尔玛使用一种尽可能大的卡车，大约有 16 米加长的货柜，比集装箱运输卡车更长或更高。沃尔玛把卡车装得非常满，产品从车厢的底部一直装到最高，这样非常有助于节约成本。

（2）沃尔玛的车辆都是自有的，司机也是公司的员工。沃尔玛的车队大约有 5 000 名非司机员工，还有 3 700 多名司机，车队每周运输里程可达 7 000～8 000 千米。

（3）沃尔玛知道，卡车运输是比较危险的，有可能会出交通事故。因此，对于运输车队来说，保证安全是节约成本最重要的环节。沃尔玛的口号是"安全第一，礼貌第一"，而不是"速度第一"。在运输过程中，卡车司机们都非常遵守交通规则。沃尔玛定期在公路上对运输车队进行调查，卡车上面都带有公司的号码，如果看到司机违章驾驶，调查人员就可以根据车上的号码报告，以便于进行惩处。沃尔玛认为，卡车不出事故，就是节省公司的费用，就是最大限度地降低物流成本。由于狠抓了安全驾驶，运输车队已经创造了 300 万千米无事故的纪录。沃尔玛遍及全球的运营服务如图 5-6 所示。

（4）沃尔玛采用全球定位系统对车辆进行定位，因此在任何时候，调度中心都可以知道这些车辆在什么地方，离商店有多远，还需要多长时间才能到达商店，这种估算可以精确到小时。沃尔玛知道卡车在哪里，产品在哪里，就可以提高整个物流系统的效率。

（5）沃尔玛的连锁商场的物流部门 24 小时工作，无论白天还是晚上，都能为卡车及时卸货。另外，沃尔玛的运输车队利用夜间进行从出发地到目的地的运输，从而做到了当日下午进行集货，夜间进行异地运输，翌日上午即可送货上门，保证在 15～18 个小时内完成整个运输过程，这是沃尔玛在速度上取得优势的重要措施。

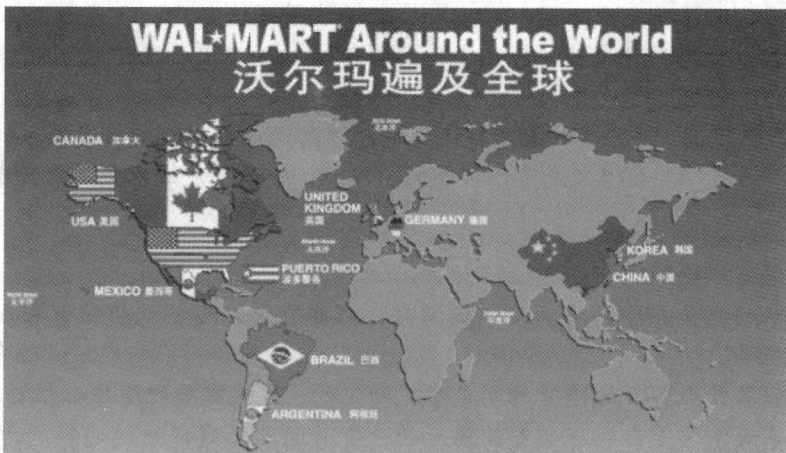

图 5-6　沃尔玛遍及全球的运营服务

（6）沃尔玛的卡车把产品送到商场后，商场可以把它整个地卸下来，而不用对每个产品逐个检查，这样就可以节省很多时间和精力，加快了沃尔玛物流的循环过程，从而降低了成本。这里有一个非常重要的先决条件，就是沃尔玛的物流系统能够确保商场所得到的产品是与发货单完全一致的产品。

（7）沃尔玛的运输成本比供货厂商自己运输产品要低，所以厂商也使用沃尔玛的卡车来运输货物，从而做到了把产品从工厂直接运送到商场，大大节省了产品流通过程中的仓储成本和转运成本。

沃尔玛的集中配送中心把上述措施有机地组合在一起，做出了一个最经济合理的安排，从而使沃尔玛的运输车队能以最低的成本高效率地运行。当然，这些措施的背后包含了许多艰辛和汗水，相信我国的本土企业也能从中得到启发，创造出沃尔玛式的奇迹来。

资料来源：陈清越. 浅析沃尔玛的低成本战略[J]. 财务与会计，2011（02）.

思考题

1. 沃尔玛降低运输成本的措施有哪些？
2. 结合案例，你认为还有哪些措施可以降低运输成本？

案例 5.6

百胜物流降低连锁餐饮企业运输成本之道

对于连锁餐饮行业来说，靠物流手段降低成本并不容易。然而，百胜物流公司抓住运输环节做文章，通过合理的运输安排，降低配送频率，实施歇业时间送货等优化管理方法，有效地实现了物流成本的"缩水"，给业内管理者指出了一条细致而周密的低物流成本之路。由于连锁餐饮业（QSR）的原料价格相差不大，物流成本始终是企业成本竞争的焦点。

据有关资料显示，在一家连锁餐饮企业的总体配送成本中，运输成本占到60%左右，而运输成本中的55%～60%又是可以控制的。因此，降低物流成本应当紧紧围绕运输这个核心环节。

一、合理安排运输排程

运输排程的意义在于，尽量使车辆满载，只要货量许可，就应该做相应的调整以减少总行驶里程。

由于连锁餐饮业餐厅的进货时间是事先约定的，这就需要配送中心根据餐厅的需要，制定一个主班表，它是针对连锁餐饮餐厅的进货时间和路线详细规划制定的。

众所周知，餐厅的销售存在着季节性波动，因此主班表至少有旺季、淡季两套方案。有必要的话，应该在每次营业季节转换时重新审核运输排程表。安排主班表的基本思路是，首先计算每家餐厅的平均订货量，设计出若干条送货路线，覆盖所有的连锁餐厅，最终达到总行驶里程最短、所需司机人数和车辆数最少的目的。

规划主班表远不止人们想象的那样简单。运输排程的构想最初起源于运筹学中的路线原理，其最简单的模型如图5-7所示，从起点a到终点g有多条路径可供选择，每条路径的长度各不相同，要求找到最短的路线。实际问题要比这个模型复杂得多。首先，需要了解最短路线的点数，从图上的几个点增加到成百甚至上千个，路径的数量也相应增多到成千上万条。其次，每个点都有一定数量的货物流需要配送或提取，因此要寻找的不是一条串联所有点的最短路线，而是每条串联几个点的若干条路线的最优组合。另外，还需要考虑许多限制条件，如车辆装载能力、车辆数目、每个点在相应的时间开放窗口等，问题的复杂度随着约束数目的增加呈几何级数增长。要解决这些问题，需要用线性规划、整数规划等数学工具。目前市场上有一些软件公司能够以这些数学解题方法作为引擎，结合连锁餐饮业的物流配送需求，做出优化运输路线安排的软件。

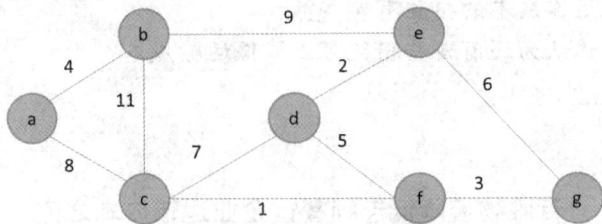

图5-7　运输路径图

在主班表确定以后，就要进入每日运输排程，也就是每天审视各条路线的实际运货量，根据实际运货量对配送路线进行安排、调整。通过对所有路线逐一进行安排，可以去除几条送货路线，至少也能减少某些路线的行驶里程，最终达到增加车辆利用率、司机工作效率和降低总行驶里程的目的。

二、减少不必要的配送

对于产品保鲜要求很高的连锁餐饮业来说，尽量和餐厅沟通，减少不必要的配送频率，这样可以有效地降低物流配送成本。

在运输方面，餐厅所在路线的总货量不会发生变化，但配送频率上升，结果会导致运输里程上升，相应地油耗、过路桥费、维护保养费和司机工时都要上升。在客户服务方面，餐厅下订单的次数增加，相应的单据处理作业也要增加。餐厅来电打扰的次数相应上升，办公用品（纸、笔、电脑耗材等）的消耗也会增加。在仓储方面，所要花费的拣货、装货的人工会增加。如果涉及短保质期物料的进货频率增加，那么连仓储收货的人工都会增加。在库存管理上，如果涉及短保质期物料进货频率增加，由于进货批量减少，进货运费很可能会上升，处理的厂商订单及后续的单据作业数量也会上升。

由此可见，配送频率增加会影响配送中心几乎所有的职能，最大的影响在于运输里程上升所造成的运费上升。因此，减少不必要的配送，对于连锁餐饮企业显得尤其关键。

三、提高车辆的利用率

车辆时间利用率也是值得关注的，提高卡车的时间利用率可以从增大卡车尺寸、改变作业班次、二次出车和增加每周运行天数四个方面着手。

由于大型卡车可以每次装载更多的货物，一次出车可以配送更多的餐厅，由此延长了卡车的在途时间，从而增加了其有效作业的时间。这样做还能减少干路运输里程和总运输里程。虽然大型卡车单次的过路桥费、油耗和维修保养费高于小型卡车，但其总体上的使用费用绝对低于小型卡车。

运输成本是最大项的物流成本，其他职能都应该配合运输作业的需求。所谓改变作业班次，是指改变仓库和其他职能的作业时间，适应实际的运输需求，提高运输资产的利用率。否则，朝九晚五的作业时间表只会限制发车和收货时间，从而限制卡车的使用。

如果配送中心实行24小时作业，卡车就可以利用晚间二次出车配送，大大提高车辆的时间利用率。在实际物流作业中，一般会将餐厅分成可以在上午、下午、上半夜、下半夜四个时间段收货，据此制定仓储作业的配套时间表，从而将卡车利用率最大化。

四、尝试歇业时间送货

目前我国城市的交通限制越来越严，卡车只能在夜间时段进入市区。由于连锁餐厅运作一般到夜间24点结束，如果赶在餐厅下班前送货，车辆的利用率势必非常有限。随之而来的解决办法就是利用餐厅的歇业时间送货。

歇业时间送货避开了城市交通高峰时间，既没有交通拥挤的限制，也没有餐厅运营的打扰。由于餐厅一般处在繁华路段，夜间停车也不用像白天那样有许多顾忌，可以有充裕的时间进行配送。由于送货窗口拓宽到了下半夜，使卡车可以二次出车，提高了车辆利用率。

在餐厅歇业时段送货的最大顾虑在于安全。歇业时间送货，要求配送中心与餐厅之间有很高的互信度，如此才能将系统成本降低。所以，这种方式并非在所有地方都可行。

五、评述

不论是传统储运，还是现代物流，运输都是其中的核心职能，本案例中的百胜物流在为连锁餐饮业做物流配送服务时，通过抓好配送中的运输环节，在其他环节相差不多的情况下，实现物流成本"缩水"。在为餐饮业服务中，百胜物流的服务方式相对简单，即以市内短途汽车运输为主。

资料来源：百胜降低运输成本之道[J]. 中国连锁，2005（10）：90-91.

思考题

1. 结合案例，说说我国企业进行运输管理需要注意哪些问题。
2. 你认为"利用餐厅的歇业时间送货"是利大还是弊多？为什么？

第6章 第三方物流

引言

第三方物流是相对"第一方"发货人和"第二方"收货人而言的。是由第三方物流企业来承担企业物流活动的一种物流形态，是通过与第一方或第二方的合作来提供其专业化的物流服务，它不拥有商品，不参与商品的买卖，而是为客户提供以合同为约束、以结盟为基础的、系列化、个性化、信息化的物流代理服务。随着信息技术的发展和经济全球化趋势，越来越多的产品在世界范围内流通、生产、销售和消费，物流活动日益庞大和复杂，而第一、二方物流的组织和经营方式已不能完全满足社会需要；同时，为参与世界性竞争，企业必须确立核心竞争力，加强供应链管理，降低物流成本，把不属于核心业务的物流活动外包出去。于是，第三方物流应运而生。

6.1 第三方物流的概念

根据我国 2001 年 4 月 17 日颁布的《物流术语》国家标准定义，第三方物流是指接受客户委托为其提供专项或全面的物流系统设计以及系统运营的物流服务模式。即生产经营企业为集中精力搞好主业，把原来属于自己处理的物流活动，以合同方式委托给专业物流服务企业，同时通过信息系统与物流企业保持密切联系，以达到对物流全程管理控制的一种物流运作与管理方式。

第三方物流是相对"第一方"发货人和"第二方"收货人而言的，英文表达为Third-Party Logistics，简称 3PL，也简称 TPL。第三方物流提供者是一个为外部客户管理、控制和提供物流服务作业的公司，它并不在供应链中占有一席之地，仅是第三方，但通过提供一整套物流活动来服务于供应链。

第三方物流给企业（顾客）带来了众多益处，主要表现在以下几个方面。

1．集中主业

企业能够实现资源优化配置，将有限的人力、财务集中于核心业务，进行重点研究，发展基本技术，努力开发出新产品参与市场竞争。

2．节省费用，减少资本积压

专业的第三方物流提供者利用规模生产的专业优势和成本优势，通过提高各环节能力的利用率节省费用，使企业能从分离费用结构中获益。

3．减少库存

企业不能承担原料和库存的无限拉长，尤其是高价值的部件，要及时送往装配点以保证库存的最小量。第三方物流提供者借助精心策划的物流计划和适时运送手段，最大限度地养活库存，改善了企业的现金流量，实现了成本优势。

4．提升企业形象

第三方物流提供者与顾客，不是竞争对手，而是战略伙伴，他们为顾客着想，通过全球性的信息网络使顾客的供应链管理完全透明化，顾客随时可通过 Internet 了解供应链的情况；第三方物流提供者是物流专家，他们利用完备的设施和训练有素的员工对整个供应链实现完全的控制，减少物流的复杂性；他们通过遍布全球的运送网络和服务提供者（分承包方）大大缩短了交货期，帮助顾客改进服务，树立自己的品牌形象。第三方物流提供者通过"量体裁衣"式的设计，制订出以顾客为导向、低成本高效率的物流方案，为企业在竞争中取胜创造了有利条件。

以上种种原因，极大地推动了第三方物流的发展，使第三方物流服务成为 21 世纪国际物流发展的主流。

案例 6.1

科龙的战略性选择

中国正在成为世界家电制造中心，物流被号称为制造企业最后也是最有希望降低成本，提高效益的环节。广东科龙电器股份有限公司近几年来通过行业整合，形成了世界领先的家电产能规模。分布在全国的生产基地和全球化的市场网络，使科龙与现代物流的对接相得益彰。

在国内，2001 年，科龙参股专业物流公司安泰达物流，在家电生产企业与物流服务商之间利用资产纽带关系构建家电物流平台，开创了国内家电企业向第三方物流转型的新路子。在国际上，科龙依托国际著名第三方物流公司遍布全球的强大的物流网络提供了专业高效的物流解决方案。

一、物流战略选择

2001 年，科龙进行了民营化重组。新科龙的战略目标是成为世界主流的家电制造商和销售商，具体来说，要做到技术领先、规模合理、品类齐全、国内外市场均衡。

2002 年开始，科龙开始对中国冰箱行业进行整合，陆续收购了吉林吉诺尔电器、上海上菱电器、远东阿里斯顿和杭州西冷的冰箱生产线，并在江苏扬州和珠海分别投资建设冰箱生产基地，形成了顺德、珠海、扬州、杭州、南京、南昌、吉林、营口和成都等冰箱生产基地。在两年时间里，公司迅速集聚起1300万台冰箱产能，跃居亚洲第一、世界第二，并且与格林柯尔旗下的美菱形成战略合作关系。

科龙的行业整合战略是国际化战略的一部分。在获得明显规模优势的基础上，科龙国际化进程也取得突破性发展。近年来，科龙加强了与GE、惠而浦、伊莱克斯、美泰克等全球著名品牌的战略性合作，国际营销网络覆盖到全球九十多个国家及地区，与全球知名制造商、大型家电连锁店和超市建立了广泛的销售合作关系，外销每年都以超过100%的速度增长。

目前，科龙集团主要生产空调、冰箱、冷柜、小家电四大类家电系列产品，同时实行多品牌战略。在国际国内的高速扩张，使科龙呈现出四大特点：生产基地多、营销区域广、产品类别多、营销渠道多。在物流管理的广度和深度上有很高的专业要求。原来的自有物流体系已远远跟不上发展的战略需要。

同时，科龙转制后，通过整体优化价值链锻造综合成本优势是重新进入健康良性发展轨道的关键，供应链一体化改造首当其冲，引入新的第三方物流，因而成为新的战略性选择。

二、打造物流平台

2001年，科龙与广东中远、小天鹅公司共同出资成立广州安泰达物流公司。科龙集团控制本企业的物流价格资源，管理业务统一外包给安泰达公司，同时与小天鹅形成互补型战略合作关系，充分利用三家企业的物流业务规模、物流网络优势，共同经营，共同发展。第三方物流的引入，以及与相关企业的业务互补性，使科龙物流实现了三个整合优化和两个延伸。

1. 三个整合优化

一是物流组织整合和流程优化。改革过去冰箱、空调、冷柜、小家电四大类产品子公司物流的独立运作体系，将原来各专业公司的物流部门合并成一个，人员由原来的90多人降低到现在的60人。同时，简化运作流程，引入5156物流业务运作信息系统，建立全流程数据库，通过运输计划和仓储计划统一管理整个物流运作，实现了对在途库存的有效跟踪，有效降低了物流运作的管理成本。

二是物流运输整合和系统优化。把公司原来的自有车队转制后独立推向市场。通过联合招标，将科龙旗下冰箱、空调、冷柜及小家电四类产品的干线运输进行整合。同时，将战略合作方的反向物流进行捆绑招标，使采购物流、生产物流、分销物流统筹，直发物流和回程物流兼顾，迅速提高了物流整体效率和效益。

三是物流仓储整合和资源优化。根据生产计划及时调整原来作业半径达30千米的40

多个大中型仓库的库存结构，通过调仓、换仓，撒小取大，舍远求近，将四大类产品集中存放，形成了四大产品的仓储发运片区，进行集中管理。同时，与战略合作方联手进行行业仓储的整合招标，吸引了众多实力仓储公司成为新的合作伙伴，仓储资源进一步优化。

2. 两个延伸

一是物流向二次配送延伸。配合科龙营销系统重心全面下移，高中低端全面覆盖的营销战略，安泰达公司在一些重点城市尝试开拓二次配送业务，成立仓储中心办事处，与销售分公司、各生产基地进行产销衔接，实现以销售指导配送、以配送促进销售的良性循环。

二是向外部物流业务延伸。安泰达公司以科龙、小天鹅物流业务为平台，相继开拓了万和、伊莱克斯、惠尔浦等物流业务。科龙在优化自身物流业务的同时，使参股的第三方物流公司获得更大发展，并从中获得投资收益。如图 6-1 所示为美泰克与科龙合作案例。

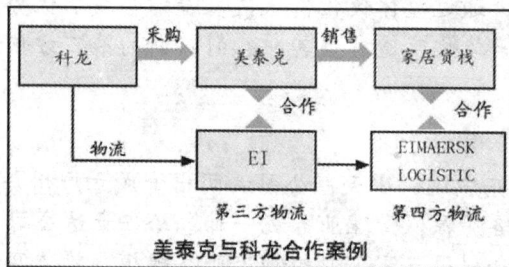

图 6-1　美泰克与科龙合作案例

三、打造国际主流家电制造商

现在我国的家电产业规模越来越大，家电的净出口连续几年高速增长，已经占有世界市场的绝对领先份额，在全球经济一体化的进程中，中国成为世界家电制造中心的格局已经形成，并且正在不断加强。科龙在向国际主流家电制造商迈进的过程中，国际第三方物流的作用举足轻重：一方面，科龙需要借助国际第三方物流遍布全球的物流网络和完善的服务经验；另一方面，近年来科龙国际业务的高速发展也吸引了国际著名第三方物流企业的注意。

目前，世界级船东正成为科龙国际物流的主要合作伙伴。随着海外销售的高速增长，科龙的国际物流业务，吸引了国际物流巨头的眼球，在世界航运业排名第一的马士基海陆（MAERSK SEALAND），委托专业的咨询公司对各个行业的未来最有潜力的企业进行跟踪调查，以期寻求未来国际物流方面的合作伙伴，经过一年的调研，在家电行业里，咨询公司最终选中的最有发展前途的合作伙伴就是异军突起的科龙。

　　随着跨国公司的采购中心向中国转移，其物流合作伙伴也已经逐渐进入中国，提供本地化的服务，国际级的专业物流公司凭借其全球化的网络，与船东广泛深厚的合作基础和先进的信息管理技术为跨国公司提供了完整的物流解决方案。而科龙与国际著名家电企业在设计的制造领域的战略性合作，也相应地向物流方面延伸。

　　以美泰克与科龙的合作为例，美泰克在科龙采购冰箱销售到北美的连锁店家居货栈过程中，EI 是美泰克的全球物流合作伙伴，MAERSK LOGISTIC 是家居货栈的物流合作伙伴，远东至北美的门到门服务均是由第三方物流 EI 和第四方物流 MAERSK LOGISTIC 完成。

　　整条供应链的运转均由两家专业的物流公司全程操作，在美泰克从科龙采购而后卖给家居货栈的过程中，EI 和 MAERSK LOGISTIC 按照各自客人的要求，完成接货、清关、中转、仓储、配送等一系列物流服务，在这个案例中，第三方物流公司依靠其遍布全球的强大的物流网络（清关的实力，内陆多式联运）和全球联网的信息工作平台（供应商、船东、客户均可在线同时工作，而最终客人只要上网就可以发布指令，查询货物的动态），为科龙和合作伙伴提供了专业高效的全球化物流解决方案。

　　随着国际货运代理行业的进一步开放，国际物流巨头也将纷纷在华开展业务，在物流领域将越来越多地出现这些物流巨头的身影。目前科龙已经和马士基物流、KLINE LOGISTIC、GEODIS 进行接触，以期在更广泛的领域开展全球的物流合作，使国际第三方物流成为科龙国际化战略的重要力量。

　　中国是全球化进程中形成的世界家电制造中心，现在，中国家电行业与世界家电行业的竞争已完全处于同一个平台。以科龙为代表的中国家电企业正在以规模与技术逐渐走向世界前列。全面引入世界先进的物流管理经验，必将为中国家电企业形成新的核心竞争力增添新的砝码。

　　资料来源：第三方物流：科龙的战略性选择[J]. 水运文献信息，2005（01）：20.

思考题

1. 结合案例，说明你对第三方物流概念的理解。
2. 搜集相关资料，说明为什么第三方物流是科龙的战略性选择。

案例 6.2

一汽大柴：尝到物流外包甜头

　　中国第一汽车集团公司大连柴油机厂始建于 1951 年，是我国最早研制、生产农用柴油机的厂家之一，20 世纪 80 年代初成为我国最早试制生产车用柴油机的厂家，现为中国第一汽车集团公司车用柴油机专业生产基地。一汽大柴年生产能力 20 万台，产品社会保有量 100 万台，为国有大型企业。面对日趋激烈的市场竞争，企业只有不断增强核心竞争能力才能谋求更大的发展。一汽大连柴油机厂将核心能力定位在柴油机的新产品开发、设计和组装生产及市场开拓上。为了更专注于核心业务的发展，将物流外包已是当务之急。

在选用大连盛川物流有限公司物流中心前，一汽大柴需要占用大量资金存放生产所需的配件。在将这部分业务外包后，简化了产前准备，加快了生产速度，使一汽大柴整体竞争力大幅提高。据了解，大连盛川物流有限公司主要经营仓储、运输、货运代理，是一个为国有大中型企业、合资企业、独资企业的产前、产后提供现代化、专业化服务的第三方物流企业。该公司车队全部采用封闭式、厢式货车，运输分布网点遍布全国各地，近则东三省，远则广州、厦门、新疆及乌鲁木齐等。

对于供货商而言，盛川物流则为供货方制定科学的库存风险储备量，使库内货物总在风险储备的上、下线之间，既不会影响大柴生产，也不会使库存过剩。另一方面，盛川物流也为供货方提供及时的库存查询，如供货方所有配件的当日、当月以及一年的出入库明细、出入库合计和货物周转率等。此外，还为供货方提供物流中心到大柴厂内的短途配送服务，把配件拆包、上工位器具直送大柴生产一线。为一百多家客户实施长途运输，及时把配套厂家的货物运达物流中心库房，为供货方降低了运输成本。如图 6-2 所示为运输车辆对接停靠生产车间。

图 6-2　运输车辆停靠生产车间

作为一汽大连柴油机厂的第三方物流企业，盛川物流不仅为大柴带来降低作业成本、改进服务水平、集中核心业务、减少呆滞资产等多种益处，而且为一汽大柴提供过去传统的储运公司根本不可能提供的订单处理、需求预测、存货管理等多方面的服务内容。

在管理上，盛川物流对库存物品的入库、出库、移动和盘点等操作进行全面的控制和管理，从级别、类型、批次、单件等不同角度来管理库存物品的数量、库存成本和资金占用情况。管理者可及时了解和控制库存业务各方面的准确情况和数据，并对各种数据进行统计、生成各类报表，为决策者提供依据。在信息服务上，公司还可提供以下三个方面的服务：一是网上信息服务，可在线下达指令、网上货物库存状态查询、客户意见反馈、企业之间的交流等。二是库存查询，可对仓库中数据的汇总及动态进行分析。包括库存周转率信息、出入库存量信息、安全库存信息、最大库存量信息及库存成本信息。三是库房信息服务，使多样化的静态和动态库存管理与科学化的库存管理手段融为一体，包括库位分配、库区调度、货物管理、出入库明细账及库存盘点等。可以说，盛川物流起到了将供货方与需求方联系到一起的一个桥梁作用，及时反映双方的供需要求，缓解供需矛盾，减少不良资产的产生，并充分利用网络优势，真正达到信息共享。

大连盛川物流有限公司秉承国际先进的现代化物流管理经验，是一汽大连柴油机厂的第三方物流企业，为一汽大柴一百多家供应商提供物流服务，同时是一汽大柴密切的合作伙伴。盛川物流不仅为大柴带来降低作业成本，改进服务水平，集中核心业务，减少呆滞资产等多种益处，而且为一汽大柴企业提供过去传统的储运公司根本不可能提供的订单处理、需求预测、存货管理等多方面的服务内容。如图 6-3 所示为第三方物流管理业务信息处理图。

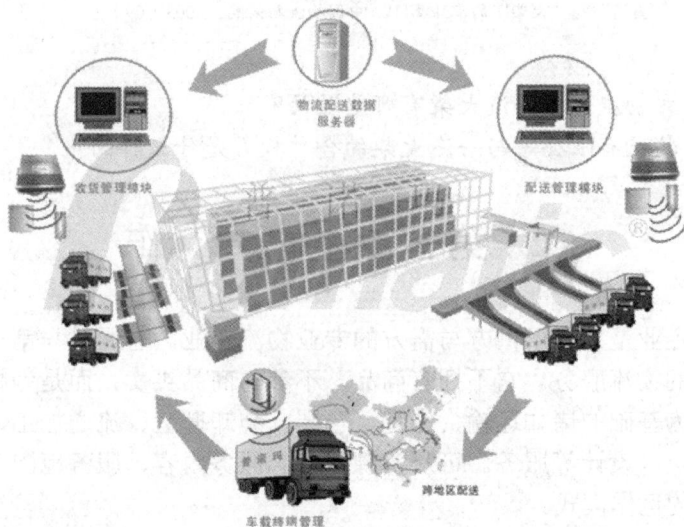

图 6-3　第三方物流管理业务信息处理图

大连盛川物流有限公司作为第三方物流企业为一汽大柴厂做了些什么？

首先，业务外包为一汽大柴带来的好处，把储备风险库存挪到第三方物流来做，减少了企业在库房、机械设备、人力、运力方面的再投资，避免了国营大中型企业的小而全、大而全的作风，把除生产以外的企业附属工作委托第三方物流去做，有效利用企业资金，加快企业资金周转速度，减少企业不必要的投资。因而，物流中心真正成为一汽大柴的第三利润源。由物流中心实施，更加保证了企业风险库存储备。

其次，市场竞争的压力，面对日趋激烈的市场竞争，企业必须设法增强其核心竞争能力，降低企业生产成本，一汽大柴厂的核心能力应该定位在柴油机的新产品开发、设计和组装生产及市场开拓上。简化产前准备，加快生产速度。业务外包有利于大柴厂将主要资源与注意力集中在其主要业务上。

最后，物流中心的建立是解决这些问题的根本所在。供应链管理对企业基本实现零库存，并简化生产准备业务，有利于实现 JIT。供应链管理对企业的管理水平有着更高的要求，企业必须采用科学的方法，合理地组织生产。

通过为大柴多年的物流服务，公司已逐渐摸索出一套适合国有大中型企业的物流管理模式，通过合理化调配，有效利用资源，达到成本最小化，利润最大化，服务最佳化的战略目标，增强仓库的吞吐能力，加快库存货物的周转速度；实现配送运输的可靠性、完美性和集约性。目前，大连盛川物流有限公司 EDI、POT 系统及高架货位全面起动，成为能够为多家国有大中型企业承担生产型物流业务的专业物流基地。

资料来源：王慧琴. "盛川"与"大柴"的零距离[J]. 中国物流与采购，2003（09）.

思考题

1. 选用第三方物流对于一汽大柴有哪些益处？
2. 大连盛川物流有限公司与一汽大柴的合作模式是什么样的？

6.2 第三方物流公司运作

第三方物流企业是独立于供方与需方的专业物流企业，它通过与第一方或第二方的合作提供专业化的物流服务。它不拥有商品，不参与商品买卖，而是为顾客提供以合同为约束、以结盟为基础的诸如运输、储存、包装、装卸搬运、流通加工、配送、物流信息、物流系统分析与设计等服务。可从资源整合、服务内容、服务范围三个方面来界定第三方物流企业的运作模式。

6.2.1 资源整合

从整合资源的方式，第三方物流企业主要有两种：一种是不拥有固定资产，依靠组织协调外部资源进行运作的"非资产型"第三方物流企业；另一种是投资购买各种装备并建立自己物流网点的"资产型"第三方物流企业。采用哪种方式没有绝对的标准，主要取决于企业的背景、投入能力、战略规划以及宏观环境。

"非资产型"物流企业仅拥有少数必要的设备设施，基本上不进行大规模的固定资产投资，它们主要通过整合社会资源提供物流服务。由于不需要大量的资金投入，运行风险较小。这种方式在国外比较多，很多国外的第三方物流企业没有任何固定资产仍能提供较高水平的物流服务，这是因为它们底层物流市场已经很成熟，社会资源容易获取而且选择余地较大。中国现阶段并没有一个成熟的底层物流市场，第三方物流拥有部分资产可以强化自身的服务能力。

"资产型"物流企业采取的方式是自行投资建设网点和购买装备，除此之外，还可以通过兼并重组或者建立战略联盟的方式获得或利用资源。虽然需要较大的投入，但拥有自己的网络与装备有利于更好地控制物流服务过程，其柔性化能力和整体服务质量也有保证，雄厚的资产还能展示一个公司的实力，有利于同客户建立信任关系，对品牌推广和市场拓展有重要意义。

6.2.2 服务内容

在服务内容上，第三方物流企业可以提供四个层次的物流服务：集成度较低的功能型物流服务和增值型物流服务，以及集成度较高的综合集成服务和系统咨询设计服务。

集成度最低的是功能型物流服务，这类企业提供诸如货代、运输、仓储与配送中的某一项或几项服务。他们的竞争力在于充分有效利用自有资源的基础上提高功能物流服务的经营效率，达到比自营物流更高效、更低成本的运作，传统的运输、仓储企业实际上就是提供这种服务的。增值型物流服务是在保证能够提供高水平的功能型物流服务的基础上，附加一些增值服务，替客户分担更多的非核心业务。增值服务没有固定的组成要素，不同的行业所需的增值服务也不尽相同。

提供综合集成服务的物流企业能够把供应链上的一段（如分销物流）或者整个供应链的物流活动高度集成、有效衔接，进行运作、管理和优化，他们为客户提供一种长期的、专业的、高效的物流服务。提供系统咨询与设计的物流企业不仅具备运营和管理整个供应链的能力，而且能够利用专业、科学的物流知识为客户量身进行物流体系的规划、设计、整合和改进，全面提升运作效率与效益，提高客户服务水平和快速反应能力，更好地支持和服务于客户的可持续发展战略。

6.2.3 服务范围

服务范围主要是指第三方物流企业所服务的行业范围。有些企业服务范围相对较窄、较集中，仅为单一或者少数行业提供服务，另外一些企业服务范围很广，可以为多个行业提供服务。在成熟的物流市场上，第三方物流企业为了建立自己的竞争优势，一般将主营业务定位在特定的一个或几个行业，因为不同的行业其物流运作模式是不同的，专注于特定行业可以形成行业优势，增强自身的竞争能力。

案例 6.3

中外运为摩托罗拉提供的物流服务

中外运空运公司是中国外运集团所属的全资子公司，华北空运天津公司是华北地区具有较高声誉的大型国际、国内航空货运代理企业之一。下面是中外运空运公司为摩托罗拉公司提供第三方物流服务的案例介绍。

一、摩托罗拉的物流服务要求和考核标准

1. 摩托罗拉公司的服务要求

（1）要提供 24 小时的全天候准时服务。主要包括保证摩托罗拉公司与中外运业务人员、天津机场和北京机场两个办事处及双方有关负责人通信联络24 小时通畅；保证运输车辆24 小时运转；保证天津与北京机场办事处24 小时提货、交货。

（2）要求服务速度快。摩托罗拉公司对提货、操作、航班、配送都有明确的规定，时间以小时计算。

（3）要求服务的安全系数高，要求对运输的全过程负责，要保证航空公司及配送代理处理货物的各个环节都不出问题，一旦某个环节出了问题，将由服务商承担责任，赔偿损失，而且当过失到一定程度时，将被取消做业务的资格。

（4）要求信息反馈快。要求公司的计算机与摩托罗拉公司联网，做到对货物的随时跟踪、查询，掌握货物运输全过程。

（5）要求服务项目多。根据摩托罗拉的公司货物流转的需要，通过发挥中外运系统的网络综合服务优势，提供包括出口运输、进口运输、国内空运、国内陆运、国际快递、国际海运和国内提供的配送等全方位的物流服务。

2. 摩托罗拉公司选择中国运输代理企业的基本做法

首先，通过多种方式对备选的运输代理企业的资信、网络、业务能力等进行周密的调查，并给初选的企业少量业务试运行，以实际考察这些企业服务的能力与质量。对不合格者，取消代理资格。

摩托罗拉公司对获得运输代理资格的企业进行严格的月季度考评。主要考核内容包括运输周期、信息反馈、单证资料、财务结算、货物安全和客户投诉。

二、中外运空运公司的主要做法

1. 制定科学规范的操作流程

摩托罗拉公司的货物具有科技含量高、货值高、产品更新换代快、运输风险大、货物周转及仓储要求零库存的特点。为满足摩托罗拉公司的服务要求，中外运空运公司从

1996 年开始，设计并不断完善业务操作规范，并纳入了公司的程序化管理。对所有业务操作都按照服务标准设定工作和管理程序进行，先后制定了出口、进口、国内空运、陆运、仓储、运输、信息查询、反馈等工作程序，每位员工、每个工作环节都按照设定的工作程序进行，使整个操作过程井然有序，提高了服务质量，减少了差错。

2. 提供 24 小时的全天候服务

针对客户 24 小时服务的要求，实行全年 365 天的全天候工作制度。周六、周日（包括节假日）均视为正常工作日，厂家随时出货，随时有专人、专车提供和操作。在通信方面，相关人员从总经理到业务员实行 24 小时的通信通畅，保证了对各种突发性情况的迅速处理。

3. 提供门到门的延伸服务

普通货物运送的标准一般是从机场到机场，由货主自己提货，而快件服务的标准是从"门到门""库到库"，而且货物运输的全程在严密的监控之中，因此收费也较高。对摩托罗拉的普通货物虽然是按普货标准收费的，但提供的却是门到门、库到库的快件服务，这样既提高了摩托罗拉的货物运输及时性，又保证了安全。

4. 提供创新服务

从货主的角度出发，推出新的、更周到的服务项目，最大限度地减少损货，维护货主信誉。为保证摩托罗拉公司的货物在运输中不发生被盗的事情，在运输中间增加了打包、加固的环节；为防止货物被雨淋，又增加了一项塑料袋包装；为保证急货按时送到货主手中，还增加了手提货的运输方式，解决了客户急、难的问题，让客户感到在最需要的时候，中外运公司都能及时快速地帮助解决。

5. 充分发挥中外运的网络优势

经过 50 年的建设，中外运在全国拥有了比较齐全的海、陆、空运输与仓储、码头设施，形成了遍布国内外的货运营销网络，这是中外运发展物流服务的最大优势。通过中外运网络，在国内为摩托罗拉公司提供服务的网点已达 98 个城市，实现了提货、发运、对方配送全过程的定点定人、信息跟踪反馈，满足了客户的要求。

6. 对客户实行全程负责制

作为摩托罗拉公司的主要货运代理之一，中外运对运输的每一个环节负全责。对于出现的问题，积极主动协助客户解决，并承担责任和赔偿损失，确保了货主的利益。

回顾 6 年来为摩托罗拉公司的服务，从开始的几票货发展到面向全国，双方在共同的合作与发展中，建立了相互的信任和紧密的业务联系。在中国入世后的新形势下，中外运和摩托罗拉正在探讨更加广泛和紧密的物流合作。

进出口商在向货运代理人和第三方物流商寻求增值服务的同时，他们还有着更高的要求——服务商完全掌握从原材料的采购到制成品的运送整个制造过程的每一个环节，对遍布世界各个出口市场的通关程序了如指掌，并能作出相应计划，以使他们免于美国海关施加的重税和罚款。但有一个至高的要求却是永远一样的，即要求第三方物流商具有应付并处理繁杂事物的能力。正如位于美国的 Solar Turbines 公司的运输经理琳达·布雷斯顿所说：“及时运送是至关重要的，最糟糕的事情莫过于接到客户的电话，抱怨他们的货物还没有到，不知出了什么事。”对于 Solar Turbines 这样向八十多个国家出口机械的公司来说，第三方物流商必须通晓他们的运作情况。

一些货主还希望代理商们与他们在海外的客户进行接触，如生产打印机的 Encad 公司的物流经理杰尼·卡拉盛情邀请其服务商与他一道对海外客户进行专访，以使这些服务商们对该公司六十多个出口市场国家和海关运作有所了解。

美国出口商在拓展新的出口市场时，他们一般来说不太愿意在建立分拨和雇用海外员工方面投入太大，他们只是希望对当地运作实施有效的管理与控制。越来越多的出口商更希望他们的物流服务商拥有自己的仓储及分拨设施，并在这些国家建有自己的办事机构。

通信设备制造商 Pulse Engineering 公司的国内及国际运输经理米歇尔·罗密欧说：“你们（物流服务商）对我们公司的延伸，我们希望你们成为我们的业务伙伴。”该公司与那些离自己的客户市场邻近的第三方物流服务商进行合作，在订单签订若干小时内，产品就能及时送到客户手中。

在货主寻求从货运代理人及第三方物流商那里获得附加服务的同时，这些服务商也提出了进出口商们是否会为这些附加服务付费的问题。西雅图的全球运输服务公司特殊项目主任说：“如果要求卡迪拉克式服务，你会支付卡迪拉克般的价格吗？”

一般来说，货主更愿意与物流服务商签订全程服务合同，并提供额外的不可预见的服务费用。但也有一些进出口商还是宁愿物流商提供如编制进出口单据之类的基本服务。经纪和代理商们却认为这种方式过于目光短浅，因为货主在整个合同执行过程中，避免不了对更深层次服务的需求。如果这些额外服务以单独形式计算，肯定会比一揽子合同方式计算成本更高。

进口商与出口商的需求有时是不同的。相比之下，进口商对技术的要求更高。由于美国海关对进口公司对所报货品的分类及估价造成的错误十分头疼，难免对这些进口商罚以重金。鉴于这种情况，有些大型进口商指定专门物流服务商来解决这些问题，这样，他们就得以少向美国海关交纳罚金。但美国海关开始对那些没有能力解决这些问题的中小型进口公司下手，海关经纪公司备受青睐的原因就在于此。

资料来源：孔荣华. 第三方物流企业“一对一”营销模式研究[D]. 南开大学，2007.

思考题

1. 摩托罗拉公司的要求和中外运提供的服务有哪些相同之处？
2. 中外运空运公司作为第三方物流提供商有哪些特点？

案例 6.4

麦当劳的第三方物流

在麦当劳的物流中，质量永远是权重最大、被考虑最多的因素。麦当劳重视品质的精神，在每一家餐厅开业之前便可见一斑。餐厅选址完成之后，首要工作是在当地建立生产、供应、运输等一系列的网路系统，以确保餐厅得到高品质的原料供应。无论何种产品，只要进入麦当劳的采购和物流链，必须经过一系列严格的质量检查。麦当劳对土豆、面包和鸡块都有特殊的严格要求。例如，在面包生产过程中，麦当劳要求供应商在每个环节加强管理，如装面粉的桶必须有盖子，而且要有颜色，不能是白色的，以免意外破损时碎屑混入面粉，而不易分辨；各工序间运输一律使用不锈钢筐，以防杂物碎片进入食品中。

一、麦当劳的物流

谈到麦当劳的物流，不能不说到夏晖公司，这家几乎是麦当劳"御用 3PL"（该公司客户还有必胜客、星巴克等）的物流公司，他们与麦当劳的合作，至今在很多人眼中还是一个谜。麦当劳没有把物流业务分包给不同的供应商，夏晖也从未移情别恋，这种独特的合作关系，不仅建立在忠诚的基础上，麦当劳之所以选择夏晖，在于后者为其提供了优质的服务。

而麦当劳对物流服务的要求是比较严格的。在食品供应中，除了基本的食品运输之外，麦当劳要求物流服务商提供其他服务，如信息处理、存货控制、贴标签、生产和质量控制等诸多方面，这些"额外"的服务虽然成本比较高，但它使麦当劳在竞争中获得了优势。"如果你提供的物流服务仅仅是运输，运价是一吨 4 角，而我的价格是一吨 5 角，但我提供的物流服务当中包括了信息处理、贴标签等工作，麦当劳也会选择我做物流供应商的。"为麦当劳服务的一位物流经理说。

另外，麦当劳要求夏晖提供一条龙式物流服务，包括生产和质量控制在内。这样，在夏晖设在台湾的面包厂中，就全部采用了统一的自动化生产线，制造区与熟食区加以区隔，厂区装设空调与天花板，以隔离落尘，易于清洁，应用严格的食品与作业安全标准。所有设备由美国 SASIB 专业设计，生产能力每小时 24 000 个面包。在专门设立的加工中心，物流服务商为麦当劳提供所需的切丝、切片生菜及混合蔬菜，拥有生产区域全程温度自动控制、连续式杀菌及水温自动控制功能的生产线，生产能力每小时 1 500 千克。此外，夏晖还负责为麦当劳上游的蔬果供应商提供咨询服务。

麦当劳利用夏晖设立的物流中心，为其各个餐厅完成订货、储存、运输及分发等一系列工作，使得整个麦当劳系统得以正常运作，通过它的协调与连接，使每一个供应商与每一家餐厅达到畅通与和谐，为麦当劳餐厅的食品供应提供最佳的保证。目前，夏晖在北京、上海、广州都设立了食品分发中心，同时在沈阳、武汉、成都、厦门建立了卫星分发中心和配送站，与设在香港和台湾的分发中心一起，斥巨资建立起全国性的服务网络。

例如，为了满足麦当劳冷链物流的要求，夏晖公司在北京地区投资 5 500 多万元人民币，建立了一个占地面积达 12 000 平方米、世界领先的多温度食品分发物流中心，在该物流中心并配有先进的装卸、储存、冷藏设施，5～20 吨多种温度控制运输车 40 余辆，中心还配有电脑调控设施，用以控制所规定的温度，检查每一批进货的温度。

"物流中的浪费很多，不论是人的浪费、时间的浪费还是产品的浪费都很多。而我们是靠信息系统的管理来创造价值。"夏晖食品公司大中华区总裁白雪李很自豪地表示。夏晖的平均库存远远低于竞争对手，麦当劳物流产品的损耗率也仅有万分之一。

"全国真正能够在快餐食品达到冷链物流要求的只有麦当劳。"白雪李称，"国内不少公司很重视盖库买车，其实谁都可以买设备盖库。但谁能像我们这样有效率地计划一星期每家餐厅送几次货，怎么控制餐厅和分发中心的存货量，同时培养出很多具有管理思想的人呢？"与其合作多年的麦当劳中国发展公司北方区董事总经理赖林胜拥有同样的自信，"我们麦当劳的物流过去是领先者，今天还是领导者，而且我们还在不断地学习和改进。"

赖林胜说，麦当劳全国终端复制的成功，与其说是各个麦当劳快餐店的成功，不如说是麦当劳对自己运营的商业环境复制的成功，而尤其重要的是其供应链的成功复制。离开供应链的支持，规模扩张只能是盲目的。

二、超契约的合作关系

很让人感兴趣的是，麦当劳与夏晖长达三十余年的合作，为何能形成如此紧密无间的"共生"关系，甚至两者间的合作竟然没有一纸合同？

"夏晖与麦当劳的合作没有签订合同，而且麦当劳与很多大供应商之间也没有合同。"

的确有些难以置信！在投资建设北京配送中心时，调研投资项目的投资公司负责人向夏晖提出想看一下他们与麦当劳的合作合同。白雪李如实相告，令对方几乎不敢相信，不过仔细了解原因后，对方还是决定投资。

这种合作关系看起来不符合现代的商业理念，但却从麦当劳的创始人与夏晖及供应商的创始人开始一路传承下来。

"这种合作关系很古老，不像现代管理，但比现代管理还现代，形成超供应链的力量。"白雪李说。在夏晖的 10 年工作经历让白雪李充分感受到了麦当劳体系的力量。夏晖北方区营运总监林乐杰则认为，这种长期互信的关系使二者的合作支付了最低的信任成本。

麦当劳与夏晖的这种合作关系既属于长期目标型，又属于渗透型。我们都知道与供应商保持长期的关系是十分重要的，他们为了双方的共同利益对改进各自的工作感兴趣，并在此基础上建立起超越买卖关系的合作。像麦当劳对物流服务的要求是比较严格的，在食品供应中，除了基本的食品运输之外，麦当劳要求物流服务商提供其他服务，如信息处理、存货控制、贴标签、生产和质量控制等诸多方面；麦当劳要求夏晖提供一条龙式物流服务，包括生产和质量控制在内。这样，在夏晖设在台湾的面包厂中，就全部采用了统一的自动化生产线，并采用了更先进的设施。既满足了麦当劳对产品质量的严格要求，又使夏晖能在技术创新和发展上促进企业的产品改进，所以这样做对双方都有利，从而更加增强了企业的外部竞争力。

多年来，麦当劳没有亏待他的合作伙伴，夏晖对麦当劳也始终忠心耿耿，白雪李说，有时长期不赚钱，夏晖也会毫不犹豫地投入。因为市场需要双方来共同培育，而且在其他市场上这点损失也会被补回来。有一年，麦当劳打算开发东南亚某国市场，夏晖很快跟进在该国投巨资建配送中心。结果天有不测风云，该国发生骚乱，夏晖巨大的投入打了水漂。最后夏晖这笔损失是由麦当劳给付的。

不断货是麦当劳的另外一个要求。这听起来很简单，但具体运作却非常麻烦。想象一下，麦当劳在全国有多少家连锁店，尽管通过 POS 机能够实时知道每一种商品的销售情况，但是如何运输，怎样在全国范围内建物流中心，如何协调社会性物流资源，如何在运输的过程中做到严格的质量控制（麦当劳的很多产品都需要严格的冷藏运输），这些非常复杂的工程，需要有极好的供应链管理能力。因此有人说，多次挑战麦当劳、肯德基的国内连锁快餐无一胜出，不仅仅是中国快餐管理的失败，同样是缺乏供应链管理能力的中国物流业的失败。

资料来源：李安华. 夏晖与麦当劳——共生的"鱼"[J]. 市场周刊（新物流），2006（06）：18.

思考题

1. 在这个案例中，不仅涉及了麦当劳作为一个连锁企业的自身物流管理过程，还包含了其供应商夏晖公司的第三方物流运作模式。试分析一下二者的关系。

2. 试对麦当劳与夏晖公司第三方物流合作进行 SWOT 分析。

6.3 快递服务业

快递（Express），又名速递（Courier），兼有邮递功能的门对门物流活动，即指快递公司通过铁路、公路和空运等交通工具，对客户货物进行快速投递，属于第三方物流服务范畴。

从 1987 年起步至今，中国快递服务经过 20 年的发展取得了长足的进步。而截至 2011 年底，依法取得快递业务经营许可证的企业已达到 7 500 家，其中跨省（自治区、直辖市）经营快递业务的网络型企业 52 家；快递从业人员已经超过 70 万，占市场份额 95%以上的快递企业纳入了许可范围。

近几年，中国快运速递产业发展迅速，已经在中国东部地区形成了以沿海大城市群为中心的四大区域性快运速递圈。同时这四大快运速递圈又以滚动式、递进式的扇面辐射，带动中部和西部地区的发展，部分大城市和特大城市已经成为区域性快运速递产业发展中心。而且全国范围内形成了以基本交通运输干线为基础的若干快运速递通道，使中国快运快递业的点、轴、面系统初呈雏形。

2008 年《快递业务员国家职业标准》和《邮政业消费者申诉处理办法》出台。2009 年，中国新《邮政法》或《国内快递市场管理办法》出台。《快递服务标准》的实施更加有利于快递企业的健康发展。

2012 年 12 月 26 日，京广高铁开通后，郑州至北京约 2 小时 30 分钟。据估算，京广高铁贯通后，快递行业的成本支出至少可以减少 50%，快递行业将进入全新的"高铁时代"。

根据国家邮政局统计，2009 年、2010 年、2011 年，全国规模以上快递企业分别实现业务收入 479 亿元、574.6 亿元、758 亿元，同比增长 97.3%、20%、31.9%；分别实现业务量 18.6 亿件、23.4 亿件、36.7 亿件，同比增长 22.8%、25.9%、58.8%。

2011 年 12 月，《快递业服务"十二五"规划》（以下简称《规划》）发布，《规划》中提出，到 2015 年，快递服务要努力实现三大目标：快递业务量达到 61 亿件以上，年均增长 21%；快递业务收入超过 1 430 亿元，年均增长 20%，比"十一五"末增长 1.5 倍，占邮政业业务收入的比重达到 55%；新增就业岗位 35 万个以上，从业人员总数达到 100 万。到 2015 年，力争培育出 5 个以上年业务收入超百亿，具有较强竞争力的大型快递企业。鼓励和倡导企业创建快递品牌，快递企业等级评定四星级以上的快递服务品牌达到 8 个以上。

EMS（Express Mail Service，邮政特快专递服务）是由万国邮联管理下的国际邮件快递服务，是中国邮政提供的一种快递服务。主要是采取空运方式，加快递送速度，根据地区远近，一般 1～8 天到达。该业务在海关、航空等部门均享有优先处理权，它以高速度、高质量为用户传递国际、国内紧急信函、文件资料、金融票据、商品货样等各类文件资料和物品。民营快递服务公司品牌有顺丰速运、圆通速递、宅急送、速尔快递、韵达快运、申通快递、全锋快递等，其快递服务范围和服务项目等各有区别。

监管报告显示，经过几年的快速发展，国内出现了重点品牌企业 17 家，2011 年全国快递业务收入超过 20 亿元的企业达 10 家，其中超过百亿元的有 2 家。快递市场国有、民营、外资多种所有制经济多元共存、相互竞争、共同发展的新格局进一步深化，国有快递是市场主要力量，民营快递企业成为网购快递领域最有活力的部分。

案例 6.5

顺丰速运——中国民营快递业的发展

顺丰速运（集团）有限公司成立于 1993 年，注册资金 1 250 万美元，总资产 20 亿元，是一家主要经营国际、国内快递及报关、报检、保险等业务的港资快递企业。2009 年被中国物流与采购联合会评为 AAA 级信用企业，现为"中国物流示范基地""中国物流实验基地"。自成立以来，顺丰始终专注于服务质量的提升，不断满足市场的需求，在大中华地区（包括港、澳、台地区）建立了庞大的信息采集、市场开发、物流配送、快件收派等业务机构，建立服务客户的全国性网络，同时也积极拓展国际件服务，目前已开通新加坡、韩国、马来西亚、日本及美国业务。

截至 2011 年，顺丰集团已经发展成为一家年营业收入超 120 亿元、业务量 4 亿票、年增长速度 50%以上、基层营业网点 2 400 多个、服务网络覆盖全国 31 个省、市、区（含直辖市、香港、台湾）、员工 9 万多人的大型综合性快递企业。在国内民族快递企业中，顺丰集团的经营规模、网络覆盖和市场份额仅次于中国邮政服务总公司（EMS），排名第二位。

顺丰集团坚持以自建网点的形式拓展业务，确保对运营网络的控制，从而保证快递产品流转过程中的作业标准化和信息透明化。通过建立两级中转模式，兼顾网点覆盖范围、密度和中转层级，保证快件产品的整体流转时效。在国内包括香港、台湾地区建立了庞大的信息采集、市场开发、物流配送、快件收派等业务，为广大客户提供快速、准确、安全、经济、优质的专业物流服务。

顺丰集团分别从空中和地面两个纬度构建快速高效、覆盖广泛的运营网络。自 2003 年开始包租货机运送快件以来，目前已租用全夜航货运包机 8 架，共 21 个航段、23 个航班；另有顺丰投资的自有全货运航空公司——顺丰航空有限公司，自购并改装的第一架波音 757 货机已于 2009 年底成功首航。顺丰成为中国土地上第一家真正意义上的民营快递航空公司。另有 400 余个采用客机腹仓载货的散航班线路，建立起了快速的空中网络；顺丰集团目前拥有营运车辆（含公司统购及收派员自带）7 000 多台，建立起了庞大的地面网络。空中和地面网络密切配合、有效衔接，为客户提供了快速、高效的快递服务。

为提升服务质量和快件安全，公司按照网点自营方式进行网络扩张，实现网点管理自主化、人员管理自主化、车辆管理自主化，相对加盟商运营的方式，增加了公司对终端网络的控制能力，保证了派送时效和服务质量。在服务流程方面，公司从接单→收件→中转→分拨→航空→派件全流程实现上、下流程和系统间的计算机智能交叉验证及由责任人到相关领导的 KPI 考核追究制度，建立了三级营运质量保证机制，能实时发现和纠正绝大部分差错，极大提升了运作质量和客户满意度。

在北京、上海、广州、青岛等地，顺丰自购土地兴建了多处快件分拨中心。现在顺丰共拥有 10 个一级中转场，库内总面积超过 10 万平方米。另有 93 个二级中转场。目前，顺丰拥有的一级中转场中均配备了半自动分拣系统，而二级中转场也全部实现了流水线分拣。

近两年，顺丰集团投入近 5.5 亿元购置 IT 相关设备（大型网络服务器、数据终端、营运车辆 GPS 导航监控系统），以及聘请 IBM 等专业 IT 咨询公司对公司核心信息系统进行开发和升级开发。先后与国际知名企业合作，共同研发和建立了 Asura 快递业务综合管理系统、CRM 客户关系管理系统等 35 个具备行业领先水平的信息系统。通过 4 万余名收派人员配备手持终端、为 4 000 余台车辆配备 GPS 系统。目前已经实现对快件从下单→收件→入库→装车→中转→分拨→派件全程信息监控。顺丰速运信息系统应用如图 6-4 所示。

通过核心业务系统间的数据同步传输，实现了对车辆行驶路线、运行状态、时速等状况进行定位，对于不符合安全的操作或偏离运行路线的状况，系统通过定位系统及时预警提醒相关人员，确保快件和车辆运行安全。通过对车辆运行利用率的监控实现了对全网络地区间运力的适时调配。实现了客户下单到收派任务运作的全程自动化。客户可登录公司网站进行适时查询所寄快件目前已到达的地区和状态。不仅如此，升级后的核心业务系统具备了海外网络拓展的需要，实现系统不同语言、货币、时差、计算方式、快件路由的自动切换，具有较强适应复杂业务模式和运作模式的能力。

公司最新核心业务系统可实现与航空货代、干线运输、专机运输、海关、气象部门等协商和政府数据信息系统的自动对接，适时进行数据交换，不仅提高了运营效率、降低了运营成本，而且根据气象、航班信息，适时调整运输方式，确保快件安全、快速运转。如图 6-5 所示为顺丰速运服务网站。

在保证服务质量的前提下，顺丰近几年的业务量始终保持持续高速增长的发展趋势。目前，国内每月超过 1 500 万的客户选择顺丰寄递自己的快件。

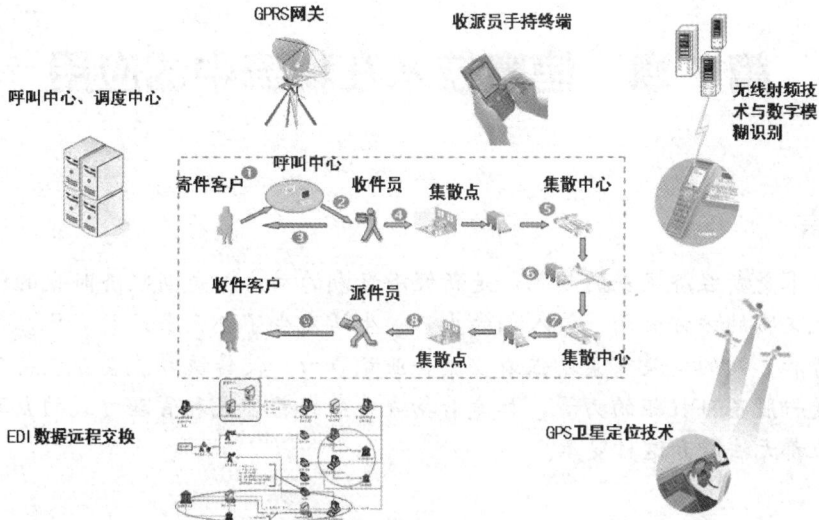

图 6-4 顺丰速运信息系统应用

图 6-5 顺丰速运服务网站

资料来源：段战江. 顺丰的"物流帝国"[J]. 宁波经济（财经观点），2014（02）：58-59.

思考题

1. 顺丰速运是怎样布局物流配送网络的？

2. 顺丰速运与中国邮政 EMS 相比有什么优缺点？

第 7 章　信息技术在物流中的应用

引言

信息技术是新经济风暴的起源，是新经济浪潮的动力，是新经济时代的标志，并已经融入现代文明的方方面面，使人们的生产、生活发生了翻天覆地的变化。信息技术以其科技优势和广阔的发展前景增强着物流企业竞争力，使传统物流企业获得新生。现代信息技术是一股不可抗拒的力量，加速着物流企业经营方式和管理方式的变革，任何一个物流企业都无法避开这种变革。

7.1　信息技术与物流

7.1.1　物流信息技术的概念

物流信息技术是指运用于物流领域的信息技术。现代物流的重要特征是物流的信息化，现代物流通常被看作是物资实体流通与信息流通的结合。计算机和信息技术被用来支持物流已经有多年的历史，特别是近十年来信息技术正以非凡的速度向前发展，通过使用计算机技术、通信技术、网络技术等技术手段，大大加快了物流信息的处理和传递速度，从而使物流活动的效率和快速反应能力得到提高。

根据物流的功能以及特点，物流信息技术主要包括电子数据交换、计算机网络技术、智能标签技术、信息交换技术、数据库技术、数据仓库技术、数据挖掘技术、Web 技术、条形码与射频技术、语音技术、地理信息技术和全球卫星定位技术等。在这些信息技术的支撑下，形成了以移动通信、资源管理、监控调度管理、自动化仓储管理、业务管理、客户服务管理、财务管理等多种业务集成的一体化现代物流信息系统。

7.1.2　物流信息技术在物流中的应用

与其他资源不同，信息技术正在不断提高速度和能力，同时又在降低成本，许多信息技术已经显示其在物流方面的广泛应用。物流信息技术对于物流活动来讲，犹如灵魂和生命一样重要。可以说，物流活动中没有物流信息技术的支持，如同没有物流系统。

有效地将信息技术，特别是 Internet 技术融合在物流管理过程中，能带来以下四个方面的效果。

1．建立新型的客户关系

使物流管理者通过与他的客户之间构筑信息流和知识流来建立新型的客户关系。

2．了解物流信息需求的新途径

用网络等信息技术来交换有关物流信息，成为企业获得物流活动所需要的信息的有效法径。例如，物流活动的各参与方通过信息网络交换库存、运输、配送等信息，使各参与方一起改进物流活动效率，提高客户满意度。对于全球经营的跨国企业来说，信息技术的发展可以使它们的业务延伸到世界的各个角落。

3．改变产品和服务的存在形式和流通方式

产品和服务的实用化趋势正在改变它们的流通和使用方式。例如，音像等软件产品多年来一直是以 CD 或磁盘等方式投入市场进行流通销售，这需要进行大量的分拣和包装。现在，许多软件产品通过 Internet 直接向客户进行销售，无须分拣、包装、运送等物流作业。

4．具有及时决策和模拟结果的能力

信息技术的发展使得物流管理在进行决策时可以利用大量有效的信息，基于这些信息可以对物流活动进行有效的管理。例如，企业在转移仓库设施时，通过模型可计算出会出现什么结果，从而作出最佳决策。

案例 7.1

SF（顺丰速运）背后的信息系统

快递业务有两个基本的特点，一个是快件运转的速度快，另一个是对快件进行全程跟踪为用户提供服务。即速度与服务是快递企业生存之本。业务之所以能准确、快速运转，及时有效地调配资源，能在最短的时间内为用户提供点对点的服务，一个很重要的因素就是有强大的信息系统做支撑。在顺丰速运，支撑着快递业务正常运作的信息系统多达四十余个。

一、顺丰快递信息系统

1．营运类业务管理系统

面向对象为营运本部用户，通过此类系统可对顺丰全网的营运业务作出有效的调度配置和管理。主要包括以下内容。

（1）资源调度系统（SCH），主要完成快递物品在收取、中转、运输、派送环节的资源调度，尤其是对飞机、车辆等运力资源的调度。当快递物品到达集中运输环节后，调度系统自动完成航空、干线车辆等运力资源的调度工作；当快递物品到达送寄的目的地后经过分拣，自动完成快递物品派送的调度工作。

（2）自动分拣系统（ASS），主要根据快递物品所要寄送的目的地区位编码，自动完成分类。例如，深圳寄往北京、上海、沈阳、武汉的快递物品在到华南一级分拨中心时，经过自动分拣系统，将快递物品按目的地北京、上海、杭州、南京、武汉进行自动分类，然后进行人工包装，为下一环节的航空运输做好准备。

（3）第二代手持终端系统（HHT），主要完成收件订单信息的下发、个人订单管理工作、收派人员管理等工作。第二代手持终端系统利用先进的 2.5G 通信技术（GPRS），管理全国 4 万余个同时在线的用户，在业务高峰时段，平均每分钟处理超过 3 500 条订单信息，同时也为调度环节需要处理的快递物品件数及目的地提供了准确的信息。如图 7-1 所示为无线手持终端在调度派员、收货、签收方面的系统应用。第二代手持终端系统是快件信息前置的基础，为快件的第一次路由运算以及快件流向、流量提供了初始信息。

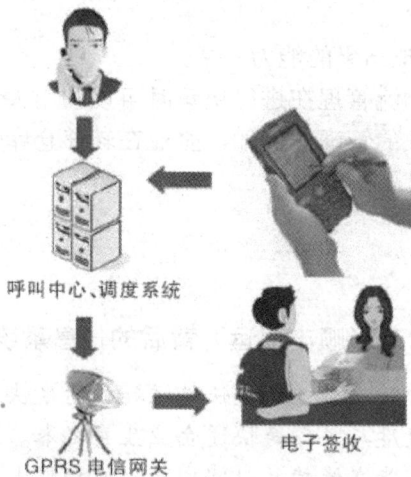

图 7-1　无线手持终端系统应用

（4）路由系统（EXP），主要完成快递物品的路由运算，记录着快递物品在快递周期中的路由与实际路由，从而可以进行快件状态追踪，如快递物品在何时何地被何人收取完成、在何时何地经何批次中转、在何时何地经何航班运输等信息。

2. 客服类业务管理系统

面向对象为客户服务部门及其全国呼叫中心，通过与顾客的信息交流互动，实现顺丰的快速及时服务。客服系统包括以下内容。

（1）呼叫中心系统（Call Center），主要完成客户下单，客户快递物品状态查询接入功能。当客户需要寄送快递物品时，拨打顺丰速运全国统一服务电话4008111111，顺丰就会在一个小时内完成上门收取快递物品，当用户需要用电话查询快递物品是否已经投寄到指定的收件人，或查询快递物品已经到哪个位置处于何种状态时，接入该服务所用的系统就是呼叫中心系统。呼叫中心系统采用分布式的结构，分别部署在全国四十余个重点城市的呼叫中心内，其中最大的呼叫中心在合肥和成都。顺丰合肥呼叫中心为1 024坐席建设规模，属大型呼叫中心，通过华为基础平台实现热线的接入。如图7-2所示为顺丰合肥呼叫中心系统数据流程图。

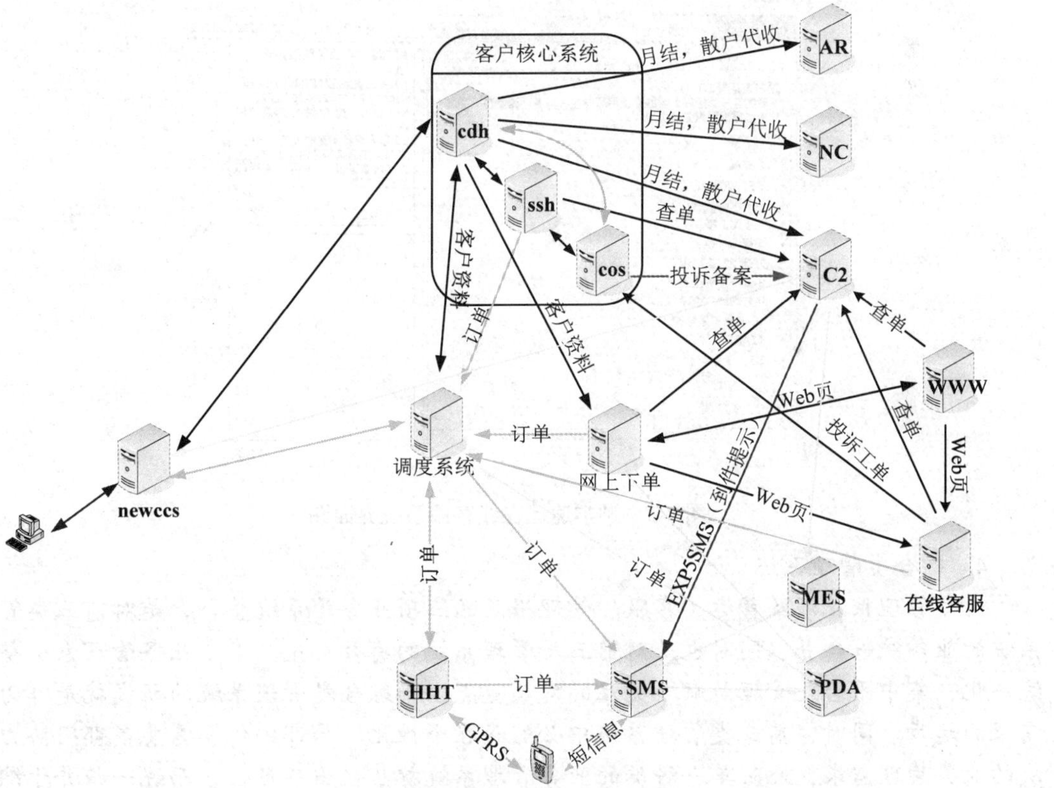

图 7-2　顺丰合肥呼叫中心系统数据流程

（2）客户关系管理系统（CRM），主要完成对客户管理与产品管理工作，如客户基本资料管理、月结费用管理、理赔管理、客户投诉建议受理、客户关怀、客户开发等；产品管理主要进行价格管理、销售策略管理。如图 7-3 所示为顺丰速运在线客服系统界面图。

3. 管理报表类管理系统

面向顺丰业务管理部门，将其业务规划、管理计划、月度数据、日常工作信息汇总表等资料形成电子单据，统一制度标准，及时实现管理政令的上传下达，并以清晰规范的形式完善报表考核制度。

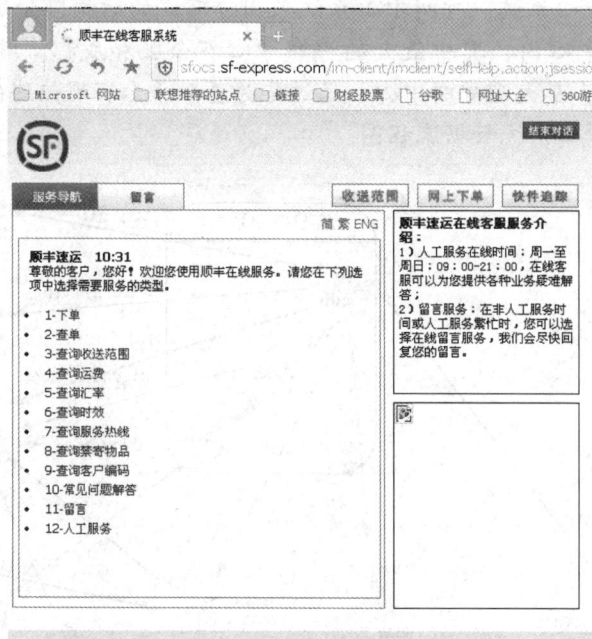

图 7-3　顺丰速运在线客服系统界面图

4. 综合类管理系统

此类管理系统涉及营运、客服、管理报表的三项业务类系统整合，是对前三类管理系统的业务统一合并，同时也是对前三类管理系统的有效补充。多个业务管理系统整合统一化、集中平台化管理是顺丰关注的发展重点，而综合类管理系统的研发就是作为此需求的起步。同时，前三类管理系统中必然存在个性化、局部细化、需要多部门协力解决的业务管理需求，此时单一种类的业务管理系统就凸显出不足性，而统一归并于综合类管理系统中进行解决，就能体现多种类系统整合的优势，提高协同工作处理的效率。

二、使用的典型系统

顺丰公司目前在用的约有几十个类型的业务管理系统，其开发方式有外包、合作研发、自主研发，其中以自主研发为主。近年来，顺丰与 IBM 公司紧密合作，由 IBM 作出全景信息规划，构建集群式服务器组，搭建统一的数据仓库，建立数据分析平台（OLAP），可以同时对接支撑多个业务信息系统的运行。其中最有代表性的有以下几个系统。

1. ASURA（阿修罗）营运系统

通过与 IBM 的共同合作研发，顺丰设计出了成熟的 ASURA（阿修罗）营运系统，全面覆盖营运过程中涉及的客户环节、收派环节、仓储环节、运输环节、报关环节等各个节点的操作，并成功应用于全网，通过 ASURA（阿修罗）系统的助力，显著提高了顺丰工作效率和营运管理水平。

2. EMAP（电子地图）系统

EMAP 系统是融合了 GIS（地理信息系统）和 GPS（全球卫星定位系统）的新型综合性业务平台，具有可视化、三维坐标定位、直观管控、高效便捷的特性，通过该系统能够看到人员、车辆、每个网点业务量，根据实时报表，监控营运数据，及时调度资源，制定配置模式，优化运营结构。EMAP 为总部、经营本部、区部、分部的精细化管理提供了支持平台，各层级管理人员利用电子地图这一直观的综合立体平台，能够快速查阅本业务区域内的业务、质量、客户、资源投放分布情况，利用信息系统提供的多种指标统计分析工具，可以及时对各项管理政策及管控模式作出优化配置，迅速提升顺丰对多种复杂业务模式的应变力和响应速度。如图 7-4 所示为 EMA 系统应用示例。

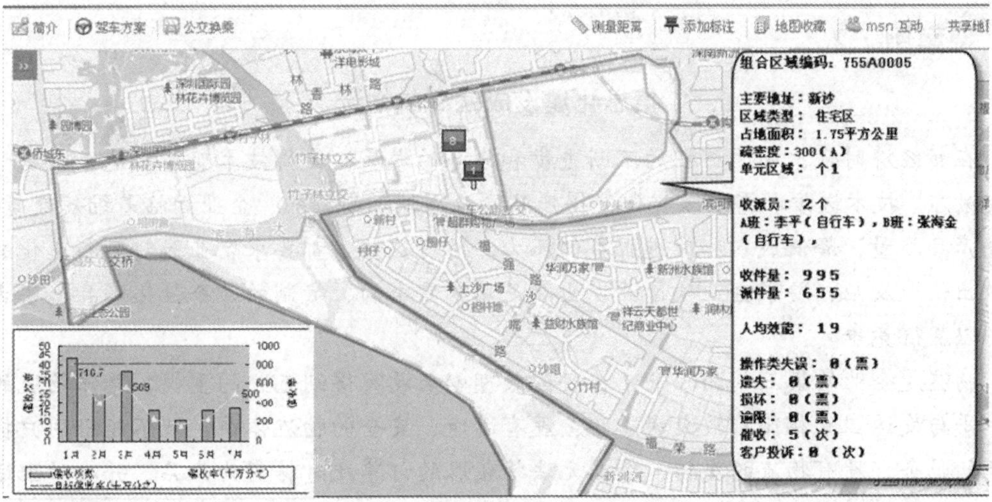

图 7-4 EMAP 系统应用示例

电子地图系统内置了多种资源配置模式，管控人员可以根据实时数据对人员、车辆、网点等资源作出有效调度，及时消除峰值压力。

3. RMS（风险管理系统）

顺丰主要业务是依托于航空运输，而航空运输由于其安全性、精密性、复杂性等多因素的考虑，制定了相应的航空运输管理条例，其中对运输违禁品的限制、要求和操作规范，显然相对于公路、铁路和水路运输所规定的范围要大上许多。

同时，随着近年来国际恐怖主义和跨国犯罪的猖獗，国家对各行业的安保问题均提出了更深的要求和更高的标准。在这种大环境下，违禁品、违法品的管控、检测及其后续处理已经成为包括顺丰在内的所有快递企业的一个日益关注的问题。顺丰的 RMS 正是在这种大格局的环境下，全面针对违禁品、违法品的运输流通应运而生的智能风险测控系统。

顺丰的多个业务系统，协同工作形成了顺丰公司的 IT 信息循环网络，支撑了高效率、信息化的顺丰服务。

资料来源：宫一非. 手持终端在顺丰快递中的应用[J]. 物流技术，2014（04）：42-45.

思考题

1. 顺丰速运在信息化过程中主要在哪些业务中采用新信息技术？
2. 信息系统的使用为顺丰带来怎样的改变？
3. 体验顺丰速运的发送接收邮件服务。

案例 7.2

信息化建设成就海尔物流

在新经济时代，由于科技的不断进步和经济的发展，使得技术变革加速，市场竞争日趋激烈。技术进步和需求多样化使得产品寿命周期不断缩短，企业面临着缩短交货期，提高产品质量，降低成本和改进服务的压力。所有这些，都要求企业能对不断变化的市场做出快速反应，要求企业快速开发出满足用户需求的、定制的"个性化产品"去占领市场以赢得竞争。

物流是企业的第三利润源泉，在我国长期以来没有得到充分的重视，总体物流的管理水平与发达国家相比有较大的差距，没有迅速、安全的物流体系，就不能给用户提供满意的服务，没有物流的支持，企业无法将获取的订单及时转变为产品，并准时配送给用户。海尔物流则以订单信息流为中心，实施一流三网的同步管理模式，实现零距离、零库存、零资金占用的目标，成为海尔核心竞争力的有力支撑，而物流信息系统，则是实现一流三网同步物流模式的重要手段。

一、海尔物流实施信息化管理的目的

（1）现代物流区别于传统物流的主要特征是速度，而海尔物流信息化建设以订单信息流为中心，使供应链上的信息同步传递，是实现以速度取胜的重要手段。

（2）海尔物流以信息技术为基础，能够向客户提供竞争对手所不能给予的增值服务，使海尔顺利地从企业物流向物流企业转变。

二、海尔物流实施信息化管理的做法

1. 总体规划，信息化建设贯穿供应链管理的所有环节

内部实施了企业资源计划 ERP（Enterprise Resource Planning）信息系统，建立了企业内部的信息高速公路，将用户信息同步转化为企业内部的信息，实现以信息替代库存，零资金占用。海尔每天生产发运的产品上千个品种，约 50 000 台，每天接到客户订单约 2 000 个，ERP 系统与商流的 CRM（Customer Relationship Management）客户关系管理系统无缝链接，同步将信息传递到销售、计划、仓储、采购部门，保证了所有部门同步以订单为中心开展工作，加快了对客户的响应速度。

在企业外部，客户关系管理 CRM 与 BBP 平台搭建起企业与用户、企业与供应商沟通的桥梁。经销商、顾客通过访问海尔网站，根据模块化的设计，下达 B2B 订单，订单数据直接进入后台的 ERP 系统，并通过 BBP 的采购平台，将采购订单下达给供应商，这使原来需要半个月才能处理完毕的工作，几个小时内就可以完成。目前通过海尔的 BBP 采购平台，所有的供应商均在网上接收订单，并通过网上查询计划与库存，及时补货，实现 JIT 供货；供应商在网上还可以接收图纸与技术资料，使技术资料的传递时间缩短了一倍；通过网上进行招标竞价，使招标更加公平、公正，防止了暗箱操作；海尔与招商银行联合，与供应商实现在网上货款的支付，一方面付款及时率与准确率均达到 100%，另一方面每年可给供应商节约上千万元费用。海尔通过 BBP 采购平台不但加快了整条供应链的反应速度，而且与供应商真正实现了双赢。

2. 选择适合海尔物流发展的软件

海尔集团的整个架构是一个庞大的系统集合，其中物流本部负责整个集团原材料的集中采购、原材料和成品的仓储和配送；产品本部负责整个集团的生产，下设 19 个事业部分别生产不同的产品；商流和海外推进本部分别负责国内和国外的产品销售；资金流本部负责整个集团的财务。如何找到一种适合海尔的 ERP 管理模式，以及实施海尔物流系统的切入点和关键在哪里，是海尔遇见的难题。

经过比较，海尔物流选择了世界上最先进的 SAP/R3 成熟的 ERP 系统，主要目的是借助于成熟的先进的流程提升自己的管理水平。海尔物流的 ERP 系统共包括四大模块 MM（物料管理）、PP（制造与计划）、SD（销售与订单管理）、FI/CO（财务管理与成本管理）。

　　为了保证整体项目的成功和顺畅运行，在充分调研的基础上，海尔开始设计实施基于协同电子解决方案的 BBP（原材料网上采购系统）项目。经过 7 个月的艰苦工作，海尔项目已经初具规模，并于 10 月使 R/3 系统下的 MM、PP（生产计划模块）、FI（财务管理模块）和 BBP 正式上线运营。至此，海尔的后台 ERP 系统已经覆盖了整个集团原材料的集中采购、原材料库存及立体仓库的管理、23 个事业部 PP 模块中的生产计划、事业部生产线上工位的原材料配送、事业部成品下线的原材料消耗倒冲，以及物流本部零部件采购公司的财务等业务，构建了海尔集团的内部供应链。

　　ERP 实施后，打破了原有的"信息孤岛"，使信息同步而集成，提高了信息的实时性与准确性，加快了对供应链的响应速度，如原来订单由客户下达传递到供应商需要 10 天以上的时间，而且准确率低，实施 ERP 后，订单不但 1 天内由客户传递到供应商，而且准确率为 100%；另外每笔采购订单收货，扫描系统都能够自动检验采购订单，防止暗箱操作，而财务在收货的同时自动生成入库凭证，使财务人员从繁重的记账工作中解放出来，发挥出真正的财务管理与财务监督职能，而且效率与准确性大大提高。

　　海尔通过 BBP 系统的上线，建立了与供应商之间基于互联网的业务和信息协同平台。该平台的意义在于通过它的业务协同功能，不仅可以通过互联网进行招投标，而且可以通过互联网将所有与供应商相关的物流管理业务信息，如采购计划、采购订单、库存信息、供应商供货清单、配额、采购价格和计划交货时间等发布给供应商，使供应商可以足不出户就全面了解与自己相关的物流管理信息（根据采购计划备货，根据采购订单送货等）。对于非业务信息的协同，SAP 使用构架于 BBP 采购平台上的信息中心为海尔与供应商之间进行沟通交互和反馈提供集成环境。信息中心利用浏览器和互联网作为中介整合了海尔过去通过纸张、传真、电话和电子邮件等手段才能完成的信息交互方式，实现了非业务数据的集中存储和网上发布。

　　由于海尔物流管理系统的成功实施和完善，构建和理顺了企业内部的供应链，为海尔集团带来了显著的经济效益，采购成本大幅降低，而且还减少了 20 万平方米的仓库，库存资金周转天数从 30 天降低到了 10 天以下。

　　海尔的目标是从制造业向服务业转移，海尔物流从成立之初就开始了集团外的业务拓展，随着集团外业务的增多，对信息系统的要求也越来越高，作为一个为客户提供全方位服务的提供商，海尔物流可以没有自己的仓库，可以没有自己的车队，但是不能没有自己的信息系统。

　　对于第三方系统，海尔选择有行业经验的公司来进行第三方物流 IT 系统架构的设计和实施，保证了海尔物流信息系统的可扩展性与先进性。海尔第三方物流的信息化建设发展为三个阶段。

　　（1）执行阶段。这是第三方物流建设的基础，包括基本的订单管理、仓储执行与运输执行、成本分析与控制。

（2）优化阶段。实现货位的优化、运输路线的优化与计划的优化，使海尔物流信息系统成为可为客户提供多种增值服务的灵活的信息平台。

（3）战略管理与供应链管理。利用已经有的平台为客户提供供应链管理及物流设计与规划，实现集团由制造业向服务业转移的目标。

海尔第三方物流的信息化建设，使海尔具有了给客户提供仓储、运输、资源、成本、信息管理增值服务的能力，目前已经开展的业务有雀巢公司、日本美宝集团、AFP 集团、乐百氏等，海尔的物流链上的客户越来越多，随着信息化平台的逐步完善，海尔物流将提供给客户一体化的供应链管理平台与服务，成为集团新的经济增长点。

3. 实施"一把手"工程与全员参与，保证了信息化实施的效果

海尔物流所有信息化的建设均是基于流程的优化，提高对客户的响应速度来进行的，所以使用面涉及海尔物流内部与外部很多部门，有时打破旧的管理办法，推行新流程的阻力非常巨大。海尔物流的信息化建设一直是部门一把手亲自抓的工作，亲自抓，亲自在现场发现问题，亲自推动，保证了信息化实施的效果，如 ERP 上线初期，BOM 与数据不准确是困扰系统正常运转的瓶颈，它牵涉到企业的基础管理工作与长期工作习惯的改变，物流推进本部部长发现问题后，亲自推动，制定出"五定送料"的管理模式，不但提高了系统的执行率，而且规范并提升了企业的基础管理(BOM 的准确率、现场管理)，保证了信息系统作用的发挥。

同时由于信息化工作的不断推进，原有的手工管理变为计算机操作，这对物流的基层工作者，如保管员、司机、年纪较大的采购员均是挑战。在实施 ERP 信息系统时，海尔物流开展了全员的培训，并对相关操作人员进行了严格的技能考试，考试通过后才能获得上岗证书。严格的要求掀起了海尔全员学习计算机的热潮，有的职工白天没有时间，晚上自己购买计算机在家中学习；物流信息中心也开通了内部培训的网站，详细介绍系统的基础知识、业务操作指导书与对操作的问题答疑，这些均保证了信息化使用的效果。

三、海尔物流实施信息化管理的效果，给海尔带来了三个零的目标

海尔的流程再造促进海尔"三个零"目标的实现，给海尔带来能够在市场竞争中取胜的核心竞争力。三个零就是服务零距离、JIT 零库存、零营运资本。

1. 服务零距离

海尔物流的信息化建设始终是以订单信息流为中心，以三个 JIT 的速度加速整条供应链响应速度，物流的信息系统实施后，从客户的订单下达到交货的时间从原来的 36 天以上减少到不到 10 天，通过以最快的速度满足用户的需求，实现了与用户的零距离。

2. 零库存

传统管理下的企业根据生产计划进行采购，由于不知道市场在哪里，所以是为库存采购，企业里有许许多多"水库"。海尔物流现在实施信息化管理，通过三个 JIT 打通这些水库，把它变成一条流动的河，不断地流动。一是 JIT 采购：就是需要多少，采购多少。二是 JIT 送料：海尔立体库的零部件一般只存放三天，最多不超过七天。它已经不是传统意义上的仓库，而是为了生产的需要，暂时存放各种零部件，然后由计算机进行配套，把配置好的零部件直接送到生产线。送料的时间不能超过 4 个小时。如果超时，工厂可以按市场链进行索赔。三是 JIT 配送：海尔在全国建立物流中心系统，无论在全国什么地方，物流都可以送货。海尔物流整合以来，呆滞物资降低 90%，仓库面积减少 88%，库存资金减少 63%。海尔国际物流中心货区面积 7 200 平方米，但它的吞吐量却相当于普通平面仓库的 30 万平方米，同样的工作，海尔物流中心只有 9 人，而一般仓库完成这样的工作量至少需要上百人。

3. 零运营资本

海尔物流利用信息化的手段，按订单采购，按单配送，并每日对异常信息进行"跳闸"，使原材料周转天数由 30 天减少到 10 天，加快了现金流速度，最终实现零运营资本。

四、海尔物流的目标——中国领先的现代综合物流服务提供商

信息系统的实施，使海尔物流具备了从企业物流向物流企业转变的基础条件，同时也培养和造就了一批既精通物流业务流程，又具备信息系统建设经验的专业人才。目前，海尔物流在提供专业第三方物流服务的同时，开展了对外物流咨询、信息系统设计实施、物流知识培训等业务。海尔物流的最终目标，是成为中国领先的现代综合物流服务提供商。

资料来源：张子默. 浅析信息化物流系统[J]. 技术与市场，2010（04）：65.

思考题

1. 海尔物流在信息化过程中采用了哪些技术？
2. 信息化技术为海尔物流带来怎样的改变？

案例 7.3

"可的"连锁便利店物流配送信息系统的建设

上海"可的"连锁便利店有限公司的前身是上海可的食品公司，集中了上海牛奶公司下属各部门和工厂的"三产"。创业时仅具备连锁经营的外形，有数十家分散的门店网点，1996 年作出了从事便利店业态的战略决策，走上了便利店的连锁经营道路。

一、原信息系统的状况

1．信息系统的情况

由于门店的网点增多，可的的计算机部每天平均要为 65 家门店打单，工作量很大。仓库规定每天中午 12:00 前，门店的要货单必须送到仓库，大部分门店集中在 10:30～11:30 传真，而有的门店则超过 12:00 还没传真，给货物调配工作带来一定的难度。

此外，由于网点的增多，直供商品及供应商的数量也比较多；计算机在结报过程中相当繁忙，为了在结报过程中少出错，于是对门店月底结报提出要求：直供商品的结算期以上月 18 日至本月 17 日为一个周期；门店在 21 日左右将各种直供商品分类结算好(进价和零售价)，最好与供应商核对一下；门店在 21～23 日将品种直接按不同供应商进行分类汇总，然后将零售情报到计算机部。

2．物流信息运行过程

可的便利店经营的商品从物流的角度来分，可以分为直接供应和总部配送供应两种。

（1）门店长根据总部提供的书面商品目录，分别向总部和供应商订货。商品目录大致是 3 个月更换一次，期间引进的新产品和淘汰的旧产品以及价格变动以书面通知的方式补充。

（2）门店长每天巡视商品的货架和内仓的库存，决定要货商品的种类和数量，并记录在要货单上。这种手工作业的过程，全靠店长的直观判断，对店长的要求非常高；工作量大，完成一次要货需要 3～4 个小时，店长难以保证在规定时间内确定要货种类和数量。

（3）总部收到门店要货传真后，将传真数据输入计算机系统，根据计算机库存生成对门店配货的配送单，还要进行手工对账作业。当时门店每次要货的品种约为 60 种，但是仓库无法全部满足。仓库与门店之间缺乏信息沟通，仓库商品断货和到货情况门店无法知道，对于好销的商品，门店为了防止断货，会加大要货量；而对于销路一般的商品，门店很容易忘记要货，一旦要货，要货量又偏大，因此门店的库存量总是偏大。由于门店的传真要货单是手写的，很难保证格式统一，经常发生编码、名称、数量的错误，同时人工打单也增加了出错的机会。

（4）当初门店配备的是第二代 POS 机，销售时收银员按商品上的金额输入，POS机只能完成销售金额的汇总。总部每天上午由专人通过电话接收门店前一天的销售金额，形成销售日报，但是由于 POS 机的功能所限，总部无法知道门店的销售结构；同时由于要货是手工作业，配送金额难以准确反映销售情况，因此不利于总部对商品的管理。

（5）总部要求门店建立台账，在结报日之前，门店长一般要花两天时间汇总商品的进货数据、销售数据和盘点结果，然后填写规定格式的结报表，结报时全体门店长会集总部，核对数据，同时补填变价金额，最终完成结报。

二、设计信息网络结构

1. 内部信息网络结构

（1）建立企业内部信息网络，完成企业管理、控制和零售等所有相关链接。

（2）远程通信根据条件采用 PSTN、ISDN 和 DDN。

（3）所有门店销售信息和商品定价等策略信息都由总部来完成信息自动交换。

（4）配送中心自动分析各门店的营业情况，每天晚上自动产生配送单，交配送中心配送。

（5）配送中心自动产生补货通知单，通知供应商补货。

（6）总部结算中心根据供应商和商品对企业的贡献度，产生自动分析报表，决定付款和付款周期。

（7）完成有关信息与外部网络的衔接。

2. 外部信息网络

（1）通过互联网建立企业外部网络，用于弥补由于服务项目不断增加导致的内部网络的局限。

（2）利用 Webside 建成一座"桥"，用于沟通企业内外部的信息。企业通过这座"桥"发布对供应商的付款通知、送货通知，确定订货量和周期；供应商则由此获得商品供应关系，并获取订单和执行送货。门店通过这座"桥"申请个性化商品的补货；形成、建立和增加门店向社会服务。

如图 7-5 所示为可的信息系统网络结构示意图。

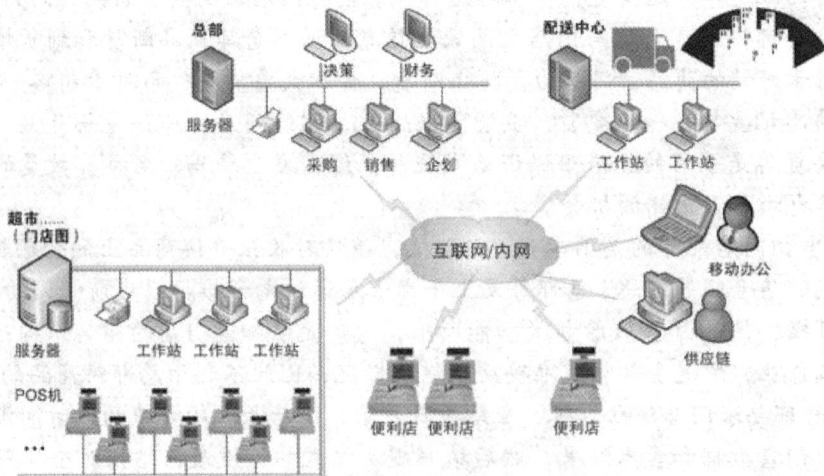

图 7-5 可的信息系统网络结构图

三、物流信息系统的功能

上海"可的"连锁便利店的物流信息系统，具有自动配货、自动补货、自动结报和自动付款四大功能。

1. 自动配货

"可的"的门店全部通过自动配货系统进行配货。系统提供了两种自动配货方法：一种是销售法，当门店账面库存低于设定的最低库存数量时，按门店过去若干天的销售数量配货；另一种是上下限法，当门店的账面库存低于设定的最低库存（下限）时，按固定数量为门店配货，这个参数为上限。

（1）每天凌晨 0:00 后，信息系统通过计算机网络自动回收门店 POS 机的销售数据，并自动计算出门店当时的库存，然后进行自动配货。

（2）完成自动配货后，系统打印配货单，交仓库配货发货。货物到达门店后，门店根据随车的配货单验货收货。

（3）使用自动配货系统，改门店要货为总部统一配货。运作自动配货系统前，单店的平均库存为 12 万元左右，实现自动配送后，单店的平均库存在 10 万元以下。

2. 自动补货

经物流仓库配送的商品基本是统配商品，采用自动补货系统为仓库补货，系统可以依照固定周期或仓库的库存，按自动配货的方法（配送数量或上下限）自动生成订货单。供应商严格按订单内容送货，并附正式发票。

3. 自动结报

每月 20 日 24:00 所有门店统一盘点，门店将盘点数据输入 POS 机，盘点结束，信息系统自动回收门店盘点数据，系统根据账面库存和门店库存计算盈亏数量，总部营运部 21 日根据盘点数据，抽取部分门店复核，检查盘点质量。

4. 自动付款

按合同规定，系统中设置对供应商的付款期。系统会根据进货单的填写时间（打印时间）自动计算每张发票的付款期，在"可的"每月付款日自动生成付款单，财务主管和总经理复核后付款。对部分重点供应商，"可的"在付款日按付款单金额直接划款到供应商账上。

四、物流信息管理的发展

物流信息系统不仅是一个物流业务操作的高效率系统，而且是一个高效率的管理系统。"可的"通过物流信息系统，实现了对企业经营活动的控制和管理。

1. 追踪分析门店销售业绩

（1）管理人员通过自动化信息查询报表系统，可以得到整个公司的各类数据、组合信息和门店的经营销售情况。

（2）管理层开始从关心门店的日销售额和月累计销售额，逐步关心门店本期的日均销售额、每日重要类别商品的销售额以及销售的动态趋势，了解门店所在地消费群体的特点，并调整商品结构。

（3）信息系统的应用不仅提高了员工计算机操作水平、业务技术水平，而且还帮助管理者开始研究利用系统的信息资源来发现管理问题和指导经营。

2. 严格按数据标准进行管理

通过信息系统的建立，"可的"系统掌握了各种商品的销售情况，这样"可的"就可以把经营的商品定期排名，进行 80/20 分析；还可以把商品排名作为淘汰难销商品、引进新商品的依据。"可的"利用信息系统反映出来的商品经营成果，考核销售额、毛利率、新产品的引进率、商品的通道费、品牌商品的销售额等，还可以了解商品的缺货率、商品的打单率、商品的库存量和周转率等，通过对这些数据的分析，可以找出经营管理中存在的问题，采取相应的措施。

资料来源：汪上元. 上海便利店的发展趋势[J]. 上海商业，2013（11）：48-49.

思考题

1. "可的"连锁便利店原来的信息系统存在什么问题？
2. 改善后，"可的"的信息网络结构是怎样的？

7.2 物流条形码技术

当今的物流信息自动化管理系统要求高速、准确地对物流信息进行采集。要及时捕捉作为信息源的每一个商品在出库、入库、上架、分拣、运输等过程中的各种信息，迫切要求建立一种自动识别及数据自动录入的手段。条形码自动识别技术由于其输入简便、迅速、准确、成本低、可靠性高等显著优点，被充分应用于物品装卸、分类、拣货、库存等各物流环节，使得物流作业程序简单而且准确。

条形码技术是实现快速、准确而可靠地采集数据的有效手段。条形码技术的应用解决了数据录入和数据采集的"瓶颈"问题，为物流管理提供了有力的技术支持。

条形码技术具有如下优点。

（1）输入速度快。与键盘输入相比，条形码输入的速度是键盘输入的 5 倍，并且能实现"即时数据输入"。

（2）可靠性高。键盘输入数据出错率为三百分之一，利用光学字符识别技术出错率为万分之一，而采用条形码技术误码率低于百万分之一。

（3）采集信息量大。利用传统的一维条形码一次可采集几十位字符的信息，二维条形码更可以携带数千个字符的信息，并有一定的自动纠错能力。

（4）灵活实用。条形码标识既可以作为一种识别手段单独使用，也可以和有关识别设备组成一个系统实现自动化识别，还可以和其他控制设备连接起来实现自动化管理。

另外，条形码标签易于制作，对设备和材料没有特殊要求；识别设备操作容易，不需要特殊培训，且设备也相对便宜。

案例 7.4

条形码技术在连锁超市中的应用

许多连锁企业都已广泛使用条形码和 EDI 技术，利用此技术完成从商品进货及出货、供应商的选择、库房管理到售后服务及客户管理的全过程。

大型连锁超市的日常工作主要包括商品流通环节的管理、商品仓储和配送管理、售后服务管理及企业人事管理。

1. 商品流通环节管理

商品销售时，如商品印有 EAN 店内码，扫描器可直接读出商品种类和价格，如商品印有 EAN 商品条形码，扫描器识读后，可从计算机的数据库中查出此件商品的名称和价格。比传统的键盘输入既快捷又准确。尤其在销售高峰时，利用条形码销售商品比传统的手工销售效率明显提高。同时，现代大型连锁超市的销售规模巨大，各连锁店和加盟店每天汇总来的销售数据极大，手工方式统计销售数据根本达不到快速、准确的要求，而使用条形码销售商品后，各种销售数据可准确、快捷地进入计算机的数据库，被严格地管理起来。另外，商品的各种销售记录还可作为超市管理者对商品进货的依据，为商品高速流通和减少库存奠定了基础。供货商也可通过这些销售信息了解本企业产品的销售情况，及时调整生产结构和送配货周期，可做到超市只保存很少库存，而较少出现缺货现象。美国宝洁公司便是成功的范例，它将企业的信息采集点直接设于沃尔玛的收银台上，快速、准确地利用这些信息制订自己的生产和配送计划。建立这套快速反应的信息系统虽然投入较高，但回报是巨大的。如图 7-6 所示为连锁企业条形码应用系统结构图。

2. 商品的仓储和配送管理

销售规模扩大后，总部对各连锁店和配送中心的管理就成为主要问题，而条形码和 EDI 在这些方面可起到很好的作用。仓储方面配送中心的仓库多由计算机管理系统、通信系统、立体货架、运输系统等方面组成，而关键是对商品的种类、数量及摆放位置的监控管理，这些信息的获得就可利用条形码技术，使用识读设备对商品条形码进行扫描，获得货物的名称、类别、货号、数量等信息，通过计算机系统的支持，可以很方便地在计算机屏幕上获得货物的摆放位置。配送中心通过这套系统能方便、灵活地调配货物，清查仓库中各种货物的余量，保证货物的及时配送。配送方面，连锁店销售商品时，用扫描器识读所获得的销售数据信息全部存入自己店内的计算机数据库，之后通过互联网或企业内部网络定时将信息传向企业总部和配送中心，总部将一段时间的销售数据进行汇总、分析，作为超市进货的参考数据，尽量避免购进滞销的商品。配送中心获得这些数据后，与中心的数据库进行比较，就可及时发现各家分店所有货物的销售情况。超市所有分店和加盟店的销售、库存、经营情况，都在总店和配送中心的监控之下。

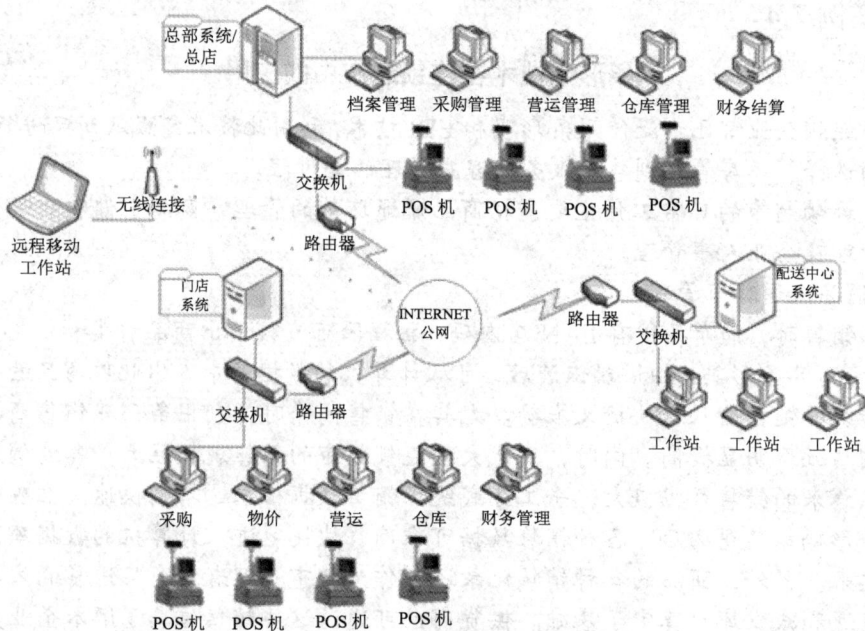

图 7-6 连锁企业条形码应用系统结构图

3. 售后服务管理

随着市场竞争的加剧，售后服务已被越来越多的企业所重视，随着连锁超市的规模不断扩大，商品的销售数量巨大，当售出商品出现问题，可根据计算机数据库中存储的商品信息，很快查阅到哪些是有问题的商品，解决退货和换货问题十分方便。此外，各分店的销售数据都通过网络定时传至总店的数据库，各分店也可随时查寻总店数据库的信息，为在全超市网络内做到异地退货、换货提供了必要的条件，这种退换货方式也是连锁超市今后发展的一个趋势。

4. 人事管理

连锁超市对内部人事管理也可使用条形码自动识别技术，利用 NBS 条形码影像制卡系统为所有职工制造一张表明身份的职工卡，卡上除印有职工彩色照片外，还有职工的姓名、级别、年龄、工作部门等持卡人的条形码代码，使用考勤系统进行考勤。

资料来源：俞芬. 大中型连锁超市中条形码的应用分析[J]. 现代商业，2011（05）：10-11.

思考题
1. 结合案例，说明条形码技术的优缺点。
2. 举例说明生活中条形码技术的应用。

7.3　RFID 技术

RFID（Radio Frequency Identification），即无线射频识别，俗称电子标签。RFID 技术是一种非接触式的自动识别技术，它通过射频信号自动识别目标对象并获取相关数据，识别工作无须人工干预，可工作于各种恶劣环境。RFID 技术可识别高速运动物体并可同时识别多个标签，操作快捷方便，非常适用于物料跟踪、运载工具和货架识别等场合。

7.3.1　RFID 的工作原理

一套完整的 RFID 系统主要由标签、阅读器、天线和应用软件系统等几部分组成。标签由耦合元件及芯片组成，储存着目标对象的唯一电子编码以及相关的信息，有无源标签和有源标签两种。阅读器由耦合模块、收发模块、控制模块、接口单元组成，根据其结构和技术的不同，有只读和读写两种。天线内置于标签和阅读器中，在标签和读取器间传递射频信号。应用软件系统是最终处理标签信息。

RFID 的工作原理。当标签进入阅读器的有效范围时，标签内置的耦合元件就会把阅读器发射的射频信号转化为感应电流，驱动芯片和发射电路，把储存在芯片的对象信息通过天线射出去。阅读器接收到标签信息后，解读信息，然后送至应用软件系统进行处理。

7.3.2　RFID 在物流管理中的主要应用

RFID 技术的应用，有效地实现了物流管理的自动化和智能化。由于 RFID 技术具有非接触、自动识别和操作便捷等优点，因此非常适用于物料跟踪、运载工具和货架识别等场合。RFID 在物流管理中得到良好的应用，主要应用在物流作业管理和供应链管理两个方面。

1. RFID 在物流作业管理方面的应用

RFID 在物流作业管理方面的应用表现在运输与配送管理、仓储与物料管理和流通加工管理三个方面。RFID 使整个物流作业管理过程能够迅速而准确地跟踪各个作业环节的实时状况，从而进行最优化的作业管理。

2．RFID 在供应链管理方面的应用

RFID 在供应链管理方面的应用表现在采购、制造、配送和退货四个环节。RFID 使整个供应链能够在最短的时间内对复杂多变的市场做出快速的反应，提高供应链的市场适应能力。

案例 7.5

RFID 在昆明烟草物流配送中的应用

21 世纪的全球商业竞争已不仅是超越了技术、成本和管理等领域的单项角逐，更是在全球供应链优劣高下的综合竞争。各跨国商业零售巨鳄们对其供应链战略、规划、运营管理、分销中心规划、仓库规划等，不惜投入巨资，运用当今最先进的科学技术，建立快速、高效的运营体系。昆明市烟草公司卷烟销售网络建设就是在这一背景下同步展开的，经过近四年的努力，先后成立了营销中心、电话订货中心、电子结算中心、物流配送中心和稽查服务中心。卷烟销售量逐年稳步上升，企业经济效益大幅度提高。

在销售网络运行初期，由于企业区域供应链运营逐步趋于完全集约经营状态，随着日进出货物数量、品种的逐步增加以及客户需求日趋复杂，造成了人力资源投入增加、仓储管理难度加大、占用资金等诸多不利于集约经营的因素。为此，公司学习借鉴国外先进企业仓储管理经验，应用无线射频识别技术（RFID）技术对卷烟配送中心进行完全数字化仓库建设。如图 7-7 所示为 RFID 在运输管理系统中的示意图。

1．RFID 的应用

将货物以托盘为基本数字化管理单位，即托盘上嵌入一个 HF-915MHz 电子标签。这样既不影响货物的外观质量，又提高了货物整体数字化平均单位数量，便于实现大批量货物的精确数字化管理。电子标签在物流配送中心的应用，是基于数字仓库管理应用软件、计算机无线网络技术、现代物流立体高架仓库思想等实现的。

2．数字仓库 RFID 应用流程

（1）进货。当货物通过进货口传送带进入仓库时，每托盘货物信息通过进货口读写器写入托盘，然后通过计算机仓储管理信息系统运算出货位，并通过网络系统将存货指令发到叉车车载系统，按照要求存放到相应货位。

（2）出货。叉车接到出货指令，到指定货位叉取托盘货物。叉取前叉车读写器再次确认托盘货物准确性，然后将托盘货物送至出货口传送带，出货口传送带读写器读取托盘标签信息是否准确，校验无误出货。

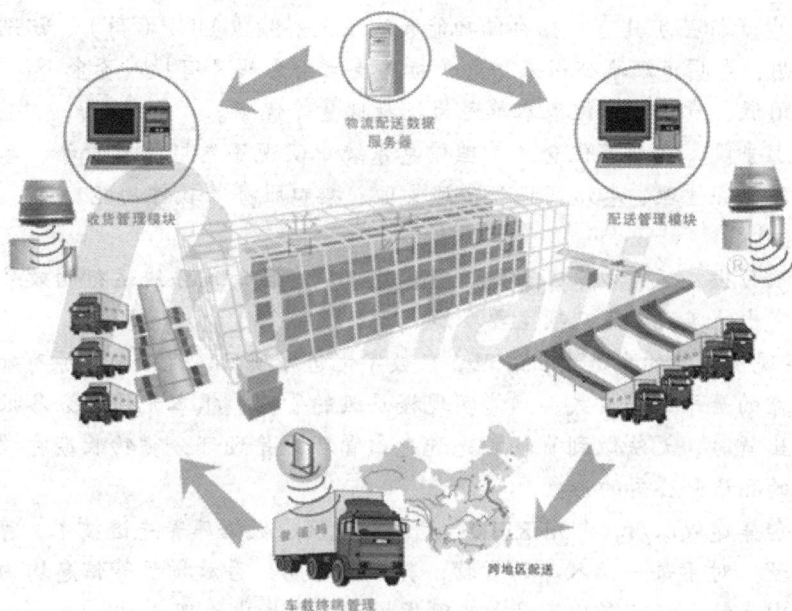

图 7-7　RFID 在运输管理中的应用

　　通过对物品托盘的货位化管理，全面实现了在平面仓库中先进先出管理，极大程度上提高了仓库的存储能力。如图 7-8 所示为 RFID 在仓储业务中的应用示意图。

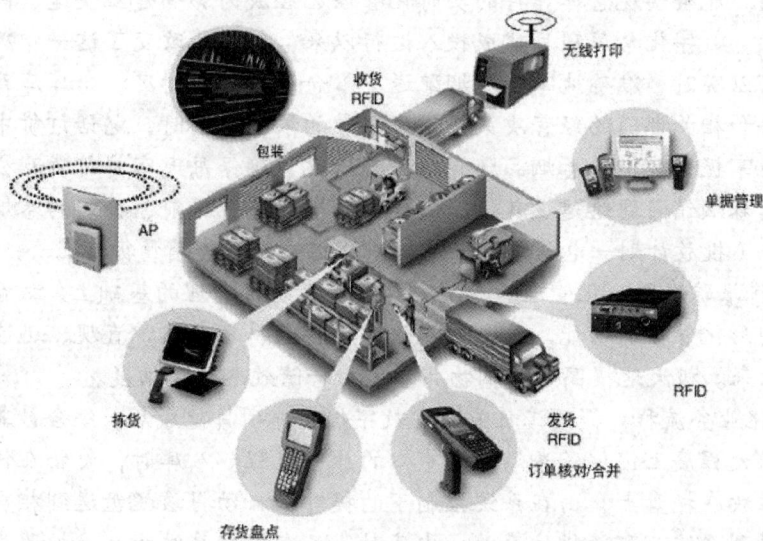

图 7-8　RFID 在仓储业务中的应用示意图

RFID（电子标签）具有数据存储功能、容量大、频段UHF（高）、识别距离远等特点。实践证明，昆明市烟草公司采用电子标签要比条形码具有投入资金小、可重复使用、每年运营费用低、货物数字化基本单元为托盘批量等优点。

通过以上手段，在数字化仓库管理信息系统中实现了卷烟收货管理、卷烟实托盘入库管理、仓库业务管理、卷烟实托盘出库管理、接口服务等软件功能。

3. 运行效果

自从该项目投入运行以来，系统运行稳定。从一段时间系统运行的效果来看，该系统能够较为突出地实现以下几项主要功能。

（1）实现了货物的先进先出管理。在数字化仓库项目建设以前，原有配送中心仓库库存管理依靠的是手工的方式，只能实现楼层级的管理。根本无法区分各批次的库存货物，从仓库出货时，无法做到货物的先进先出管理，导致部分货物长期存放在仓库中，影响了产品的品质和公司的形象。

数字化仓库建成以后，利用RFID、无线局域网、数据库等先进技术，可以实现卷烟托盘货位管理。对于每一批入库的货物，其入库时间，存放货位等信息均由系统自动记录，当货物出库时，就可在此基础上实现货物的先进先出管理。

（2）仓库库存实时化管理。原始卷烟配送中心仓库的库存管理依靠的是手工报表、人工统计的方式来实现，导致公司领导和电话订货中心等相关部门无法及时确切了解仓库的库存信息。此外，随着公司业务的发展，日进出货物数量、品种逐步扩大，客户需求也日趋复杂。能否实现仓库库存的实时化管理已经成为影响建立快速、高效的运营体系的重要因素。数字化仓库项目建成投入运行以来，极大地改变了这一状况。管理人员和相关部门可以实时、准确地掌握卷烟配送中心仓库的库存情况。仓库库存的实时化管理为公司领导和相关部门的经营决策提供了科学的依据。同时，电话订货中心等相关部门可以实时地掌握仓库中各卷烟品牌、数量的情况，确保每天客户订货及公司经营顺利进行。在公司卷烟销售网络建设其他项目建设的配合下，目前，公司的卷烟经营一天就可以完成一个（投放计划→电话订货→结算→分拣→配送）销售循环。

（3）物料跟踪及图形化管理。在实现卷烟托盘货位管理的基础上，该系统还能实现物料跟踪及图形化管理的功能。这一功能使得库存物料可以非常直观、迅速地以图形化的方式反映出来。极大地提高了卷烟物品管理的仓储效率和精细度。

（4）优化业务流程，提高工作效率。数字化仓库项目建成后，结合计算机技术和托盘管理，在很大程度上优化了卷烟配送中心的业务流程。入库时，货物在传送带上经扫码后，直接堆放在托盘上，由在系统控制下的提升机自动将该托盘送到相应楼层，最后叉车将托盘送到系统分配的货位存放。出库时，叉车根据系统指示，按照先进先出的原则将目标托盘送到提升机，再送至分拣中心进行分拣，通过对托盘的有效管理和运用，减少了卷烟货物的搬运次数和破损概率，提高了运行效率。

具体来说，实施数字化仓库项目以前，完成 4 000 件卷烟第一次出货工作需要约 3～3.5 个小时。在该项目完成之后，这一时间缩短到了约 2 个小时。第二次补货出库的时间也由原来的 2～2.5 个小时缩短到了约 1 个小时。数字化仓库的建设不仅实现了更快地找到所需货物，同时实现了减少商品供应品种中有脱销情况发生，保持了准确适当存货，杜绝人为操作失误，缩短了供销计划时间，从而减少了存货占用资金，降低了运费，使零售商的商品销售得到及时的满足。

昆明市烟草公司在建设数字化仓库的过程中，充分利用现有资源，依靠现有网络、无线数据通信、RFID 技术、网络技术以及现代物流信息软件等成熟技术，切实提高了公司整体运作水平。实现了集物流、信息流和价值流为一体的综合物流信息管理系统，实现了对库存的准确控制，充分利用现有资源，依靠现代物流信息软件技术，使整个仓储系统实现定位管理和优化，最终提升了网建工作的水平，也为烟草企业实现数字商业的目标提供了可供参考的案例。

资料来源：王庆斌. 我国烟草物流研究现状与热点[J]. 中国科技信息，2014（Z2）：202-203.

思考题

1. 结合案例，说说 RFID 的作用。
2. 你身边有哪些 RFID 的应用案例？说说它们的原理。

7.4　语　音　技　术

语音技术是一种国际先进的物流应用技术，它是将任务指令通过 TTS 引擎（Text To Speech）转化为语音播报给作业人员，并采用波形对比技术将作业人员的口头确认转化为实际操作的技术。在欧美很多国家中，企业通过实施语音技术提高了员工拣选效率，从而降低了最低库存量及整体运营成本，并且大幅减少了错误配送率，最终提升了企业形象和客户满意度。

语音拣选可以简单地分为三个步骤：第一步，操作员听到语音指示，指令给了作业人员一个巷道号和货位号，系统要求他说出货位校验号；第二步，操作员会把这个货位校验号读给系统听，当他确认后，作业系统会告诉他所需选取的商品和数量；第三步，操作员从货位上搬下商品，然后进入下一个流程，整个操作过程非常简单。而且，这个技术对操作员的口音是没有要求的，各地的口音和方言，语音技术都能被很方便地识别。

语音技术的应用，可以加快作业人员的工作速度，提高作业人员的工作效率和准确率。如图 7-9 所示为语音拣选流程图。

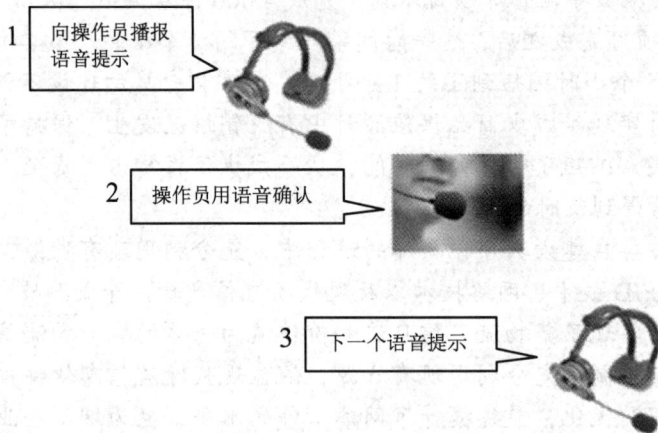

1 向操作员播报语音提示

2 操作员用语音确认

3 下一个语音提示

图 7-9　语音拣选流程图

语音技术是一个非常简单的技术，对操作员的培训时间也很短。和手持无线通信终端相比，语音技术不需要一直拿在手上，使得终端摔坏的情况大大减少，可以大大降低整个终端的维护成本。语音技术和其他技术相比，它非常流畅，具有持续性。在语音拣选货物的时候，可以把好几个步骤，自然而然地融为一体，使操作流程变得连贯，自然地走到正确的位置，并拣出正确的量。

案例 7.6

利群集团语音拣选技术应用

中国企业 500 强之一的利群集团采用了语音解决方案，提高了物流工作效率，节约了成本，具有国际物流行业现代化的标杆水平，在国内同行业中确立了领先地位。在 2009 年度"中国物流与采购联合会科学技术奖"评选活动中，一举荣获"科技进步奖"。

利群集团是一家综合性大型商业集团，业务涉及百货零售连锁、物流配送、酒店连锁、药品物流和药店连锁、房地产开发、高新科技、电子商务、旅游、金融等多个领域。截止到目前，利群集团拥有分公司 100 余个，已开业万米以上的商厦 34 座，大型物流中心 3 处，星级酒店 9 家，连锁药店 50 余家，便利店 800 余家，总经营面积 120 余万平方米。2011 年，利群集团实现销售额 200 亿元。

利群集团多元化的业态及独到的管理经营模式，使得利群集团一直以来都把物流大发展放在战略的高度。利群集团现已拥有青岛、胶州、文登三处大型物流基地，完成了物流基地的山东半岛布局，拥有仓储面积近 20 万平方米，自主运输车辆近 200 辆（其中冷链配送车辆 30 辆），配送能力已辐射整个山东省。利群物流是山东省乃至国内投入运营规模最大、现代化程度最高的第三方商业物流企业。

2003 年以来，利群集团以物流配送 IT 技术及物流信息系统开发为突破口，加大物流信息化技术的研发与应用，大力推进与发展智能型流通模式，提高优质服务水平，在增强企业竞争力方面做出了有益探索。特别当语音拣选、RFID、RF、看板管理等物联网综合技术在利群集团成功落地后，该公司在全国率先利用语音、RFID 等物联网技术实现仓库智能作业，使公司科学智能化管理模式走在了全国同行业的前列。

一、利群配送中心使用 Vocollect 语音技术

利群集团在胶州市建设的物流中心是目前同行业管理最先进、现代化程度最高、规模最大的第三方物流中心。该中心占地近 500 亩，一期工程建筑面积 6 万平方米，2003 年 10 月份投入使用；二期物流总建筑面积 6.5 万平方米，2006 年底投入使用。目前，该中心全部采用前移式叉车、中高位拣选车、电动托盘车等德国进口设备，实现了库内作业无纸化、任务分配智能化，在零售行业系统首家采用了立体仓库系统。2009 年初，利群集团常温物流中心成功引进了国际先进的 Vocollect 语音拣选技术，成为全国首家采用此技术的企业，大大提升了物流效率，提升了物流服务水平。

然而，今天的语音技术不断地改变配送的格局。在过去的十年里，很多配送流程从"以纸张为中心"转向"以射频为中心"。现在，配送流程正转向"以语音为中心"。

二、技术应用

1. 干货区（常温）

在这样的背景下，利群集团从 2009 年开始在干货区选用了拥有全球语音市场最大份额的 Vocollect 公司的语音技术，取代了以往的纸张和 RF 拣选技术，实现了"库内作业无纸化、任务分配智能化"，大大增强了利群集团的物流生产力。

从操作步骤来看，与 RF 扫描系统相比，语音拣选更为简单，只需要拣选员听到语音指令后，采取"走到取货位置""核对校验码""完成拣选"三个步骤后就可以完成一次拣选作业。语音系统提供了"解放双手、解放双眼"的工作方式，使拣选员可以轻松听取任务指令并完成作业，省去了低头在 RF 手持终端的屏幕上查找任务信息并进行条形码扫描的环节。当拣选员完成前一个作业后，他们立即可以听到下一个任务的准确位置信息，在移动的过程中，就收到了下一个任务的详细信息，从而节约了时间，提高了作业效率。语音拣选系统应用如图 7-10 所示。

图 7-10   工作人员在拣选前验证校验码

2. 冷藏库（最低零下 20℃）

由于在常温仓储环境的成功应用，利群集团从 2009 年开始在其冷藏库也使用 Vocollect 的语音技术用于拣选。对于冷链及生鲜物流加工配送中心来说，在低温环境下，RF 拣选系统很容易就暴露出它的缺陷：商品、托盘、库位等条形码很容易结霜结露，RF 设备屏幕也容易凝雾，导致无法扫描或者扫描准确率大幅下降；另外，操作人员戴着厚厚的棉手套，按 RF 手持终端的键时不灵敏，容易误按。

3. "多客户、多订单"同时拣选

无疑，在同一拣选区实现"多客户、多订单"的同时拣选，则是语音拣选技术带给利群的额外惊喜和重大突破。"这对于物流效率的提升不是一倍两倍，而是 4～5 倍。例如，同一个库位上有 8 个客户的商品，以前拣选员需要跑 8 趟，现在跑 1 趟就行了，即同时拣选 8 个客户的商品，然后放到不同的容器里。"张明钢先生提到这项客户化定制服务时赞不绝口。

其实，之所以能够实现"多客户、多订单"的同时拣选，是因为语音拣选系统具有多个作业合并的功能。对于多个小型作业来说，拣选的最佳方式是多个作业合并进行批量处理，多个作业可以在语音系统中交替地被拣选，从而提高了拣选效率。此外，语音系统在配送应用中还集成了路径优化和分类拣选方式，系统具有路径优化算法，最小化拣选人员的走动时间和距离。同时，系统还可以自动提交缺货信息，当执行拣选作业时出现货物短缺情况时，系统可自动生成补货清单并提交至 WMS 系统后再进行二次拣选。

更重要的是，语音系统的实施成本取决于拣选人员的数量，而不是库存单位。面对利群非常庞大的品规数（超过 10 万），采用语音系统能够使企业以较低的成本来进行大区域内的高效率作业，同时拥有非常灵活的扩展性来适应日益增长的品规数。这一点对于业态多样、品规数繁多的零售企业来说无疑具有相当大的诱惑力。

三、语音解决方案的成果

仓库和配送中心所使用的语音技术代表了工作导向型沟通的进步。自从二十多年前此项技术被引入配送领域后，语音技术已经大大提高了数千个领先企业在行业垂直导向方面的能力，帮助他们在配送操作方面取得了更大的业绩。

1. 生产效率得以加倍提升

语音在仓库和配送中心中最广泛和最佳的应用是分拣和订单拣选操作。分拣是劳动密集型的操作。配送中心和仓库中非常容易出现人为错误，因为这里是人为互动最多的地方。分拣需要工人走到正确的位置，进行挑选、清点和确认——这些工作如果管理不善极易出现错误。

语音技术能够解决这些挑战。语音技术可以使工人连续工作，因此他们的动作没有间断，也不需要左右徘徊。语音可以指导工人按部就班地进行分拣，因此可以保证人员由始至终都保持高水准的表现。

语音技术非常适合进行高效的分拣，工人的双手得以解放而进行自己的工作。他们不需要使用纸、扫描器、标签、笔或其他工具。他们的手被解放出来分拣货物。由于工人只需要聆听指示，不需要浏览文档、标签或显示器，可以专心分拣货物，提高了工作效率，同时也大大降低了差错率。由于工人可以更专注于自己的工作，更加注意周围的环境，这会显著提高工人的安全。

目前，在利群胶州物流中心现场，可以看到这样的景象：拣选员工听到语音指令，到达货位后，执行拣选作业。他们不必像以前一样拿起 RF 终端，扫描货位条形码后再放下来，执行拣选操作，然后再拿起 RF 终端扫描货物条形码。采用语音拣选，不仅省掉了拿起 RF 扫描、放下 RF 拣选的操作，而且拣选过程中还可以使用双手操作，比原先安全多了。

"在实际运行过程中，语音拣选的效果十分明显。相对于 RF 拣选，语音拣选的效率平均提高了 28%，这比最初的期望确实有很大突破。在这么短的时间内达到这个水平很不容易，因为语音拣选才用了半个月，而 RF 拣选时使用了将近 6 年。"张明钢先生表示。语音拣选系统的效果确实出乎他的意料。

2. 订单错误率下降

为了确保准确率，语音系统引入了"校验码"，即操作员通过语音密码登录自己的语音终端之后，系统将其引导至第一个拣货位。操作员读出贴在各拣货位、被称为"校验码"的数字标识码，以验证所在位置是否正确。听到已分配拣货位的正确校验码后，系统将引导操作员在该货位拣取相应数量的货物；当操作员所报告的校验数字与后台系统中针对该货架位的数据不相符合时，系统将告诉操作员"位置有误"。由此可见，只有听到正确校验数字后，系统才会向操作员提供拣货数量，这样就避免了误操作。

使用语音技术后，利群集团将订单错误率控制在万分之二以内，这就大大减少了工人反复劳动的时间，降低了他们的劳动强度。

3. 培训时间减少

工人也会从语音技术中受益。他们工作时不用携带笨重的射频扫描器。于是，工人的手得以解放出来专心进行自己的工作。语音技术易学易用，培训一个操作员使用带有显示器的射频设备需要几个星期的时间，但语音技术只需要一个小时就可以操作，一天内就能够精通，因为工人只需要反复训练50多个关键词汇，然后戴上耳机和移动计算终端就可以工作了。培训时间和费用可以大幅度降低，多数情况下可以减少50%以上。如果公司的人员变更频繁或有临时工人，语音技术可以帮助新员工更快开展工作，尽快熟练操作。

4. 员工满意度提高

相对于其他方法，工人们也更倾向于语音技术。那些本来排斥新技术的工人常常表示，他们再也不愿意回到以前的工作方式了。他们认为语音是很"酷"的尖端科技，工人会认为公司给他们配备了最好的工具，并且公司愿意给他们投入，提高他们的技术。

5. 可观的回报率

"投资回报可以从两方面来看，包括直接投资回报和间接投资回报。直接投资回报是指工人工作效率的提高、订单差错率的降低和工作劳动强度的减小，从而使工人在这方面的成本会大大降低；间接投资回报则涵盖客户满意度的提升、工人反复劳动的时间的减少等因素。综合以上两方面来看，我们使用了Vocollect的语音技术后，用了不到一年的时间就获得了非常好的投资回报。"张明钢先生表示。

张明钢先生表示："我们公司目前只是在库内的零售拣选上使用了语音识别技术，效果非常好，效率提升要比RF高出28%，这是我们非常满意的一个数据，也是非常不容易的，因为在拣选效率对比统计时，我们使用RF已经长达6年，而使用语音拣选只有非常短的时间；另一方面，语音技术使差错率几乎降低为零。基于这两点考虑，我们决定进一步将语音从广度和深度上扩展至其他应用。从广度上来看，我们目前只是在冷链物流上使用了语音技术，今后将拓展至服装、医药等行业。从深度上来看，我们将在库内的上架、移动、补货以及出库的拣选和复核等方面使用语音识别技术，以此来进一步提升工作效率。"

资料来源：吴谷. 语音拣选"空降"利群[J]. 物流技术与应用，2009（09）：50-53.

思考题

1. 语音拣选技术与RF技术相比较有什么优点？
2. 结合案例，调研语音拣选的作业流程。

7.5　卫星导航技术

卫星导航系统是覆盖全球的自主地利用空间定位的卫星系统，允许小巧的电子接收器确定它的所在位置（经度、纬度和高度），并且经由卫星广播沿着视线方向传送的时间信号精确到 10 米的范围内。接收机计算的精确时间以及位置，可以作为科学实验的参考。

截至 2012 年，只有美国的全球定位系统（GPS，共由 24 颗卫星组成）及苏联的格洛纳斯系统（GLONASS）是完全覆盖全球的定位系统。中国的北斗卫星导航系统（BDS）则于 2012 年 12 月开始服务于亚太区（共由 10 颗卫星组成），预计于 2020 年覆盖全球。欧洲联盟的伽利略定位系统则为在初期部署阶段的全球导航卫星系统，预定最早到 2020 年才能够充分地运作。一些国家，包括法国、日本和印度，也都在积极发展区域导航系统。

每个覆盖全球的系统通常都是由 20～30 颗卫星组成的卫星集团，以地球轨道为中心分布在几个轨道平面上。实际的系统各自不同，但是使用的轨道倾斜都大于 50°，和轨道周期大约都是 12 小时，高度大约 20 000 千米。

案例 7.7

GPS 在现代交通运输中的应用

一、GPS 概述

1. GPS 的概念

GPS（Global Positioning System）即全球定位系统，它是利用卫星（通信卫星）、地面控制部分和信号接收机对对象进行动态定位的系统。由于 GPS 能对静态、动态对象进行动态空间信息的获取，能快速、精度均匀、不受天气和时间的限制反馈空间信息。因此，GPS 广泛用于船舶和飞机导航，对地面目标的精确定时和精密定位，地面及空中交通管制，空间与地面灾害监测等。

2. GPS 的功能

GPS 的功能主要表现在以下几个方面。

（1）跟踪车辆、船舶。为了随时掌握车辆和船舶的动态，可以通过地面计算机终端，实时显示出车辆、船舶的实际位置。

（2）信息传递和查询。利用 GPS，一方面管理中心可以向车辆、船舶提供相关的气象、交通、指挥等信息；另一方面也可以将运行中的车辆、船舶的信息传递给管理中心，实现信息的双向交流。如图7-11所示为GPS系统应用示意图。

图7-11　GPS系统应用示意图

（3）及时报警。利用GPS，及时掌握运输装备的异常情况，接收求助信息和报警信息，迅速传递到管理中心，从而实施紧急救援。

（4）支持管理。通过GPS提供的信息，可以实施运输指挥、实时监控、规划和选择路线、向用户发出到货预报等，有效地支持大跨度物流系统管理。

3. GPS的构成

GPS系统包括三大部分：GPS卫星（空间部分）、地面支撑系统（地面监控部分）、GPS接收机（用户部分）。

（1）GPS空间部分。GPS空间部分由分布在6个等间隔轨道上的24颗卫星组成，卫星距地球2万多千米，这种分布可以保证在任何时刻全球的任何地区，都被4颗卫星覆盖。GPS的卫星星座可以全天候、连续地向无限多个用户提供覆盖区域内任何目标的高精度的三维（即速度、位置和时间）信息。

（2）GPS地面监控部分。地面监控部分由分布在全球的若干个跟踪站所组成的监控系统构成。根据其作用的不同，这些跟踪站又被分为主控站、注入站和监控站。GPS工作卫星的地面监控系统由1个主控站、3个注入站和5个全球监控站组成。

（3）GPS用户部分。GPS接收机是一种特制的无线电接收机，用来接收导航卫星发射的信号，以获得必要的导航定位信息，并据此进行导航和定位。GPS信号接收机能够捕获到按一定卫星高度截止角所选择的待测卫星的信号，并跟踪这些卫星的运行，对所接收到的GPS信号进行变换、放大和处理，以便测量出GPS信号从卫星到接收机天线的传播时间，解译出GPS卫星所发送的导航电文，实时地计算出监测站的三维位置，甚至三维速度和时间。

二、GPS在汽车导航和交通治理中的应用

三维导航是GPS的首要功能，飞机、船舶、地面车辆以及步行者都可利用GPS导航接收器进行导航。汽车导航系统是在GPS的基础上发展起来的一门新技术。它由GPS导航、自律导航、微处理器、车速传感器、陀螺传感器、CD-ROM驱动器、LCD显示器组成。

GPS导航是由GPS接收机接收GPS卫星信号（3颗以上），得到该点的经纬度坐标、速度、时间等信息。为提升汽车导航定位的精度，通常采用差分GPS技术。当汽车行驶到地下隧道、高层楼群、高速公路等遮掩物而捕捉不到GPS卫星信号时，系统可自动导进自律导航系统，此时由车速传感器检测出汽车的行进速度，通过微处理单元的数据处理，从速度和时间中直接算出前进的间隔，陀螺传感器直接检测出前进的方向，陀螺仪还能自动存储各种数据，即使在更换轮胎暂时停车时，系统也可以重新设定。

由GPS卫星导航和自律导航所测到的汽车位置坐标、前进的方向都与实际行驶的路线轨迹存在一定误差，为修正这两者间的误差，使之与图上的路线同一，需采用舆图匹配技术，加一个舆图匹配电路，对汽车行驶的路线与电子舆图上道路的误差进行实时相关匹配，并做自动修正。此时，舆图匹配电路通过微处理单元的整理程序进行快速处理，得到汽车在电子舆图上的正确位置，以指示出正确行驶路线。CD-ROM用于存储道路数据等信息，LCD显示器用于显示导航的相关信息。

GPS导航系统与电子舆图、无线电通信网络及计算机车辆治理信息系统相结合，可以实现车辆跟踪和交通治理等很多功能。

1. 车辆跟踪

利用GPS和电子舆图可以实时显示出车辆的实际位置，并任意放大、缩小、还原、换图；可以随目标移动，使目标始终保持在屏幕上；还可实现多窗口、多车辆、多屏幕同时跟踪，利用该功能可对重要车辆和货物进行跟踪运输。

2. 提供出行路线的规划和导航

规划出行路线是汽车导航系统的一项重要辅助功能，包括以下内容。

（1）自动线路规划。由驾驶员确定出发点和终点，由计算机软件按照要求自动设计最佳行驶路线，包括最快的路线、最简单的路线、通过高速公路路段次数最少的路线等。

（2）人工线路设计。由驾驶员根据自己的目的地设计出发点、终点和途经点等，自动建立线路库。线路规划完毕后，显示器能够在电子舆图上显示设计线路，并同时显示汽车运行路径和运行方法。

3. 信息查询

为用户提供主要物标，如旅游景点、宾馆、医院等数据库，用户能够在电子舆图上

根据需要进行查询。查询资料可以以文字、语言及图像的形式显示，并在电子舆图上显示其位置。同时，监测中心可以利用监测控制台对区域内任意目标的所在位置进行查询，车辆信息将以数字形式在控制中心的电子舆图上显示出来。

4. 话务指挥

指挥中心可以监测区域内车辆的运行状况，对被监控车辆进行公道调度。指挥中心也可随时与被跟踪目标通话，实行治理。

5. 紧急援助

通过 GPS 定位和监控治理系统可以对遇有险情或发生事故的车辆进行紧急援助。监控台的电子舆图可显示求助信息和报警目标，规划出最优援助方案，并以报警声、光提醒值班职员进行应急处理。

GPS 技术在汽车导航和交通治理工程中的研究与应用目前在中国刚刚起步，而国外在这方面的研究早已开始，并已取得了一定的成果。加拿大卡尔加里大学设计了一种动态定位系统，该系统包括一台捷联式惯性系统、两台 GPS 接收机和一台微机，可测定已有道路的线性参数，为道路治理系统服务。美国研制了应用于城市的道路交通治理系统，该系统利用 GPS 和 GIS 建立道路数据库，数据库中包含各种现时的数据资料，如道路的正确位置、路面状况、沿路设施等，该系统于 1995 年正式运行，为城市道路交通治理起到了重要作用。

近些年来，国外研制了各种用于车辆诱导的系统，其中对车辆位置的实时确定主要依靠惯性丈量系统以及车轮传感器。随着技术的发展，GPS 大有取代前两种方法的趋势。用于城市车辆诱导的 GPS 定位一般是在城市中设立一个基准站，车载 GPS 实时接收基准站发射的信息，经过差分处理便可计算出实时位置，把目前所处位置与所要到达的目标在道路网中进行优化计算，便可在道路电子舆图上显示出到达目标的最优化路线，为公安、消防、抢修、急救等车辆服务。

GPS 是近年来开发的最具有开创意义的高新技术之一，必然会在诸多领域中得到越来越广泛的应用。相信随着我国经济的发展，以及高等级公路的快速修建和 GPS 技术应用研究的逐步深进，其在道路工程和交通运输中的应用也会更加广泛和深进，并发挥出更大的作用。

资料来源：王芳. GPS 在交通方面的应用[J]. 消费电子，2014（16）：157.

思考题

1. GPS 在现代物流运输中扮演什么样的角色？

2. 了解 GPS 的相关信息，说说 GPS 还可以用于物流的哪些方面？

案例 7.8

中国北斗卫星导航系统

一、中国北斗卫星导航系统概述

中国北斗卫星导航系统（COMPASS，中文音译名称 BeiDou）是继美国 GPS、俄罗斯格洛纳斯、欧洲伽利略之后，全球第四大卫星导航系统。作为中国独立发展、自主运行的全球卫星导航系统，是国家正在建设的重要空间信息基础设施，可广泛用于经济社会的各个领域。

北斗卫星导航系统能够提供高精度、可靠的定位、导航和授时服务，具有导航和通信相结合的服务特色。经过 19 年的发展，这一系统在测绘、渔业、交通运输、电信、水利、森林防火、减灾救灾和国家安全等诸多领域得到了应用，产生了显著的经济效益和社会效益，特别是在四川汶川、青海玉树抗震救灾中发挥了非常重要的作用。

北斗卫星导航系统 2012 年覆盖亚太区域，2020 年将形成由 30 多颗卫星组网具有覆盖全球的能力。高精度的北斗卫星导航系统实现自主创新，其主要功能有以下几点。

（1）短报文通信。北斗系统用户终端具有双向报文通信功能，用户可以一次传送 40～60 个汉字的短报文信息。可以达到一次传送达 120 个汉字的信息。在远洋航行中有重要的应用价值。

（2）精密授时。北斗系统具有精密授时功能，可向用户提供 20ns～100ns 时间同步精度。

（3）定位精度。水平精度 100 米（1σ），设立标校站之后为 20 米（类似差分状态）。工作频率 2 491.75MHz。

（4）系统容纳的最大用户数 540 000 户/小时。

（5）北斗卫星导航系统的建设目标。建成独立自主、开放兼容、技术先进、稳定可靠的覆盖全球的北斗卫星导航系统，促进卫星导航产业链形成，形成完善的国家卫星导航应用产业支撑、推广和保障体系，推动卫星导航在国民经济社会各行业的广泛应用。北斗卫星导航系统由空间段、地面段和用户段三部分组成，空间段包括 5 颗静止轨道卫星和 30 颗非静止轨道卫星，地面段包括主控站、注入站和监测站等若干个地面站，用户段包括北斗用户终端以及与其他卫星导航系统兼容的终端。

按照"三步走"的发展战略，北斗卫星导航系统将于 2012 年前具备亚太地区区域服务能力，2020 年左右建成由 30 余颗卫星、地面段和各类用户终端构成的，覆盖全球的大型航天系统。

第一步，即区域性导航系统，已由北斗一号卫星定位系统完成，这是中国自主研发，利用地球同步卫星为用户提供全天候、覆盖中国和周边地区的卫星定位系统。中国先后在 2000 年 10 月 31 日起发射了 3 颗"北斗"静止轨道试验导航卫星，组成了"北斗"区域卫星导航系统。北斗一号卫星在汶川地震发生后发挥了重要作用。

第二步，即在"十二五"前期完成发射 12 颗到 14 颗卫星的任务，组成区域性、可以自主导航的定位系统。

第三步，即在 2020 年前，有 30 多颗卫星覆盖全球。北斗二号将为中国及周边地区的军民用户提供陆、海、空导航定位服务，促进卫星定位、导航、授时服务功能的应用，为航天用户提供定位和轨道测定手段，满足导航定位信息交换的需要等。

截至 2011 年 12 月 27 日，中国北斗系统已发射 10 颗卫星，建成了基本系统，开始提供定位、导航、授时等试运行服务。2012 年 12 月 27 日，我国自主建设、独立运行的北斗卫星导航系统启动区域性正式服务。如图 7-12 所示为北斗卫星导航系统示意图。

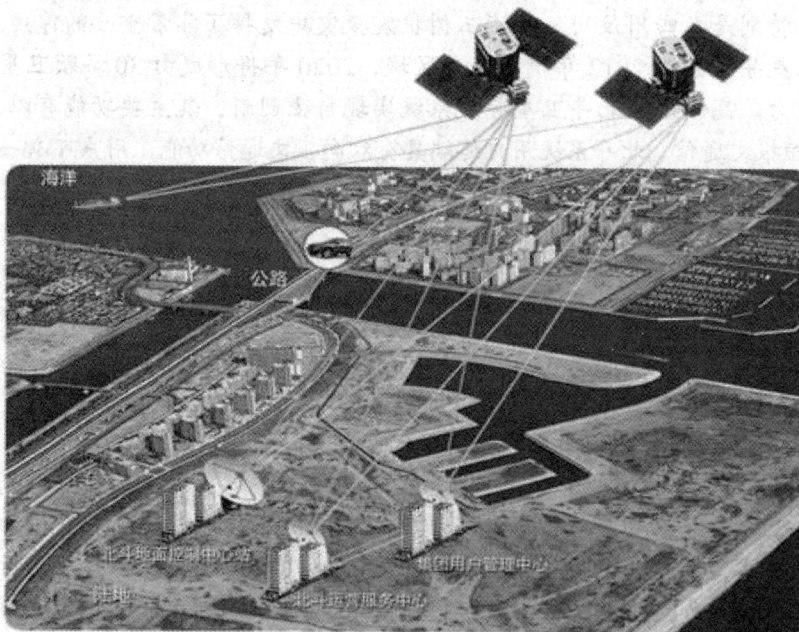

图 7-12　北斗卫星导航系统示意图

二、路在何方问"北斗"

北斗导航系统在交通领域的应用，是第一个北斗系统民用示范工程，作为北斗导航系统民用示范工程的九大示范省、市、自治区之一，天津市在 2013 年 1 月底完成了首批

30 辆长途客车北斗导航系统的安装。2013 年春节刚过，第二批 100 辆车的北斗导航系统也在紧张地安装中。2014 年，天津市在旅游包车、长途客车、危险品车及重型载货汽车上安装 5 000 台北斗导航系统。

1. 从"最高机密"到民用推广："北斗"什么样

北斗导航系统到底长什么样，在民用推广中能够实现哪些功能呢？北斗导航系统第一个民用示范项目在交通运输领域试水，记者来到天津市交通集团揭开北斗导航系统的神秘面纱。如图 7-13 所示为工作人员通过安装使用"北斗"终端和监控车辆。

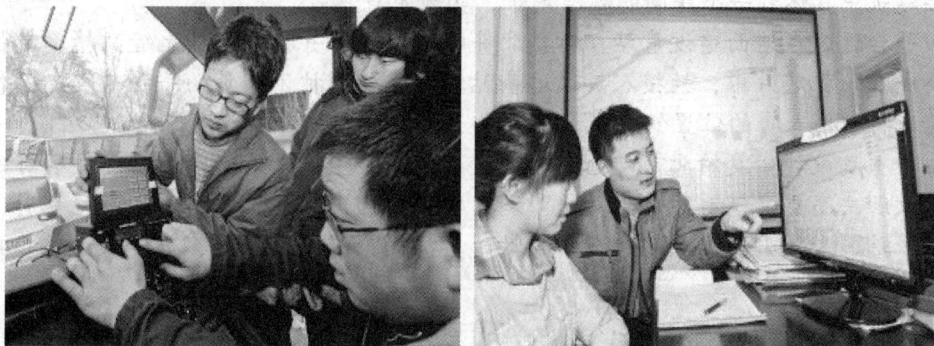

图 7-13　工作人员通过安装使用"北斗"终端和监控车辆

每一辆车驾驶仪表盘右侧都有一个 5 寸左右的可视屏，屏幕上有北斗车载定位终端的相关操作，包括车牌输入、网络配置、客服中心、车辆信息、一键呼叫等功能，司机可以通过触摸屏幕进行操作。据介绍，目前北斗导航系统应用的车载终端中标生产企业生产的车载终端均为双模模式，也就是说在同一台终端中，北斗导航系统与应用较广的 GPS 系统其实是兼容的，兼容北斗和 GPS 的终端，类似于"双卡双待"的手机，可在一台导航仪上自动切换。

天津市交通集团杨文刚说："原来交通集团长途客运和旅游包车安装了 GPS 系统进行车辆定位，通过动态监控管理中心，实时掌握所有运营车辆乘载旅客、车辆行驶的路段、车速、发车时间等情况，后方坐镇的安管人员可实时监控客车行驶状态，避免出现超速、脱线行驶等问题，消除安全隐患。我们经过把北斗与 GPS 两个系统进行兼容对接调试，现在后方安管人员还是操作原来的系统，安装了北斗导航系统终端的车辆也被纳入进来，并且能够实现同样的功能，在实际应用中，其精度和 GPS 不相上下，效果不错。

2. "北斗"的首个民用示范工程：交通运输业

交通运输部 2013 年年初宣布，计划用两年时间，建设 7 个应用系统和一套支撑平台，在江苏、安徽、河北、陕西、山东、湖南、宁夏、贵州、天津 9 个示范省市、自治区的道路运输车辆上安装 8 万台北斗终端。这是北斗导航系统专项启动以来的第一个民用示范工程。

3. "北斗"大显身手的另一领域：消防救援

在生活中，一旦发生火灾，救火队员需要进入火场搜寻被困人员。在烈火、浓烟中能见度非常低，如果不能确定被困人员的数量和位置，只能进行地毯式排查，往往会延误最佳救援时机，有时还会造成救援人员的伤亡。目前，即使通过 GPS 全球定位系统也只能保证室外环境的准确定位，一旦进入室内就会失去作用。而今后，我国首个高端消防应急救援应用平台建成后，人们的手机芯片中只要集成一个新的定位软件，就能实现在高层建筑中具体到一个房间的精准定位，实现定点搜救。

该平台通过在地面建设基站，对接北斗导航卫星，并把室内外无缝高精度定位系统软件集成在手机芯片中，救援人员通过基站就能查找到被困人员的手机精准定位信号，随时随地将被困人员的位置锁定在水平方向 3 米、垂直方向 1 米之内。

参与项目设计研发的北京邮电大学教授邓中亮接受记者采访时表示，该项目建成后能够有效解决高层建筑消防应急救援难题，实现火场内部危险源及消防设施导引、战斗员定位跟踪、受困群众准确定位科学疏散，对提高抢险救援能力、减少人员伤亡具有重大意义。

中科院遥感研究所研究员池天河认为，该项目借助北斗导航卫星，能够实现室内水平方向定位精确到 3 米、垂直方向定位精确到 1 米，室外水平及垂直定位精度均达到 1 米以内，相对于现有的 GPS 系统在 10 米左右的定位精准度有了极大提升。

资料来源：赵康宁，赵勇. 北斗卫星导航系统及应用发展[J]. 中国铁路，2013（04）：1-3.

思考题

1. 北斗导航系统与 GPS 相比较有什么优点？
2. 结合案例，调研北斗导航系统其他领域应用情况。

7.6 EDI 技术

7.6.1 EDI 的概念

EDI（Electronic Data Interchange，电子数据交换），开始于 20 世纪 60 年代。EDI 的含义是指商业贸易伙伴之间，将按标准、协议规范化和格式化的经济信息通过电子数据网络，在单位的计算机系统之间进行自动交换和处理。它是电子商业贸易的一种工具，将商业文件按统一的标准编制成计算机能识别和处理的数据格式，在计算机之间进行传输。国际标准化组织（ISO）于 1994 年确认了 EDI 的技术定义：将贸易（商业）或行政事务处理按照一个公认的标准变成结构化的事务处理或信息数据格式，从计算机到计算机的电子传输。

从以上概念可知，EDI 是一套报文通信工具，它利用计算机的数据处理和通信功能，将交易双方彼此往来的文档（如询价单或订货单等）转成标准格式，并通过通信网络传输给对方。因此，EDI 只是一个电子平台，无论是物流领域还是其他顿域，都只是 EDI 的一个具体的应用对象或应用实例。

7.6.2　物流 EDI

物流 EDI（Logistics EDI）是指货主、承运业主以及其他相关的单位之间，通过 EDI 系统进行物流数据交换，并以此为基础实施物流作业活动的方法。

近年来，EDI 在物流中被广泛应用。物流 EDI 的参与对象有货主（如生产厂家、贸易商、批发商、零售商等）、承运业主（如独立的物流承运企业等）、实际运送货物的交通运输企业、协助单位（政府有关部门、金融企业等）和其他物流相关单位（如仓库业者、配送中心等）。物流 EDI 的框架结构如图 7-14 所示。

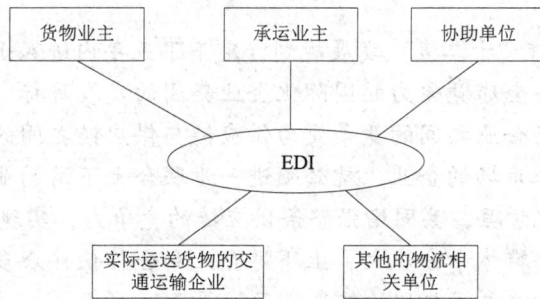

图 7-14　物流 EDI 的框架结构

7.6.3　EDI 的特点

（1）EDI 是企业之间传输商业文件数据的一种形式，其使用对象是具有固定格式的业务信息和具有经常性业务联系的单位。

（2）EDI 所传送的资料是一般业务资料，如发票、订单等，而不是指一般性的通知。

（3）EDI 所传输的文件数据采用共同的标准并具有固定格式，如联合国 EDI FACT 标准，这也是与一般电子邮件（E-mail）的区别。

（4）EDI 是由收送双方的计算机系统通过数据通信网络来直接传送、交换资料，尽量避免人工的介入操作。

（5）EDI 与现有的一些通信手段如传真、用户电报、电子邮件（E-mail）等有很大的区别，主要表现在后者需要人工的阅读判断处理才能进入计算机系统，需要人工将资料重复输入计算机系统中，这样既浪费人力资源，也容易发生错误。

案例 7.9

美的集团 EDI 应用案例

创业于 1968 年的美的集团，是一家以家电业为主，涉足房产、物流等领域的大型综合性现代化企业集团，旗下拥有四家上市公司、四大产业集团，是中国最具规模的白色家电生产基地和出口基地之一。目前，美的集团有员工 20 万人，拥有十余个品牌，拥有中国最大最完整的小家电产品群和厨房家电产品群，同时产业拓展至房产、物流及金融领域。美的在全球设有 60 多个海外分支机构，产品销往 200 多个国家和地区，年均增长速度超过 30%。2011 年，美的集团整体实现销售收入 1 400 亿元，其中出口额 62 亿美元，名列中国企业 100 强。

一、应用背景

2010 年，美的制订"十二五"发展规划，定下了五年内进入世界 500 强，成为全球白色家电前三位的具备全球竞争力的国际化企业集团的发展目标。美的意识到，当前的市场竞争已经由企业与企业之间的竞争变为供应链与供应链之间的竞争，要实现既定目标，成为一个屹立全球市场的企业，就必须进一步联合上下游的业务伙伴，紧密合作关系，加强供应链一体化管理，共同增强整条供应链的竞争力，实现"敏捷供应链"。

美的的供应链伙伴群体十分庞大，上下游企业和合作伙伴众多，每年需要交换大量的单据，美的与业务伙伴之间典型的信息交互如图 7-15 所示。

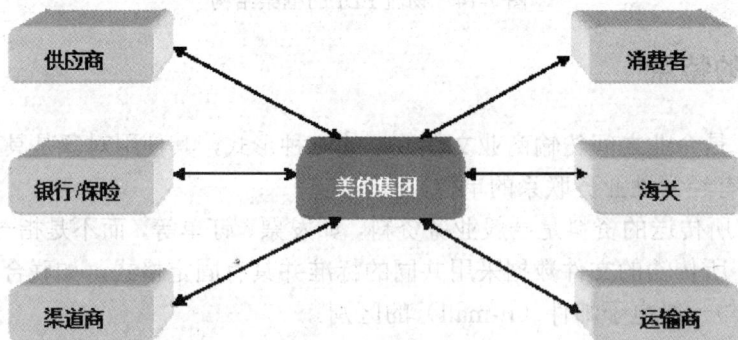

图 7-15　美的与业务伙伴之间典型的信息交互图

之前，美的是采用人工的方式实现对大量业务单据的接收、处理和发送，需要花费较长时间来完成单据的处理；同时，人工处理方式难免发生错误。为了满足美的与供应链合作伙伴之间实时、安全、高效和准确的业务单据交互，提高供应链的运作效率，降低运营成本，美的迫切需要利用提供企业级（B2B）数据自动化交互和传输技术，即 EDI（电子数据交换）方案来解决这个问题。在选型的时候，美的注重 EDI 解决方案的如下特性。

第一，为适应美的供应链内众多的合作伙伴的业务数据标准，EDI 平台方案必须具备强大的数据处理能力，能够将各类异构数据迅速转换为标准 EDI 报文，同时还要具备支持多种传输协议的能力。

第二，EDI 平台作为数据集成和交互的核心，要具备数据快速处理和传输能力，同时整个处理和传输过程应该完全自动化而无须人工干涉。

第三，随着业务不断发展，EDI 平台方案必须具备良好的柔韧性，以迅速适应供应链内的合作伙伴、业务流程、数据标准会发生相应的变动及业务需求的变更和拓展。

二、解决之道

经过反复筛选和比较，美的最终选择业界领先的供应链管理解决方案提供商 SinoServices（锐特信息）为其提供 EDI 解决方案和技术支持。SinoServices 提供了 SinoEDI 企业级数据整合解决方案。方案架构如图 7-16 所示。

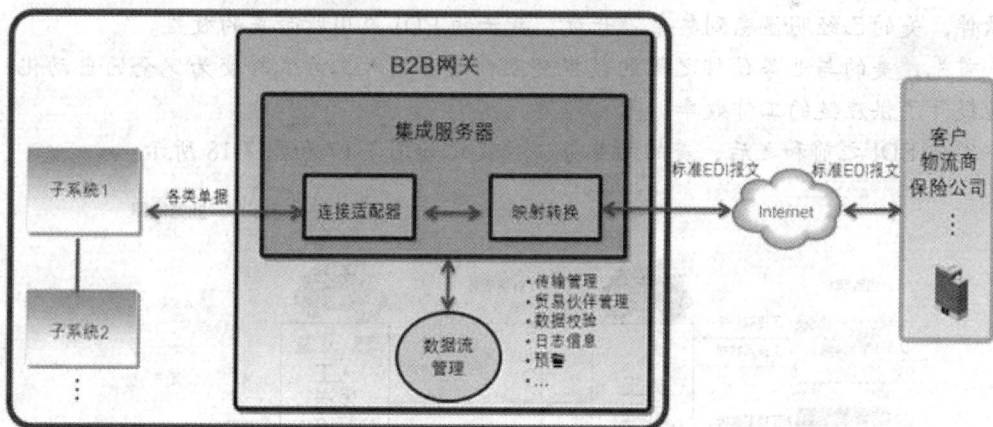

图 7-16　数据整合解决方案

SinoEDI 企业级数据整合解决方案支持各类传输协议、加密算法，同时也是一款性能非常优异的数据处理平台，支持任意数据格式之间的转换，数据流程可灵活定制，路由功能强大，且具备各类适配器与后台系统、数据源的集成。开发、部署由图形化的统一开发平台来完成，简单易用。它具备以下优点。

（1）高度灵活、反应敏捷，可高效、快速地适应业务需求的变化。

（2）支持任何数据格式。

（3）安全、高效、统一的 B2B 传输网关。

（4）强大的数据并发及处理能力。

（5）实现与后台各种系统的无缝集成，如 SAP、IBM MQ、J2EE 应用、数据库等都有相应的直连接口。

三、实施过程

2009 年 11 月 4 日，美的 EDI 项目正式启动。在项目实施过程中，首先对 EDI 平台以及各种网络系统、数据备份、防火墙、入侵检测等运行环境进行部署、调试。2010 年 2 月 3 日，伊莱克斯（Electrolux）作为美的第一家 EDI 对接合作伙伴，成功上线运行，实现了双方出货通知、发票等的自动化 EDI 流程。2011 年 5 月 4 日，美的与中国出口信用保险公司（中信保）EDI 对接成功，双方实现了费率同步、OA 限额申请、LC 限额申请、出运申报、出运反馈、收汇反馈等业务数据的交互。一系列项目的上线，大大提高了美的和伙伴双方业务贸易的效率，减少了人工干预的工作量。

四、应用效益

美的的 EDI 已成功运转了两年多，先后接入伊莱克斯、北滘码头、中信保等业务合作伙伴，美的已经明显感到集成、开放、灵活的 EDI 应用所带来的效益。

首先，美的与业务伙伴之间的数据交互由过去的人工方式转变为完全的自动化，极大地提升了供应链的工作效率。

实施 EDI 之前和之后，美的的业务流程变化如图 7-17 和图 7-18 所示。

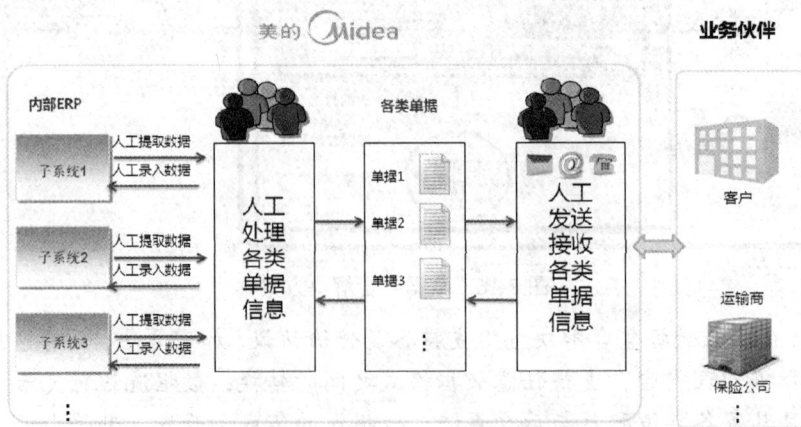

图 7-17　美的人工业务流程图

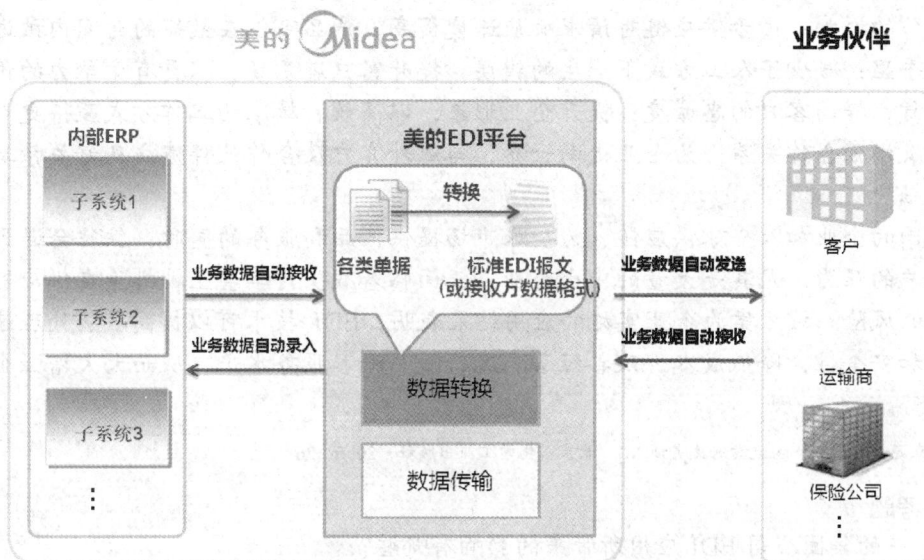

图 7-18　美的 EDI 业务流程图

以前的人工处理方式需要从美的的各个业务子系统如 ERP、CRM 等提取出相关数据，再人工转换成合作伙伴所需要的单据格式，通过邮件、传真、电话等方式向相应的接收方发送（人工转换的过程可在美的或合作伙伴方进行）。同样地，当从合作伙伴处接收到各类异构形态的单据之后，要通过人工方式识别、读取，并录入到相应的子系统中。

现在，这个工作流程变为 EDI 平台自动接收各子系统发出的数据，再自动转换成标准 EDI 报文（或者合作伙伴系统能够直接识别的数据格式），再自动传输给接收方，整个过程无须人工干预，极大地提升了工作效率。

实施 EDI 平台方案后，美的大大加快了业务处理速度并且降低了人工处理方式下的相关成本：首先，平均几秒钟便能够完成一份单据的处理；单日数据传送数量提升了六倍；数据传输已完全自动化，节省了劳动力，提高了劳动力的利用效率。其次，为美的节省了过去人工处理方式下所产生的额外费用：节省各类纸张费用；节省电话、传真、邮递的费用；节省打印、复印费用；节省对数据收发、录用人员的管理费用。最后，由于实行了无纸化和全自动操作，大大降低了人工处理过程中由于人为操作、纸张丢失等造成的出错率；出错率降低了，基本实现了无错化处理。

除了以上这些即时的效益之外，EDI 应用对美的全面提升竞争力有着深远的作用。

随着越来越多合作伙伴被纳入到 EDI 应用，整条供应链的运作效率将大大提升，包括：企业运作效率的提升让美的更加轻松地扩展业务，并快速适应业务增长带来的数据交互工作的增加；由于供应链对请求响应速度提高，产品可以在最短的时间内被送达到消费者手里；减少了人工方式下产生的错误，提升客户满意度；以更有竞争力的价格向下游供货，提高客户的忠诚度；提升企业形象，以高效、精准的工作方式赢得更多合作伙伴以及增强合作关系；为企业走向世界，与海外客户及合作伙伴建立良好关系奠定坚实的基础。

我国的企业加入全球供应链、为全球市场提供产品和服务的同时，往往会遇到来自国外客户的压力，尤其是大量的中小企业，正面临着减少订单甚至被排除在供应链一体化之外的风险。该方案为企业实施的应用结果表明，EDI 技术可以提高数据处理速度、准确性和安全性，降低成本，改善经营状况，提高顾客服务水平，从而大大增强企业的竞争优势。

资料来源：邱雪峰. 物流案例及实训[M]. 北京：化学工业出版社，2006：26.

思考题

1. 美的集团公司 EDI 应用所带来的影响有哪些？
2. 通过调研，查阅美的 EDI 的工作流程案例。

第 8 章　供应链管理

引言

随着科学技术和经济的发展，消费者的需求趋于多样化、个性化，市场变幻莫测，再加上信息技术的蓬勃兴起，加剧了企业的全球化竞争。在激烈竞争的市场面前，困扰许多公司的问题如下："企业如何长久地保持竞争力？"市场竞争环境的改变，使得传统企业只关注内部资源运作的管理模式正在经受严峻挑战。供应链管理正是顺应经济和时代的要求而发展起来的一种新兴的管理模式。对那些善于理解市场变化，善于运用供应链的企业而言，借助供应链管理，将使企业继续腾飞。因此，供应链管理将成为企业决胜未来的重要工具。

8.1　供应链管理概述

8.1.1　供应链管理的含义

供应链管理（Supply Chain Management，SCM）理论是确保顾客满意的一个主要环节，即保证在正确的时间把正确的产品/服务送到正确的地方。它是在企业资源规划（ERP）的基础上发展起来的，它把公司的制造过程、库存系统和供应商产生的数据合并在一起，从一个统一的视角展示产品制造过程中的各种影响因素，把企业活动与合作伙伴整合，成为一个严密的有机体。SCM 帮助管理人员有效分配资源，最大限度地提高效率和减少工作周期，从而增强竞争实力，提高供应链中各成员的效率和效益。

美国物流协会将供应链管理定义如下：供应链管理是传统企业各部门之间，特定企业不同部门之间，供应链上各企业之间的系统的、具有战略意义的协调活动，其目的是改善个别企业以及整个供应链各环节长期的经营绩效。

全球供应链论坛（The Supply Chain Forum）的定义为"供应链管理是对从最终用户到最初供应商的所有为客户及其他投资人提供价值增值的产品/服务和信息的关键业务流程的一体化管理"。

总之，供应链管理是为了满足客户的需求，用系统的观点对供应链中的物流、信息流和资金流进行设计、规划、控制与优化，即行使通常管理的职能，进行计划、组织、协调与控制，以寻求建立供、产、销以及客户间的战略合作伙伴关系，最大限度地减少内耗与浪费，实现供应链整体效率的最优化，并保证供应链中的成员取得相应的绩效和利益的整个管理过程。

8.1.2　供应链管理的内容

实现企业供应链管理，首先应弄清楚供应链管理的主要内容。在这方面，不同学者根据自己的兴趣和理解分别提出了各自的看法。我国著名的供应链管理专家马士华教授认为供应链管理主要涉及供应、生产计划、传统物流和需求四个领域；它是以同步化、集成化生产计划为指导，以各种技术为支持，尤其以 Internet/Intranet 为依托，围绕供应、生产计划、传统物流、满足需求来实施的，主要包括计划、合作、控制从供应商到客户的物料（零部件和成品等）和信息。在供应链四个领域的基础上，可从另一角度把供应链管理分为职能领域和辅助领域。其中，职能领域主要包括产品工程、产品技术保证、采购、生产控制、库存控制、仓储管理、分销管理；而辅助领域主要包括客户服务、制造、设计工程、会计核算、人力资源、市场营销。

所以，供应链管理关心的并不仅仅是物料实体在供应链中的流动，除了企业内部与企业之间的运输问题和实物分销以外，供应链管理还包括以下主要内容。

（1）供应链管理策略制定（不同行业、不同产品类型要求采用不同的供应链管理策略）。

（2）推动式（Push）或牵引式（Pull）供应链运作方式的确定（不同企业有不同的管理文化，企业应选择适合于自己实际情况的运作方式）。

（3）战略性供应商和客户合作伙伴关系管理。

（4）供应链产品需求预测和计划。

（5）供应链的设计（全球节点企业的定位、资源的集成化计划、跟踪、控制和评价）。

（6）企业内部与企业之间物料供应与需求管理。

（7）基于供应链管理的产品设计与制造管理、生产集成化计划、跟踪、控制和评价。

（8）基于供应链的客户服务和物流（运输、库存、包装等）管理。

（9）企业间资金流管理（汇率、成本等问题）。

（10）供应链管理环境下的绩效测量与评价。

（11）基于 Internet/Intranet 的供应链运作的信息支持平台及信息管理。

案例 8.1

转型第四方物流——中远的供应链变革

一种原材料，从采购到生产再到销售环节，有上万个城市节点与客户，上百万个运输记录。而对于一个物流公司而言，挑战巨大。

"我们现在打算做'第一个吃螃蟹的人'。"黄大雷是中远网络物流信息科技有限公司的总工程师，他和他的团队正在开展为整个中远集团的物流运作设计 IT 系统和运用信息化的工作。

一、重建供应链网络

目前，中国的物流企业运用信息化的能力存在"中间大、两头小"的问题，黄大雷介绍。"中间大"是指中间的信息处理能力已经达到了非常强的程度，如对于中远物流来讲，已经拥有非常完善的综合物流信息系统，包括订单、仓库、配送管理系统，还有货运、传单系统等，但与国外的物流企业相比，依靠这些数据进行高端智能化的处理来改变业务流程设计和应用还无法实现。另外，运用 RFID 扫描等现场处理能力也很弱。

而对于中远而言，经过多年的发展，目前中远的物流网络已经非常复杂，从制造商到大区的仓库，再到大区的配送中心，最后到终端客户，层级非常多，而且运输产品多元化，运输模式也是多样化，这也就意味着中远的物流运作会非常复杂，当然，涉及决策的因素也就非常多。

2007 年，中远用发改委的赞助基金成立了自己的物流新技术实验室。随后，与 IBM 中国研究院合作，展开一个名为"绿色供应链优化 Green SNOW"的项目。"这一研究项目主要是依靠物流企业在仓储、配送等各个流程的数据进行分析，从而发现数据如何可以更好地优化，进而调整物流运输的路线甚至是交通方式。"IBM 中国研究院资深经理董进说。

因此，定性考虑企业的战略，包括整个市场趋势如何，物流运营策略如何，竞争对手处在什么样的情况后，再根据物流企业的各个物流节点、地理位置、设备运输的成本、运输能力相关技术参数，定量地帮助企业作出分析，最后形成方案就显得尤为重要了。

这实际上就是国内物流企业与国外传统物流企业的差距所在——依靠信息化的智能手段来改变业务流程，而不是单纯依靠人的所谓经验。

黄大雷举例说，如一种原材料从采购到生产，之后进行配送再到终端客户，这一过程可能会产生超过 1 万多个城市节点与客户，产生将近 100 多万条运输记录，在这样的网络中决策什么样的物流网络是最优的物流网络，每个城市的仓库都设在哪里可以距离最近、库存最少，依靠人是非常难决定的，如果再需要多式联运，还要考虑选择哪个路线，运用什么方式运输，才能把一单货从 A 到 B 以最低成本运送，流程更加繁琐。而这也正是"供应链网络优化解决方案"所需要解决的，而以前，这么多决策点往往都是由员工依据经验来人为决定。

二、减少碳排放

之所以要花费大量的人力财力与 IBM 一起研发这一创新项目，中远的"野心"也并不仅仅聚焦在降低成本上，中远已看得更远。

IBM 中国研究院资深研究员丁宏伟说，Green SNOW 还可以提供一种系统仿真技术，帮助公司在进行实际投资和商业运作前，对企业的未来投资行为和商业运作进行模拟，以评估潜在的风险，并测算未来的成本和投资回报率。此外，系统还将通过分析优化技术，帮助公司大幅降低整个物流网络的碳排放。

"目前'碳排放'在中国还不是非常普及的一个名词，但根据测试，碳排放密度比较高的正是集中在物流和制造业。"丁宏伟指出。目前在欧美，碳排放指标已经成为企业环保的重要标准，如英国的一些领先零售商，会把自己的产品附带一个标签，说明碳排放量是多少，从而让顾客自己来选择，人们往往也会选择碳排放量比较低的产品。"因此也许在不久的将来，欧美就会在碳排放标准上设置门槛，限制全球的贸易活动和来自外国的产品。"

中远显然已经预见到了未来全球化发展可能会遇到瓶颈。"目前中远最大的成本就是燃油消耗，依靠技术改变流程来减少碳排放，不仅可以不用担心未来欧美的准入限制，还可以减少我们的燃油消耗。"黄大雷说。

因此，Green SNOW 项目还要开发出可以提供优化解决方案的系统，对各个供应链的选址、数量、能量、运输、设计、燃油、路线进行平衡的安排，甚至还包括燃油种类的选择和用量确定，系统还可以记录在运输、仓储等每一段物流活动中所产生的碳排放数据，以提高服务、降低成本，减少碳排放。据了解，如果降低整个中远物流网络的碳排放，由此带来的减排效果相当于每年新种植 217 公顷的阔叶林。

Green SNOW 项目已经在年中进入推广阶段，但要改变供应链的一些过程和设置，还需要中远的客户来配合。由于中远最大的物流业务就是为海尔、海信等家电行业进行运输配送，Green SNOW 项目也将最先在中远的家电客户层面推广。"毕竟要涉及客户的配送中心、仓库的位置变化，并改变原有的配送方案，因此从推广到客户接受后真正投入应用预计还需要一段时间。"而从长远看，如果 Green SNOW 项目得以实现和推广，也意味着中远集团将从一个单纯的第三方物流企业向第四方物流企业转型，原因在于中远将会主导客户企业供应链方案的制订，而不是仅仅被动地做一个运输提供商。

资料来源：牛鱼龙. 中国物流百强案例[M]. 重庆：重庆大学出版社，2007：13.

思考题

1. 调查绿色供应链的发展状况。
2. 第三方物流公司整合供应链需要具备哪些能力？

案例 8.2

东南汽车供应链法宝

东南汽车供应链运作的根本思想是将公司自身的利益与合作伙伴的利益紧紧联系在一起。

每天早晨 7 点 55 分，联泓交通器材公司长长的小拖车，要载着汽车座椅准时从厂区出发，它要在上午 8 点整将座椅准时送到东南汽车工业公司的装配流水线上。作为东南（福建）汽车工业公司（以下简称东南汽车）的配件供应商，联泓交通器材公司位于福州市闽侯县青口投资区，距离东南汽车厂区仅 1 千米，交通十分便利。但是，小拖车平均每天交货 8 次，约每小时 1 次，交货必须准时，不能早也不能晚，因为所有时刻都已排好要送配件的厂家，否则，配件厂商将被罚款。

东南汽车由台湾省内最大的汽车企业裕隆企业集团所属的中华企业公司与福建汽车工业集团所属的福州汽车厂各出资 50%组建，目前年产销汽车超过 6 万辆，30 多家配套厂分布在主厂周围，形成占地 200 万平方米的东南汽车城。目前 30 多家配套厂的库存普遍在 4～8 小时之间，每次到东南汽车交货的时间在 5～20 分钟之间，配套厂如何在正确的时间把正确数量的正确配件送到东南汽车生产线的正确地点？

一、看板管理

从空中鸟瞰，东南汽车城就像是一艘巨型航空母舰，而东南汽车恰好处在甲板的位置，30 多家配套厂星罗棋布在周边，企业间的默契配合形成了航母的超常战斗力。

为降低库存，长期以来东南汽车实行的是"看板"管理。东南汽车每旬都会向配套厂下计划订单，但这些订单并不是要求供应厂商交货的通知依据，而是给厂商做生产物料准备之用。配套厂向总装生产线交货的实际依据是东南汽车给它的一个"看板"。"看板"来源于日语 KanBan，是用于标明生产流水线中每批零部件的品名、数量、上道工序是什么、下道工序是什么的一张指示牌，是对生产需求信息进行实时控制的一种信息载体。东南汽车每小时到装配流水线上收集一次"看板"，收回来后通过条形码扫描的方式采集"看板"上的信息，然后通过信息系统和网络传递给配套厂。同时，配套厂在交货的时候，让货车司机把"看板"带回去，然后配套厂依据"看板"生产、交货。这样，生产线用掉多少物料，配套厂就交多少过来。

1996 年，东南汽车工厂开建，零配件配套厂商也陆续搬了过来。在建设"新家"过程中，东南汽车的决策者们就预见到，未来汽车业的竞争将不再局限于整车厂对整车厂的竞争，而是整条供应链与供应链之间的竞争。2002 年 3 月，全兴、泰全等几家配套厂谋划实施 ERP，东南汽车及时出招，引导配套厂采用统一的 ERP 系统，并启动了"东南汽车网络制造及供应链协作项目"。当时东南汽车已实施完 ERP，正计划推动供应链管理和 B2B 电子商务，东南汽车生产管理部经理刘建成和资讯中心经理黄振昌表示，利用东南汽车城配套体系的群聚优势，要推动供应链管理系统的建设，鼓励配套厂选择使用相同的 ERP 系统，可以避免将来为信息共享而开发太多的接口。

从 2002 年 8 月到 2003 年 12 月，全兴、泰全、联泓等 30 多家配套厂先后实施了易飞 ERP 系统，随后东南汽车又建立了完善的供应链管理系统。截至 2004 年底，东南汽车城所有的配套厂全部实施了供应链管理系统，包括配套厂、物流中心等，2006 年将实施其他城市配套厂的供应链管理系统。黄振昌说，由于所有配套厂使用的都是同一家 ERP，信息资源可充分共享，为东南汽车城区域网络和信息交换平台的建立奠定了基础。

现在，东南汽车的 ERP 系统根据"看板"信息，自动上传供应链管理系统的信息，通过东南汽车城内部的百兆光纤网，自动发送给联泓、全兴等配套厂。几乎在同一时间，配套厂的工作人员登录东南汽车供应链网站，下载东南汽车最新的需求计划，包括整车生产顺序、供货时间、供货数量以及配件型号等。以生产汽车座椅的联泓公司为例，联泓工作人员下载的需求计划自动导入联泓公司的 ERP 系统，与联泓的库存自动对接后，形成联泓给东南汽车的供货计划和联泓给自己的供货商的物料需求计划，并同步发送给东南汽车和联泓的供货商。从联泓接到东南汽车的需求计划，到联泓的供货商接到联泓的物料需求计划，整个过程几乎同步。东南汽车接到联泓公司的供货回复后，就可以立即着手准备接货，包括填写单据、安排接货人员等。而联泓公司的生产线则根据东南汽车的最新需求计划微调生产顺序，包括调整产品型号、生产数量等。这样，联泓生产的多数座椅几乎在下线的同时，又装上小拖车，送到东南汽车的整车装配线。

目前，东南汽车城的配套厂和东南汽车之间通过百兆光纤城域网构成一个大的作业平台，每天在作业平台上往来的交货笔数有上万件；而其他城市的配套厂通过 Internet 远程访问供应链平台。黄振昌说，信息系统和网络给了东南汽车的配件厂"一双慧眼"，让它们知道，东南汽车现在准备生产什么车型，生产顺序怎样排，什么时间需要多少物料，然后配件厂就根据现有库存安排生产和采购等，并按照这个顺序及时交货到东南汽车的汽车装配线。

二、两小时库存

联泓和东南汽车有着长期的合作关系，再加上地理位置便利，库存时间本来就极短，只有 4 小时，实施供应链管理后，联泓的库存降低到了两小时。联泓的两小时库存是如何实现的呢？

首先是高效的信息传递。过去，联泓主要通过传真和电子邮件接收东南汽车的"看板"信息，然后用手工方式录入到联泓的 ERP 系统，形成生产计划和物料需求计划，经过手工审批形成采购计划后，再发传真或者电子邮件给供货商。在信息传递过程中，由于工作人员疏忽难免出现各种错误，不仅造成了管理混乱，而且影响了市场反应灵敏度。2004 年 10 月，联泓实施供应链管理系统后，东南汽车的"看板"信息自动导入联泓的 ERP 系统。系统自动生成联泓对东南汽车的供货序列信息以及供应商对联泓的序列供货信息。联泓公司资讯中心经理说，过去联泓的采购信息经手工批示后，再传真给供应商；现在由系统自动生成，然后上传供应链管理系统，供应商定时登录供应链网站下载打印联泓的采购计划。

其次是一致的生产顺序。目前汽车装配是小批量、多品种，经常这一台装配的是"得利卡"，后面一台可能就是"富利卡"或者"菱利"，而每个车型展开来都有三四十个零部件品种系列，如座椅有十几种，车灯也有十几种。以前，配套厂不能准确掌握总装厂的生产计划，只好按批量生产，这个批号生产 60 台套，下个批号生产 40 台套，这就难免造成库存积压。东南汽车生管部经理刘建成说，现在东南汽车提前 3 小时把生产顺序提供给配套厂，配套厂按照东南汽车的生产顺序生产零配件，因为双方的生产顺序一致，零配件从配套厂生产线上下线后，直接就送到东南汽车的装配线。刘建成表示，未来东南汽车供应链建设的重点是推动配套厂的供应商实施供应链管理系统，即实现汽车城内 2nd Tier AP2AP（Application to Application）的供应链管理，并最终实现东南汽车供应链的整体"零库存"。

最后是交货时间进一步缩短。以前，配套厂交货的小拖车要在东南汽车停留大约 40 分钟，包括核对配件型号、清点配件数量、办理相关手续以及排队等候等；如今，小拖车在东南汽车最多停留 20 分钟甚至不到 5 分钟。刘建成说，现在小拖车还没有到厂区，物流人员已经知道要送哪些配件来，分别是什么型号、数量多少等，从而利用前置时间办理相关手续；小拖车到达厂区后，直接把配件送到装配线上，根本不需要先送到东南汽车的仓库，再从仓库货架搬到装配线。过去东南汽车的库存一般在四天左右，现在一般控制在一天到一天半，因为部分核心部件和在其他城市的配套厂提供的配件需要大量库存；而东南汽车城内的绝大多数配套厂的库存已经降低到 2~4 小时。

三、三大制胜法宝

近几年，东南汽车的产销量快速增长，库存没有增加反倒不断减少，而且实现了与配套厂库存同步减少（少数外省市配套厂除外），东南汽车保持骄人业绩的秘诀何在？

首先，东南汽车供应链管理的焦点是如何对需求变化做出快速反应，而不是一味强调供货速度和成本。信息沟通使供应链能及时发现东南汽车的需求波动，提醒配套厂及时调整各自的生产计划，同时提醒配套厂的供货商也调整供货计划。东南汽车给每家配套厂安排的送货计划紧凑有序，交货时间的误差均控制在 10 分钟以内，否则将面临罚款。

其次，供应链不断跟上企业战略变化的需求。20 世纪 90 年代末，东南汽车以前瞻性规划全盘导入 35 家台湾专业汽车零部件厂，紧密环绕在主机厂周围，组成占地近 200 万平方米的东南汽车城，为今天的高效供应链奠定了基础。试想，如果东南汽车的配套厂遍布全国各地，即使信息化水平再高，恐怕也难以实现两小时库存。2002 年，全兴、泰全等配套厂计划实施 ERP，东南汽车又及时出击，邀请台湾省的 IT 专家提供辅导，并选定神州数码的易飞 ERP 作为配套厂统一的 ERP 软件。虽然东南汽车和多数配套厂没有产权关系，但在台湾省内多年稳定的产权关系和相互之间的信任，抵消了配套厂各自的打算，最后东南汽车城 35 家配套厂全部实施了易飞 ERP。此举大大减少了日后实施 i2 供应链过程中软件接口的开发数量，也为供应链系统和 ERP 系统间信息的平滑对接奠定了软件基础。

最后，与合作伙伴同呼吸共命运。东南汽车供应链运作的根本思想是将公司自身的利益与合作伙伴的利益紧紧地联系在一起。刘建成说，供应链中许多失败的运作都是由于利益不一致造成的，即便供应链中的伙伴是同一公司中的不同部门，如果有利益分歧存在，也可能酿成恶果。配套厂在实施 ERP 和 i2 供应链过程中，东南汽车派出指导员给予辅导，对成功上线的配套厂进行奖励。ERP 上线后，每半年东南汽车对配套厂 ERP 系统和供应链系统的运行情况评审一次，如果不能保持系统上线的成果，将可能被处罚。

由此看来，实施供应链管理不仅要求速度快、成本低，而且还必须反应敏捷，适应力强，并且能使各方利益协调一致。

资料来源：葛承群. 物流运作典型案例诊断[M]. 北京：中国物资出版社，2006：28.

思考题

1. 结合案例，说明"看板"管理的实施条件和步骤。
2. 结合案例，谈谈如何实现供应链整体库存降低。

案例 8.3

华远地产优化供应链管理的启示

华远地产是国内房地产业最早创立的品牌之一，至今已诞生二十余年。华远地产于 20 世纪 80 年代初进入房地产业，陆续完成了中外合资、境外间接上市，创造了房地产企业利用外资高速发展的奇迹，成为国内第一家中外合资的股份制一级综合开发企业。一直致力于开发高品质的具有市场代表性的房地产产品。建成西单文化广场、华威大厦、华南大厦、华亭嘉园、华清嘉园、凤凰城等北京地产界知名的项目。

华远地产逐渐形成了涵盖项目开发、销售代理、物业管理的地产开发综合体。华远地产以尊重和维护业主权益、树立行业规范为重要责任，以诚信为立业之首，先后推出"业权分配""工程保证担保"等创新理念并积极实践，成为维护市场公平和行业规范的中坚力量；华远地产"产品标准"成为华远品牌产品卓越品质的保障。

供应链的概念注重围绕核心企业的网链关系，如核心企业与供应商、供应商的供应商乃至与一切前向的关系，与用户、用户的用户及一切后向的关系。此时对供应链的认识形成了一个网链的概念，供应链管理（SCM）最早起源于加工制造行业，由于此行业产品相对简单、标准化强、合作企业相对单一，更加适合采用供应管理的方法，如丰田、耐克、尼桑、麦当劳和苹果等公司的供应链管理都从网链的角度来实施。

在房地产开发中，引入供应链管理虽然起步较晚，但通过供应链管理和战略合作管理提升房地产开发企业的核心竞争力的意义是非常重大的，其中所涉及的各项工作也非常丰富。对于合作双方而言，引入供应链管理及战略合作管理的目的就是提高效率、降低成本，提升核心竞争力。

处在房地产开发供应链的不同环节，各合作商本身的特点和起到的作用也大不相同，所以华远地产战略合作伙伴发展的总体原则是"细分领域，分别对待"，在不同的合作领域遵循不同的原则。

2011 年 10 月 18 日，华远地产组织召开以"倡导责任地产，共筑品质建筑"为主题的华远地产优秀合作伙伴大会。会上，华远地产启动了"阳光智慧平台"，还进行了华远"金伙伴"的颁奖仪式，这标志着华远开始从传统招标采购向战略合作的转型。

对于华远的战略合作伙伴而言，通过华远地产的供应链管理取得了长期的订单，为了稳定客户关系，交易成本降低，服务、质量提高成了唯一有效的手段，供方与需方的关系从竞争转变为互信共赢关系。产品的质量和竞争优势不再取决于开发商自己的实力，而是取决于整个供应链的实力，以及全程供应链管理的质量。华远地产阳光智慧采购平台如图 8-1 所示。

采购平台优势 及时发布并获取大量实用信息　采购平台优势 突破地域局限拉近供求距离　采购平台优势 降低采购成本提高资金利用率　采购平台优势 互利互惠谋求共赢

图 8-1　华远地产阳光智慧采购平台

供方管理系统建立后，下一步就是引入供方，更重要的是留住好的，淘汰差的。建立供方信息库、客户产品需求信息库、供方产品与服务信息库非常重要。

供方信息库——分等级管理各个等级供方，有序竞争、动态管理，优胜劣汰，逐步将有实力、有诚信，具有良好合作精神的企业发展成战略合作伙伴。

客户产品需求信息库——深入调研客户需求和同行物业的供方产品使用情况。完整房地产开发供应链的核心开发商，但供应链管理的终端和目的是购房人、客户，客户的需求才是供应链的最终目标。客户关注的，要做到；客户不需要的，多一点也不提供；在采购的时候准确定位客户需求的同时，还要准确定位产品档次，解决好档次匹配的问题，什么档次的楼盘配什么档次的部品。

供方产品与服务信息库——深入调研供方市场和产品情况，提高对供方和产品的了解和把控水平，高效整合供应链为客户提供最适合的产品，清晰掌握如何利用供方资源为产品服务、为客户服务，利用供方的产品与服务资源为产品标准和部品研究工作提供支持。

提出项目的"整体招标规划"概念，在整个项目开始操作之前，要想清楚工程如何外包管理，如何分解工程，全部招标工作如何开展。想清楚开发进度、工程实体范围及施工分界、工程管理体系及工程分包、材料设备供应形式、合同策划（合同网络图）、产品品牌档次和选型、成本控制指标等问题后，再开始总包招标工作。

完成以上工作需要健全两个最重要的基础建设工作：第一，项目招标规划模板即项目采购合约管控表。第二，合同范本体系管理。以上两个方法也可以非常有效地解决异地项目开发的招标、合约管理工作。规定了套路动作，按合同范本办事，目标清晰，而且效率较高。

此外，为与战略合作伙伴和以往长期合作的企业保持良好关系，需要定期召开"优秀供方会"，邀请合作评价良好、合作密切和已签订战略合作协议的供方企业高层领导参会，在促进沟通的基础上增强合作伙伴对战略合作这项工作的认识与理解，以达更趋完美的工作合作，为客户提供更满意的产品。

资料来源：赵光忠. 企业物流管理模板与操作流程[M]. 北京：中国经济出版社，2004：236.

思考题

1. 了解供应链质量管理的含义。
2. 对于房地产开发行业，供应链管理的思想有何作用？

案例 8.4

风神汽车成功应用供应链管理

一、概况

今天的汽车制造业正面临着前所未有的市场竞争环境。一方面，国内汽车市场中的消费需求日趋个性化，且消费者要求能在任何时候、任何地点，以最低的价格及最快的速度获得所需要的产品，从而使市场需求不确定性大大增加。在捉摸不定的市场竞争环境中，有的企业能够长盛不衰，有的只能成功一时，还有的企业却连一点成功的机会都没有。另一方面，伴随中国加入世界贸易组织（WTO），中国整个汽车工业又将受到国外汽车制造商的冲击和挤压，而且随着市场经济的发展，中国企业原有的经营管理方式早已不适应剧烈竞争的要求。在这内外交困的环境下，企业要想生存和发展下去，必须寻求新的出路。

经济全球化、制造全球化、合作伙伴关系、信息技术进步以及管理思想的创新，使得竞争的方式也发生了不同寻常的转变。现在的竞争主体，已经从以往的企业与企业之间的竞争转向供应链与供应链之间的竞争。因而，在越来越激烈的竞争环境下，供应链管理（Supply Chain Management，SCM）成为近年来在国内外逐渐受到重视的一种新的管理理念和管理模式，在企业管理中得到普遍应用。风神汽车有限公司就是其中一个典型的范例。

风神汽车有限公司是东风汽车、台湾裕隆、广州京安云豹汽车有限公司等共同合资组建的，由东风汽车公司控股的三资企业。在竞争日益激烈的大环境下，风神公司采用供应链管理思想和模式及其支持技术方法，取得了当年组建、当年获利的好成绩。通过供应链系统，风神汽车有限公司建立了自己的竞争优势。通过与供应商、花都工厂、襄樊工厂等企业建立战略合作伙伴关系，优化了链上成员间的协同运作管理模式，实现了合作伙伴企业之间的信息共享，促进物流通畅，提高了客户反应速度，创造了竞争中的时间和空间优势；通过设立中间仓库，实现了准时化采购，从而减少了各个环节上的库存量，避免了许多不必要的库存成本消耗；通过在全球范围内优化合作，各个节点企业将资源集中于核心业务，充分发挥其专业优势和核心能力，最大限度地减少了产品开发、生产、分销、服务的时间和空间距离，实现对客户需求的快速有效反应，大幅度缩短订货的提前期；通过战略合作充分发挥链上企业的核心竞争力，实现优势互补和资源共享，共生出更强的整体核心竞争能力与竞争优势。风神公司目前的管理模式无疑是成功有效的，值得深入研究和学习借鉴。

二、风神公司的供应链系统

1. 风神供应链结构

供应链是围绕核心企业，通过对信息流、物流、资金流的控制，从采购原材料开始，制成中间产品以及最终产品，最后由销售网络把产品送到消费者手中，将供应商、制造商、分销商、零售商直到最终用户连成一个整体的功能网链结构。它是一个范围更广的扩展企业结构模式，包含所有加盟的节点企业，从原材料供应开始，经过链中不同企业的制造加工、组装、分销等过程直到最终用户。它不仅是一条连接供应商到最终用户的物料链、信息链、资金链，而且是一条增值链，物料在供应链上因加工、包装、运输等过程而增加其价值，给相关企业都带来收益。风神供应链结构如图 8-2 所示。

图 8-2　风神供应链结构

在风神供应链中，核心企业风神汽车公司总部设在深圳，生产基地设在湖北的襄樊，广东的花都和惠州。"两地生产、委托加工"的供应链组织结构模式使得公司组织结构既灵活又科学。风神供应链中所有企业得以有效的连接起来形成一体化的供应链，并和从原材料到向顾客按时交货的信息流相协调。同时，在所有供应链成员之中建立起了合作伙伴型的业务关系，促进了供应链活动的协调进行。

在风神供应链中，风神汽车公司通过自己所处的核心地位，对整个供应链的运行进行信息流和物流的协调，各节点企业（供应商、中间仓库、工厂、专营店）在需求信息的驱动下，通过供应链的职能分工与合作（供应、库存、生产、分销等），以资金流、物流或/和服务流为媒介，实现整个风神供应链不断增值。

2．风神供应链的结构特征

为了适应产品生命周期不断缩短、企业之间的合作日益复杂以及顾客的要求更加挑剔的环境，风神供应链中的供应商、产品（整车）制造商和分销商（专营店）被有机组织起来，形成了供应—生产—销售的供应链。风神的供应商包括了多家国内供应商和多家国外供应商（KD 件），并且在全国各地设有多家专营店。供应商、制造商和分销商在战略、任务、资源和能力方面相互依赖，构成了十分复杂的供应—生产—销售网链。通过分析发现,风神供应链具有如下特征。

首先,风神供应链的结构具有层次性。从组织边界的角度看,虽然每个业务实体都是供应链的成员,但是它们可以通过不同的组织边界体现出来。这些实体在法律上是平等的,在业务关系上是有层次的,这与产品结构的层次是一致的。

其次,风神供应链的结构表现为双向性。在风神供应链的企业中,使用某一共同资源(如原材料、半成品或产品)的实体之间既相互竞争又相互合作,如襄樊和花都厂作为汽车制造厂,必然在产量、质量等很多方面存在竞争,但是在整个风神供应链运作中又是紧密合作的。花都厂为襄樊厂提供冲压件,在备件、零部件发生短缺时,相互之间又会进行协调调拨,保证生产的连续性,最终保证供应链系统的整体最优。

再次,风神供应链的结构呈多级性。随着供应、生产和销售关系的复杂化,风神供应链的成员越来越多。如果把供应链网中相邻两个业务实体的关系看作一对"供应—购买"关系,对于风神供应链这样的网链结构,这种关系应该是多级的,而且同一级涉及多个供应商和购买商。供应链的多级结构增加了供应链管理的困难,同时也为供应链的优化组合提供了基础,可以使风神公司根据市场变化随时在备选伙伴中进行组合,省去了重新寻找合作伙伴的时间。

最后,风神供应链的结构是动态的。供应链的成员通过物流和信息流连接起来,但是它们之间的关系并不是一成不变的。根据风神公司战略转变和适应市场变化的需要,风神供应链中的节点企业需要动态地进行更新。而且,供应链成员之间的关系也由于顾客需求的变化而经常做出适应性的调整。

利用风神供应链的这些特征,风神公司找到了管理的重点。例如,风神公司对供应链系统进行了层次区分,确定出了主干供应链和分支供应链,在此基础上建立起了最具竞争力的一体化供应链。另外,利用供应链的多级性特征,对供应链进行等级排列,对供应商/分销商做进一步细分,进而制定出具体的供应/营销组合策略。利用供应链结构的动态性特点指导风神公司建立供应链适时修正战略,使之不断适应外部环境的变化。世界著名的耐克公司之所以取得全球化经营的成功,关键在于它卓越地分析了公司供应链的多级结构,有效地运用了供应商多级细分策略,这一点在风神公司的供应链上也得到了体现,说明充分掌握供应链的结构特征对制定恰当管理策略的重要性。

三、风神供应链的管理策略

风神供应链在结构上具有层次性、双向性、多级性、动态性和跨地域性等特点,在管理上涉及生产设计部门、计划与控制部门、采购与市场营销部门等多个业务实体,因此在实现供应链的目标、运作过程和成员类型等方面存在较大的差异。面对如此复杂的供应链系统,如何选择恰当的管理策略是非常重要的。

1. 供应链核心企业的选址战略

风神汽车供应链中的核心企业设在广东的深圳，这是因为深圳有优惠的税收政策和发育的资本市场，并且可为今后的增资扩股、发行企业债券等提供财力支撑，此外，在便利的口岸、交通、技术引进及资讯便利等方面，具有无可替代的地理优势，这些都是构成风神供应链核心竞争力的重要要素。而位于湖北的襄樊工厂有资金、管理及技术资源的优势，广东花都具有整车组装能力，这样就形成了以深圳作为供应链中销售、财务、技术、服务及管理的枢纽，而将整车装配等生产过程放在襄樊和花都，又以襄樊和花都为中心连接起众多的上游供应商，从而可以集中公司的核心竞争力完成销售、采购等核心业务，在整个供应链中就像扁担一样扛起了襄樊、花都两大生产基地。

2. 业务外包战略

风神公司"总体规划、分期吸纳、优化组合"的方式很好地体现了供应链管理中的业务外包（Outsourcing）及扩展企业（Extended Corporation）思想。这种组合的优势体现在充分利用国际大平台的制造基础，根据市场需求的变化选择新的产品，并且可以最大限度降低基建投资及缩短生产准备期，同时还可以共享销售网络和市场，共同摊销研发成本、生产成本和物流成本，从而减少了供应链整体运行的总成本，最后确保风神汽车公司能生产出最具个性化、最适合中国国情的中高档轿车，同时还具有最强的竞争力。风神公司紧紧抓住"总体规划、分期吸纳、优化组合"的核心业务，而将其他业务（如制造、仓储、物流等）外包出去。

3. 全球性资源优化配置

风神公司的技术引进战略以及 KD 件的采购战略体现了全球资源优化配置的思想。风神公司大部分的整车设计技术是由日产和台湾裕隆提供的，而采购则包括了 KD 件的国外进口采购和零部件的国内采购，整车装配是在国内的花都和襄樊两个地方进行，销售也是在国内不同地区的专营店进行，这就实现了从国内资源整合到全球资源优化配置的供应链管理，大大增强了整个供应链的竞争能力。

4. 供应商管理库存（VMI）的管理方式

在风神供应链的运作模式中，有一点很值得学习和借鉴的就是其供应商管理库存（Vendor Managed Inventory，VMI）的思想。关于 VMI，国外有学者认为："VMI 是一种在用户和供应商之间的合作性策略，以对双方来说都是最低的成本优化产品的可获性，在一个相互同意的目标框架下由供应商管理库存，这样的目标框架被经常性监督和修正，以产生一种连续改进的环境。"风神公司的 VMI 管理策略和模式，通过与风神公司的供应商之间建立的战略性长期合作伙伴关系，打破了传统的各自为政的库存管理模式，体现了供应链的集成化管理和"双赢"思想，能更好地适应市场要求。

VMI 是一种供应链集成化运作的决策代理模式，它把用户的库存决策权代理给供应商，由供应商代理客户行使库存管理的决策权。例如，在风神公司的采购过程中，风神公司每6个月与供应商签订一个开口合同或者闭口合同，在每个月初告诉供应商每个月的要货计划，然后供应商根据这个要货计划安排自己的生产，然后将产品运送到风神公司的中间仓库，而风神公司的装配厂只需要按照生产计划凭领料单，按时到中间仓库提取产品即可，库存的消耗信息由供应商采集并及时作出补充库存的决策，实现了准时化供货，节约了库存成本，为提高整个供应链的竞争力作出了贡献。

5. 战略联盟的合作意识

风神公司通过业务外包的资源整合，实现了强强联合，达到了共赢的目的。通过利用全球采购供应资源和产品开发技术，以及国内第三方物流公司的优势，不仅风神汽车公司获得了投资仅一年就获利的良好开端，而且也为花都工厂、襄樊工厂以及两地中间仓库和供应商带来了巨大商机，使所有的企业都能在风神供应链中得到好的发展。风神供应链中的合作企业都已经认识到，它们已经构成了相互依存的联合体，各方都十分珍惜这种合作伙伴关系，都培育出了与合作结成长期战略联盟的意识。可以说，这种意识才是风神供应链真正的价值！

一个一体化的、协调的供应链"超级组织"具有对市场需求变化的高度反应力，能迅速支持一个伙伴公司的快速发展，这已经为事实所证明。之所以能取得这样的成效，得益于供应链上的伙伴能够共同分享它们所需要的各种信息，从而使它们能够协调运作。当供应链中每个成员企业的活动都像乐队队员按乐谱演奏那样时，供应商就知道何时增加/减少生产，物流公司能够掌握何时提供准时物流服务，分销商也可及时进行调整。这样，就能够把传统经营中经常出现流通中断或库存积压过长等问题消除，或者降到最低限度，真正实现精细生产。这就是供应链管理的魅力！

资料来源：马士华. 供应链管理[M]. 北京：机械工业出版社，2005：27.

思考题

1. 风神供应链有哪些特点？
2. 风神供应链体现了哪些先进的管理思想？

案例 8.5

戴尔电脑公司的供应链和运营管理

戴尔电脑公司的总部位于美国得克萨斯州，两年前新建成的电脑装配厂就在戴尔总部附近，如图8-3所示。在戴尔的厂房里，首先引人注目的是楼梯旁的墙壁上挂着的一排排专利证书。戴尔发明的重点不在于新产品的开发，而是加工装配技术的革新，如流水线的提速、包装机的自动控制等。戴尔公司把这些专利证书摆放在如此显眼的地方，显然是想告诉每一位参观者，这些专利确保了戴尔模式的精髓——效率第一。

图 8-3 戴尔总部外景

一、每天组装 25 000 台电脑

负责台式电脑装配部门的艾根先生说，3 年前，当戴尔公司决定在总部附近新建这家工厂时，他们告诉建筑设计师，新工厂的目标是让每个工人的产量翻一番，零配件和装好的电脑还不能放在厂里，既占用地方，又浪费人力。

在设计师的努力下，这家新工厂的占地面积比原计划小了一半，可产量却几乎增加了 3 倍多。装配电脑的程序虽然没有变化，但新装配线的自动化程度却大幅提高，工人们接触电脑的次数比原来少了一半，过去，装配好的电脑要先运到一个转运中心去分发，就像邮递员要先把信件送到分拣中心一样，可现在电脑可以直接从工厂运走，省去了一个占地 3 万平方米的库房。

在厂房一侧的中心控制室里，工作人员们正注视着电脑显示屏上出现的各种数据。一位经理介绍说，戴尔接到的订单中有一半以上是通过互联网发出的，也有许多是通过电话发出的。客户发出订单后一分钟之内，控制中心就会收到信息。工作人员把收到的订单信息迅速传递给各个配件供应商，同时也将信息输入管理装配线的电脑程序。戴尔新装的软件系统将错误率减少到了每百万台不超过 20 台。

由于没有仓库，为了保证与配件供应商的紧密联系，戴尔建立了一整套网络管理系统，供应商们则联合成立了配件供应中心。戴尔只要通过网络发出指令，所需配件的数量、规格、型号、装配和运输全都按照电脑的安排精确运行，每道工序之间严丝合缝。供应商们通过配件供应中心，就可以迅速组织运货到装配厂。戴尔发现客户对某种配件需求量增大，也可以立即通知供应商，增加产量。戴尔用多少，配件厂商就供多少，减少了生产过剩的情况。

在装配车间的一头，工人们按照电脑指令，把运到的零配件迅速分发到各条装配线上。装配线旁有不少小隔段，每个隔段里有一两个工人，他们根据电脑的指示，再从流水线上运来的主机里装上各种零配件。每台机子都有一个编号，所需的配件上也有编号，安装之前，先要用扫描仪扫一下编号，保证不会出现错误。从零配件进厂到装配。检验完毕后装车运出厂，平均每台电脑只需要 5 个小时。工厂每两个小时接到一批零配件，每 4 个小时发出一批装好的电脑。

在这个大体相当于 5 个橄榄球场的厂房里，工人们每天要组装 2.5 万台电脑。在新装的三条装配线上，每条装配线每小时可以生产 700 台根据用户要求而配置不同的电脑，原来的装配线每小时最多只能装 120 台。即便已经有了如此大的提高，艾根先生仍认为，装配线的潜力尚未完全开发出来，未来可以提高到每小时 1 000 台的生产水平。

戴尔电脑的成功已经成为现代商业、制造业供应链和运营管理的典范，不少专家将戴尔电脑比作大型连锁超市沃尔玛。用戴尔公司首席执行官迈克·戴尔本人的话来说，戴尔公司与沃尔玛最大的相同之处就是把效率作为首要追求目标。过去 10 年来，戴尔的工人创造的价值翻了一番。1993 年，每个工人年均创造价值为 42 万美元，而现在是 92.7 万美元。

二、为顾客提供最适合的产品配置

谈起戴尔模式，人们自然会想到直销，其实直销不过只是戴尔模式的一个组成部分。购买了戴尔网络设备的文迪连锁旅店的经理密勒说，戴尔的产品并不一定是最先进的，但却是最好用的，价格也是最合适的。他们以前也曾购买过其他公司的产品，那些公司为了多赚钱，往往拼命推销一些新产品和附加产品。高配置的电脑虽然很先进，但却并不好用，有的功能根本用不上，安装后等于闲置。而戴尔不同，你需要什么它就卖给你什么，量体裁衣。戴尔的调查表明，许多客户选择戴尔的产品，就是因为其他厂商提供了很多不必要的服务和设备。

戴尔总裁兼首席运营官凯文在谈到中国市场时，首先讲的就是要以符合中国用户需求的电脑来扩大市场份额，而不是推出新产品或是更高级的电脑。他说："我们在推出一种产品时，首先考虑的是用户是否需要，是不是愿意或有能力购买，而不仅仅是技术上更先进或是更高的配置。我们不应该浪费顾客的钱。如果一种发明仅仅是为了让顾客多花钱而不能有效增加使用价值，意义就不大。"

三、每台电脑都有一个编号，保证优质服务

为了保证质量和效率，每台戴尔电脑都是由一个工人装配的，并且有一个编号，有了这个编号，戴尔能够提供更好的服务。客户打电话给戴尔，只要报出编号，工作人员

就可以很快查出机型、配置、生产厂家、安装者等信息，从而立即找到能够解决问题的技术人员。美国一家公司曾做过调查，如果是服务器出现了一样的问题，其他厂商需要停机 5 个小时排除故障，戴尔只用 1 个小时。更重要的是，当顾客发现电脑有问题而打电话咨询时，是和生产商直接交涉，而不是通过销售商再去找厂商。减少一个中间环节，就节省了很多时间。

戴尔已经把客户、配件生产厂家、供应商、装配线等连接成了一个整体。目前，戴尔与全球 170 多个国家的 5 万多家供应商和配件生产厂保持着联系，并掌握它们的库存和生产信息。有了这样一个网络，戴尔就能够保证按时、按质送货到位。如果一辆运送 17 英寸显示器的货车因暴风雪被阻，戴尔的控制中心得到消息后，就能够迅速查到哪家供应商有存货，并立即把最近的存货调送给用户。如果 17 英寸的显示器无法按时运达，工作人员为保证及时供货，还可以调运 19 英寸显示器替补，只收取少量附加费。戴尔的管理人员说，如果意外情况发生时，离交货截止时间还有 48 小时，他们就有 90%的把握保证按时交货。

戴尔还与遍及全球的电器和电子生产厂商结成了一个庞大的服务网，6 700 多名服务人员随时提供包括电话、网络、数码相机、打印机等配套设备、技术的服务。主管全球企业系统市场的副总裁哈格罗夫说，戴尔的目标就是通过全方位的服务"帮助你解决所有的问题"。

四、运营成本比竞争对手都低

相对于其他公司来说，戴尔在科研与开发方面的投入真不算多，每年大约只有 4.4 亿美元，而惠普是 40 亿美元。但戴尔公司更注重降低运营成本，把所有不必要的开支减少到零，特别是努力减少中间环节上的花费，以最少的投入获取最大的收益。经过多年的努力，戴尔的运营成本占总收入的比例不断下降，现在仅为 10%，而惠普是 21%，盖特威（Gateway）是 25%，思科高达 46%。

运营成本低意味着价格可能下调的空间越大，价格成了戴尔近年来不断蚕食对手市场份额的"撒手铜"。美国市场上的戴尔产品至少要比竞争对手的同类产品便宜 10%。盖特威卖 500 美元一台的电脑，同样配置的戴尔产品标价只有 450 美元。

与竞争对手相比，戴尔的优势就在于它能够以更短的时间，更少的开支制造出更符合用户需要的产品。这就是为什么这两年电脑行情跌入低谷，戴尔却仍然保持着较高收益的真实原因。2002 年，戴尔的销售量增加了 39%，销售额达到 337 亿美元，预计盈余 20 亿美元。目前戴尔是全球个人电脑的最大销售商，占有全球个人电脑市场将近 15%的份额。

大批量的生产还使戴尔具有了创立业界标准的实力。近年来，戴尔扩张的势头越来越强，它已经转向了服务器、网络储存器、掌上电脑等高端产品的装配与销售，甚至开始生产打印机。与此同时，戴尔也在走出北美，不断建立和扩大在欧洲、亚洲的生产、销售和服务网络。戴尔在中国市场的销售也迅速增长，仅 2002 年第三季度就比第二季度增加了 42%。面对戴尔的挑战，有的对手不得不放弃装配电脑，转而委托供应商或其他厂家代为加工，惠普与康柏只好联手合作，与戴尔抗衡。

五、戴尔模式很难复制

戴尔的经理罗恩介绍说，在中国、墨西哥，戴尔的模式会根据当地情况的不同而有所调整，但其基本的原则和思路不会有太大变化。

迈克·戴尔在回答"别的企业能不能复制戴尔模式"这个问题时说，各国有各国不同的情况，各个企业也有各个企业不同的情况。几年前，有的美国公司想学戴尔，但最终还是没有学成。戴尔公司的另一位主管也表示："戴尔模式是一个综合体。把那么多要素揉在一起，也许并不是每家企业都能做到的事情。重要的是如何找到最适合自己的，能够提高效率的发展模式，而不是'复制'戴尔。"

资料来源：百度文库，wenku.baidu.com.

思考题
1. 结合本章内容分析戴尔公司的供应链特点。
2. 什么样的反应水平最适合戴尔的供应链？

8.2　供应链管理方法

供应链管理注重供应链中的所有环节及其联系的技术的管理，它不是供应商管理的别称，而是通过集成不同企业的不同组织部门，协调运作、统一目标，以提高整个供应链效率的策略。随着信息技术和通信技术的发展，以及人们对供应链管理战略的深入理解，新的供应链管理策略不断出现，快速供应（QR）、有效客户响应（ECR）、品类管理（CM）是几种先进的供应链管理策略，有助于提升供应链的整体反应速度，降低供应链的运行成本，提高顾客满意度。

8.2.1　QR 方法

QR 是一个零售商和制造商密切合作，建立战略伙伴关系；利用 EDI 等信息技术，进行销售时点的信息交换以及订货补充等其他经营信息的信息交换；用多频度小数量的配送方式连续补充商品；以实现缩短交货周期，减少库存，提高顾客服务水平和企业竞争力为目的的供应链管理方法。QR 的概念有三个要点。

1. QR 以交易企业间的"战略联盟"为基础

快速响应业务成功的前提是零售商和厂商的良好关系。实现这种关系的方法之一就是战略联盟，包括确定业务合作关系并采用双方互利的业务战略。

战略联盟要求厂商高级经理之间进行沟通和接触，然后将这种关系由上向下渗透到整个组织中，同时要求多个部门都要参与规划和执行的各阶段工作。

2. 建立"有适当的商品，在适当的时期以适当的价格，并在适当的场所供给的系统"

QR 是信息系统和 JIT 物流系统结合起来，实现"在特定的时间和特定的地点将特定的产品交予特定的客户"的产物；信息技术提高了在最近的可能时间内完成物流作业和尽快地交付所需存货的能力。这样就可减少传统上按预期的顾客需求过度地储备存货的情况。快速反应的能力把作业的重点从根据预测和对存货储备的预期，转移到以从装运到装运的方式对顾客需求做出反应方面上来。

3. QR 的目标是在最少的供货周期和最小的风险下，构筑最大的竞争力

通过战略联盟或产销同盟的建立，首先是要从原材料到最终制品实现供货周期的缩短和减少库存这一目标。传统上，缩短订货周期和减少库存的努力仅限于企业内部，并没有注意到从原料到最终制品很长的产销通路中存在大量时间和库存浪费。QR 作为一种经营战略则致力于缩短整个流程的周期和库存成本，提高产销同盟整体的核心竞争力。

表面看，QR 是信息技术发展的产物。但深入理解，QR 可以说是一种经营战略。当然，这种经营战略不能脱离信息的网络化。但信息化本身不是目的，而只是一种手段。QR 的目的是通过信息网络化，建立流通业和制造业的战略联盟，这才是 QR 哲学的根本思想。

8.2.2 ECR 方法

有效客户响应（Efficient Commercial Response，ECR）是一个生产厂家、批发商和零售商等供应链组成各方相互协调和合作，以更好、更快并以更低的成本满足消费者需要为目的的供应链管理策略。

ECR 的最终目标是建立一个具有高效反应能力和以客户需求为基础的系统，使零售商及供应商以业务伙伴方式合作，提高整个供应链的效率，而不是单个环节的效率，从而大大降低整个系统的成本、库存和物资储备，同时为客户提供更好的服务。

要实施"有效客户响应"这一战略思想，首先，应联合整个供应链所涉及的供应商、分销商以及零售商，改善供应链中的业务流程，使其最合理有效；然后，再以较低的成本，使这些业务流程自动化，以进一步降低供应链的成本和时间。具体地说，实施 ECR

需要将条码、扫描技术、POS 系统和 EDI 集成起来，在供应链（由生产线直至付款柜台）之间建立一个无纸系统，以确保产品能不间断地由供应商流向最终用户，同时信息流能够在开放的供应链中循环流动。这样，才能满足客户对产品和信息的需求，即给客户提供最优质的产品和适时准确的信息。

ECR 的特征表现在以下三个方面。

1. 管理意识的创新

ECR 要求产销双方的交易关系是一种合作伙伴关系。即交易各方通过相互协调合作，实现以低的成本向消费者提供更高价值服务的目标，在此基础上追求双方的利益。简单地说，是一种双赢型关系。

2. 供应链整体协调

ECR 要求各部门、各职能以及各企业之间放下隔阂，进行跨部门、跨职能和跨企业的管理和协调，使商品流和信息流在企业内和供应链内畅通地流动。

3. 涉及范围广

既然 ECR 要求对供应链整体进行管理和协调，ECR 所涉及的范围必然包括零售业、批发业和制造业等相关的多个行业。为了最大限度地发挥 ECR 所具有的优势，必须对关联的行业进行分析研究，对组成供应链的各类企业进行管理和协调。

总之，ECR 是供应链各方推进真诚合作来实现消费者满意和实现基于各方利益的整体效益最大化的过程。

8.2.3　CM（品类管理）方法

对于零售商而言，品类优化管理是一个突破性的管理工具，是一种正确应用 ECR 概念来发展生意的先进管理方法。它包括品牌优化管理和货架优化管理，通过与生产商的合作来更好地管理整个品类的店内形象，以获得双方利益的增长，其决策思维的基础在于有效数据分析的支持。

在国内，虽然品类管理是在中国连锁经营协会和其他大型零售商的大力提倡下开始受到人们关注的，但这丝毫不会妨碍供应商对于品类管理的高度参与，而这正是因为品类管理是融合供需双方、提升合作高度的沟通与管理平台。但我们有必要认识到，零售商和供应商的品类管理在定义、管理和实践中是有很大的不同的。

零售商的品类管理是以挖掘顾客需求，高效利用店内资源的一种管理工具，其核心是商品优化、货架陈列优化，是 ECR（消费者高速回应）系统的核心工具；因而，零售商更擅长于基于 ECR 系统数据集成的消费者研究、空间陈列管理等品类管理工作。

供货商的品类管理是以消费者为中心，根据消费者的购物习惯来确定产品的属性，达到商品组合优化。供货商利用其专业、相对集中的研究能力而在产品市场趋势、产品的品类定义、价格和促销等方面比零售商更具优势。

案例 8.6

QR 的应用实例

塔捷特商店（Target Stores）十分热衷于在零售业推行快速反应。塔捷特在美国有 500 多家大型商店，每年还保持大约 15% 的数量增长。塔捷特商店经营服装、家庭用品、电器、卫生、美容品以及日常消费品。塔捷特是一个折扣商，与凯马特、沃尔玛和西尔斯等商店竞争。

塔捷特经营的全部商品都有条码，并且所有交易中的 POS 数据被采集。每日数据于当晚经由卫星通信传输到总部，某种商品的每日销售与库存数据和参与快速反应的重要供应商共事，塔捷特不允许完全地自动补货，但向供应商保证每周订货。因为供应商了解整个企业的库存目标、现有存货和实际销售量，所以很容易把握订货数量，并利用这些信息制定自己的生产与分销计划。

每周一次的订货确定后，供应商在一周内将产品送至塔捷特的 6 个配送中心。一旦货到配送中心，塔捷特的管理部门再考虑到下一周的销售情况后，向每个商店配送。所以，商店两周接受每个品类的补充送货，相对于供应商而言，是两周为一个周期。

在这个系统，塔捷特首要的目的不是减少商店总的库存，相反，塔捷特的营销理念是消费者喜欢，也希望商店是"丰富"的，即顾客需要的每个品类均能在商店找到且随手可得。因此，商店的所有存货应该陈列出来，而不是放在顾客看不见的库房里。货架设计要使顾客能轻易看到所供商品的丰富。现货可获得性的标准定得相当高，塔捷特希望达到 95% 的现有率。在这里，"现有"意味着"设计最大库存量的至少 40% 是在货架上"。利用这个标准，传统的缺货百分比实际上为零。为支持此标准，塔捷特依靠快速响应方法，提高补充进货的"合适度"。补充供应体系的目标是补充每个品类可能 100% 地接近货架设计容量，而不产生多余的存货，否则，需要另外的存储场地。这部分后备库存是不愿出现的，因为它们没有陈列，所以不直接创造效益，且由于频繁搬运货物进出储存场所，既增加费用，又极易丢失、损坏或被盗。

塔捷特发现其快速反应系统取得了显著成效，成为企业取得成功的一个重要因素。在体系中的重要供应商也从订货的稳定性，以及销售与库存数据共享带来的那些订货的可预见性增加上获益。塔捷特的利益从供应商、配送中心、商店的较高商品可获得性中得到。由于频繁地补充，配送中心的周期订货量较低，因为预测期缩短，安全库存较低。

当然，这些会带来较高的运输成本，增加数据系统费用。通过在配送中心的库存成本节约和系统带来的补充订货的"合适度"提高，大大节省了商店的货物处理费用，这可以补偿那些增加的成本。此外，系统运转所需的销售数据对有效的商品经营极为有用，与供应商的密切联系使得价格下降并节约其他采购费用。总之，塔捷特致力于其快速反应系统，并积极扩展系统至更多更重要的供应商，以实现在大销量的品类上 100%的快速响应目标。

资料来源：魏修建. 现代物流与供应链管理[M]. 西安：西安交通大学出版社，2008：268.

思考题
1. 结合案例，谈谈如何解决 QR 与一味地降低库存思想之间的矛盾。
2. 结合案例，说明 QR 运行中如何确定订货周期。

案例 8.7

ECR 的应用实例

雀巢公司是世界最大的食品公司之一，总部位于瑞士威伟市，由 Henri Nestle 于 1867 年创立，目前在全球范围内拥有 200 多家子公司，500 多家工厂，员工总数约有 22 万人，其产品行销 80 多个国家，主要产品涵盖婴幼儿食品、乳制品及营养品类、饮料类、冰激凌、冷冻食品及厨房调理食品类、巧克力及糖果类、宠物食品类与药品类等。雀巢公司自 1983 年进入台湾，1987 年开始进入中国内地以来，业务发展迅速。

家乐福公司是世界第二大的连锁零售集团，于 1959 年在法国设立，全球有 9 061 家店，24 万名员工。2012 年在华新开门店 18 家，截至 2012 年 12 月 31 日，家乐福在中国内地门店总计达 219 家。

雀巢公司和家乐福公司均在 ECR 方面下了很大的力气。从 1999 年开始，两家公司在 ECR 方面计划进行更密切的合作，于是在台湾等地的分公司开始进行供应商管理库存（VMI）示范计划，并希望将相关成果在各自的公司内推广。

VMI 是 ECR 中的一项运作模式，主要指供应商依据销售及安全库存的需求，替零售商下订单或补货，而实际销售的需求则是供应商依据由零售商提供的每日库存与销售资料进行统计预估得来。通常供应商有一套管理系统来处理相关的事务。这样将大幅改进供应商面对市场的回应时间，从而能尽早得知市场确切的销售信息，降低供应商与零售商的库存，进一步提早安排生产，降低缺货率。

雀巢从 1999 年 10 月开始，积极与家乐福公司合作，建立 VMI 示范计划的整体运作机制，总目标是增加商品的供应率，降低家乐福库存天数，缩短订货前置时间以及降低双方物流作业成本。具体指标包括雀巢对家乐福物流中心的产品到货率达 90%，家乐福物流中心对零售店面的产品到货率达 95%，家乐福物流中心库存天数下降至预设标准，以及家乐福对雀巢的建议订货单修改率下降至 10% 等具体目标。另外，雀巢也希望将新建立的模式扩展至其他销售渠道上加以运用，以加强掌控能力并获得更大规模效益，而家乐福也会与更多的重点供应商进行相关合作。

整个计划是在一年之内，建立一套 VMI 的运作环境，并且可以循环执行。具体而言，分为两个阶段：第一个阶段包括确立双方投入资源、建立评估指标、就所需条件进行谈判，确定整个运作方式以及系统配置。时间约半年。第二个阶段为后续的半年，修正系统与运作方式，使之趋于稳定，并以评估指标不断进行问题寻找与改善，直至自动运行为止。

在人力投入方面，雀巢与家乐福双方均设置了一个协调机构，其他部门如物流、采购、信息等部门则是以协助的方式参与。在经费的投入上，家乐福公司主要是在 EDI 系统建设的花费，雀巢公司除了 EDI 系统建设外，还引进了一套 VMI 系统。

在计划的实际执行上，还可细分为五个子阶段。

（1）评估双方的运作方式与系统在合作上的可行性。

（2）一把手的推动与团队建立。

（3）沟通协调系统的建立。

（4）同步化系统与自动化流程。

（5）持续性训练与改进。在系统建设方面，雀巢与家乐福双方均采用 EDI 网络的方式来进行资料传输，而在雀巢公司的 VMI 管理系统部分，则是采取外购产品的方式来建设。雀巢在家乐福、法国及其他国家雀巢公司的建议下，充分考虑系统需求特性后，最后选用了 Infule 的 EWR 的产品。

经过近一年的推进实施，雀巢公司和家乐福公司整个 VMI 运作方式逐渐形成了如下五个步骤的运作模式。

（1）每日 9:30 以前，家乐福用 EDI 方式传送结余库存与出货资料等信息到雀巢公司。

（2）9:30～10:30，雀巢公司将收到的资料合并至 EWR 的销售资料库系统中，并产生预估的补货需求，系统预估的需求量写入后端的 BPCS ERP 系统，依实际库存量计算出可行的订货量，产生建议订单。

（3）10:30 前，雀巢公司以 EDI 方式传送建议订单给家乐福公司。

（4）10:30～11:00，家乐福公司在确认订单并进行必要的修改后回传至雀巢公司。

（5）11:00～11:30，雀巢公司依据确认后的订单进行拣货与出货。

除了建设一套 VMI 运作系统与方式外，在具体目标方面也达成了显著成果：雀巢对家乐福物流中心的产品到货率由原来的 80% 左右提升到 95%；家乐福物流中心对零售店面的产品到货率也由 70%左右提升至 90%左右，而又仍在继续改善中；库存天数由原来的 25 天左右下降至目标值以下；在订单修改率方面也由 60%～70%的修改率下降至 10%以下。

而对于雀巢来说，最大的收获却是在与家乐福合作的关系上。过去与家乐福是单向的买卖关系，家乐福享受着大客户的种种优惠，雀巢公司则尽力推出自己的产品，这样，彼此都忽略了真正的市场需求，从而导致卖得好的商品经常缺货，而不畅销的商品却库存积压。经过这次合作，双方有了更多的相互了解，也有了共同解决问题的意愿，并使原本各项问题的症结点一一浮现，这对从根本上改进供应链的整体效率非常有利。而同时，雀巢公司也开始考虑将 VMI 系统运用到其他销售渠道。

资料来源：孔继利. 企业物流管理[M]. 北京：北京大学出版社，2012：373.

思考题

1. VMI 和 EDI 在 ECR 实施过程中分别起什么作用？
2. 结合案例，谈谈 ECR 与 QR 的区别和联系。

案例 8.8

品类管理的应用实例

宝洁在一个竞争激烈的单一市场里取得 70%占有率的法宝是品类规划。与通常的市场细分不同，宝洁更强调对产品品牌的规划管理，能提供更多的视野。1989 年，第一批海飞丝洗发水从广州肥皂厂用简易的三轮车送到了广州市场上，从那时开始，宝洁，一个拥有 160 年历史的日化品公司开始了在中国建立其洗发水王国的历程。20 年之后，宝洁在中国已经拥有四大洗发水品牌，销售也超过 80 亿，占有 70%以上的市场份额。这种持续稳定增长的法宝之一就是宝洁所独创的品类规划。

一、持续增长的困惑

早在 20 世纪 70 年代，许多国际公司都出现了一种共同的市场固态：当产品在某一领域上市并增长到一定程度后，销售就面临增长的瓶颈，虽然占有率有时会有小幅度的增长，但是突破性的成长却明显不可能，而且随着竞争的加剧，成本大幅增长，利润逐步降低，开始时盈利的产品变成了亏损产品。

几十年前的宝洁也面临同样的问题，在困难面前，宝洁一系列的研究展开了。大量的行业数据显示，单一品牌在激烈的市场竞争的环境下，市场占有率很难超过 30%，而跨行业的多元化，成功的概率也不到 5%。

一种新的思路诞生了，如果单品牌无法取得长久的增长，无法占据垄断地位，那么，运用多品牌的方式是否可以呢？经过论证，一种系统的市场理论生成了，它就是品类规划。

二、1+1>2

多品牌的首要问题是，如果针对一类商品推出多个不同的品牌，如何避免品牌间的相互竞争？飘柔如果与海飞丝进行直接竞争会不会导致 1+1<2 的情况呢？经过研究发现，这个问题是可以解决的。如果多品牌分别针对不同的细分市场，它们之间就可避免相互竞争，同时，对于细分市场边缘的市场还可以进行联合攻击。例如，一个消费者希望寻找一种针对染色后的长发的洗发水，她或许会选择飘柔人参，或许会选择沙宣莹彩，或者干脆两种都购买。多品牌针对不同的相互独立细分市场，采取分疆而治的方法，从理论上可实现1+1>2。这是一个令人振奋的理论。宝洁很快将它付诸现实。

针对以上细分市场，分别通过建立与并购推出了多个品牌，飘柔代表美观，海飞丝针对清洁，潘婷注重营养，沙宣专注护理，润妍面向黑发。市场的实践证明这种理论是正确的，多品牌组合突破了单品牌占有率的瓶颈，一举实现了垄断性的占有率。垄断的地位带来的不仅仅是销售的持续增长，规模效应同时大幅降低了成本，提高了产品的利润。多品牌分疆而治的方式同时使各品牌可以坚定各自的定位，面对竞争对手的攻击，采取各自的防御策略。至此，一种新的市场理论，多品牌组合占有市场大份额的方法渐渐成形。在多年的努力下，这种理论被进一步总结形成一套具体可操作的工作方法，并被称为品类规划。

三、宝洁的品类规划的工作方法

1. 细分市场，找到相对独立的方法区间是品类规划的关键

用什么来细分市场呢？行为学中给出的方法指出，细分市场的标准主要是消费者需求与动机，细分的方法可以运用高级统计学给出的因子分析与聚类方法。而需求主要是消费者对于一类商品的第三层需求，即场景化需求。宝洁经过总结与实践，形成了以下工作步骤和方法。

此工作步骤是品类规划的整体结果呈现阶段。根据对细分市场的评估，提出品类未来 3～10 年的发展目标，描述品类发展路径及对实现目标所需资源做出预估。最终形成品类发展总图（含细分市场进入时间、细分市场品牌定位、预期销量及其增长、资本投入预估、人力资源需求等）。

宝洁为广泛地推广这种先进的管理方法，整体理论与工作方法被以书面形式总结归纳形成了一本详尽的工作手册，并进一步在全球各个国家，多个不同的日化品类中加以运用。在中国，香皂品类中，舒肤佳——杀菌，玉兰油——美白，飘柔——柔滑，激爽——清爽，

四个品牌又进一步实现了垄断。

品类规划的方法总的来说并不是一种复杂的方法，但品类规划要得以实现，实际运用过程中给企业管理提出了更高的要求。

2. 品类规划实现的条件

宝洁的经验表明品类规划虽说是一种市场技术，但是它通常需要3~10年才能实现。多品牌需要按顺序依次进入市场，较长的时间，使品类规划从一种战术演变成一种战略性的工作方法，进而发展成为目前世界范围内最为量化的战略规划制定方法。

战略考虑的问题就不仅仅限于工作的方法，而更加注重目标与道路的分析，以及条件的准备与创造。当品类规划成为一种战略，对组织架构、人力资源、营销技术、产品技术的管理提出了更高的要求。

（1）组织架构。品类规划要求公司逐步建立品牌经理制，取代原有的产品经理制。与传统的产品经理制不同的是，在品类规划的架构下，品牌经理被赋予了更多的权限和职责，他将作为整个品牌运营的"总司令"，从通盘的角度全面规划和监督执行与品牌发展密切相关的一切活动。

（2）人力资源。要求公司培养一批合格的品牌经理和若干品类经理。在品牌经理制的组织架构下，品牌经理肩负着更多的责任和使命，同时也需要更高的素质和专业化水平。合格的品牌经理的培养和储备，是公司能够真正贯彻品类规划成果的基础。

（3）营销技术。新产品上市技术是品类规划应用成功的关键。在品类规划中，将根据消费者需求的量化研究结果，以重要而未被满足的需求为基础，规划公司未来新产品的上市步骤和时间。而能否真正地贯彻实施上述规划，就与营销技术，尤其是新产品上市技术的把握密切相关。新产品上市的组织与管理，是一套标准的工作流程和系统方法，它需要项目团队的紧密配合，按照专业化的操作步骤逐项予以实施，才能保证新产品上市成功的概率。

（4）产品技术。细分市场的消费需求需要不同的产品科技，科技的提早准备是产品成功的关键。此项技术实力的储备，直接关系到产品实体的生成，它对贯彻落实企业整体的品类规划成果至关重要。

从以上的要求可以看出，虽然品类规划可以很快制订，但是真正的操作难点却是综合管理水平的提高。

四、实践中的问题

宝洁创立的品类规划的思想理论已经渐渐为许多国际化大公司所接受，它们开始作了一些尝试，但是，实践中却遇到了许多问题。

大多数中国企业的思想还停留在年复一年通过降价促销、牺牲利润来追求销售增长。

如果所有的企业都这样，行业也渐渐进入了无利可图的时代。波士顿的"金牛瘦狗"理论就应验了。

宝洁公司所创立的这种先进的思想理论，虽然在实施上有许多技术与管理的难点与要求，但是为了自己企业的基业长青，适当加以学习还是值得的。

年轻的中国企业，正如充满生气的儿童，要想长大成人，学习先进的百年企业的工作方法是必不可少的。无论一个儿童如何聪明，他都无法拥有一个成人的智慧与经验。品类规划正是商业领域的成人智慧，对年轻的中国企业来说实在是一种宝贵的财富。

资料来源：张涵，白光利. 消费品行业物流探索与实践[M]. 北京：中国物资出版社，2012（03）：88.

思考题

1. 结合案例，谈谈品类管理的成功实施需要注意哪些问题？
2. 中国的企业应该从案例中学习哪些经验？

第9章　现代物流发展趋势与特殊物流

引言

进入新世纪后，全球经济一体化进程加快，企业面临着尤为激烈的竞争环境，资源在全球范围内的流动和配置大大加强，世界各国更加重视物流发展对于本国经济发展、民生素质和军事实力增强的影响，更加重视物流的现代化，从而使现代物流呈现出一系列新的发展趋势。

同时，电子商务物流及冷链物流备受关注。由于近年来全球灾难性事故频发，应急物流也进入物流业者及全社会的视野。

9.1　现代物流发展趋势及特征

9.1.1　现代物流发展趋势

根据国内外物流发展的新情况，未来物流的发展趋势可以归纳为信息化、共享化、集成化、智能化、标准化、柔性化、社会化和全球化等。

1．信息化

现代社会已步入了信息时代，物流信息化是社会信息化的必然要求和重要组成部分。物流信息化表现在物流信息的商品化，物流信息收集的代码化和商业智能化，物流信息处理的电子化和计算机化，物流信息传递的标准化和实时化，物流信息存储的数字化和物流业务数据的共享化等。它是现代物流发展的基础，没有信息化，任何先进的技术装备都无法顺畅地使用，信息技术的应用将会彻底改变世界物流的面貌，更多新的信息技术在未来物流作业中将得到普遍采用。

2．共享化

供应链管理强调链上成员的协作和社会整体资源的高效利用，以最优化的资源最大化地满足整体市场的需求。企业只有在建立共赢伙伴关系的基础上，才能实现业务过程间的高度协作和资源的高效利用，通过资源、信息、技术、知识、业务流程等的共享，才能实现社会资源优化配置和物流业务的优势互补、快速对市场需求作出响应。近年来，一些新型的供应链管理策略，如 VMI、JIT II、CPFR、第四方物流、RSP 与 EDI 等都实现了信息、技术、知识、客户和市场等资源的共享化。

3．集成化

物流业务是由多个成员与环节组成的，全球化和协同化的物流运作要求物流业中成员之间的业务衔接更加紧密，因此要对业务信息进行高度集成，实现供应链的整体化和集成化运作，缩短供应链的相对长度，使物流作业更流畅、更高效、更快速，更加接近客户和需求。集成化的基础是业务流程的优化和信息系统的集成，二者都需要有完善的信息系统支持，实现系统、信息、业务、流程和资源等的集成。同时，集成化也是共享化和协同化的基础，没有集成化，就无法实现共享化和协同化。

4．智能化

智能化是自动化、信息化的一种高层次应用。物流涉及大量的运筹和决策，如物流网络的设计优化、运输（搬运）路径和每次运输装载量的选择，多货物的拼装优化、运输工具的排程和调度、库存水平的确定与补货策略的选择、有限资源的调配、配送策略的选择等优化处理，都需要借助智能的优化工具来解决。近年来，专家系统、人工智能、仿真学、运筹学、商务智能、数据挖掘和机器人等相关技术已经有比较成熟的研究成果，并在实际物流业中得到了较好的应用，使智能化已经成为物流发展的一个新趋势，智能化还是实现物联网优化运作的一个不可缺少的前提条件。

5．标准化

标准化是现代物流技术的一个显著特征和发展趋势，也是实现现代物流的根本保证。货物的运输配送、存储保管、装卸搬运、分类包装、流通加工等作业与信息技术的应用，都要求有科学的标准。例如，物流设施、设备及商品包装、信息传输等的标准化等。只有实现了物流系统各个环节的标准化，才能真正实现物流技术的信息化、自动化、网络化、智能化等。特别是在经济贸易全球化的新世纪中，如果没有标准化，就无法实现高效的全球化物流运作，这将阻碍经济全球化的发展进程。

6．柔性化

柔性化是 20 世纪 90 年代由生产领域提出来的，为了更好地满足消费者的个性化需求，实现多品种、小批量以及灵活易变的生产方式，国际制造业推出柔性制造系统 FMS（Flexible Manufacturing System），实行柔性化生产。随后，柔性化又扩展到了流通领域，根据供应链末端市场的需求组织生产和安排物流活动。物流作业的柔性化是生产领域柔性化的进一步延长，它可以帮助物流企业更好地适应消费需求的"多品种、小批量、多批次、短周期"趋势，灵活地组织和完成物流作业，为客户提供定制化的物流服务来满足他们的个性化需求。

7．社会化

物流社会化也是今后物流发展的方向，其最明显的趋势就是物流业中出现第三方和第四方物流服务方式。它一方面是为了满足企业物流活动社会化要求所形成的，另一方面又为企业的物流活动提供了社会保障。而第三方、第四方乃至未来发展可能出现的更多服务方式是物流业发展的必然产物，是物流过程产业化和专业化的一种形式。人们预测下阶段的物流将向虚拟物流和第 N 方物流发展，物流管理和其他服务也将逐渐被外包出去。这将使物流业告别"小而全、大而全"的纵向一体化运作模式，转变为新型的横向一体化的物流运作模式。

8．全球化

为了实现资源和商品在国际间的高效流动与交换，促进区域经济的发展和全球资源优化配置的要求，物流运作必须要向全球化的方向发展。在全球化趋势下，物流目标是为国际贸易和跨国经营提供服务，选择最佳的方式与路径，以最低的费用和最小的风险，保质、保量、准时地将货物从某国的供方运到另一国的需方，使各国物流系统相互"接轨"，它代表物流发展的更高阶段。

我国企业正面临国内、国际市场更加激烈的竞争，面对资源在全球范围内的流动和配置大大加强，越来越多的外国公司加速加入中国市场，同时一大批中国企业也将真正融入全球产业链中，这将加剧中国企业在本土和国际范围内与外商的竞争，这都将对我国的物流业提出更高的要求。在新的环境下，我国的企业必须把握好现代物流的发展趋势，运用先进的管理技术和信息技术，提高物流作业的管理能力和创新能力，提升自己的竞争力。

9.1.2　现代物流发展特征

1．物流过程一体化

现代物流具有系统综合和总成本控制的思想，它将经济活动中所有供应、生产、销售、运输、库存及相关的信息流动等活动视为一个动态的系统总体，关心的是整个系统的运行效能与费用。

物流一体化的一个重要表现是供应链（Supply Chain）概念的出现。供应链把物流系统从采购开始经过生产过程和货物配送到达用户的整个过程，看作是一条环环相扣的"链"，物流管理以整个供应链为基本单位，而不再是单个的功能部门。在采用供应链管理时，世界级的公司力图通过增加整个供应链提供给消费者的价值、减少整个供应链的成本的方法，来增强整个供应链的竞争力，其竞争不再仅仅是单个公司之间的竞争，而上升为供应链与供应链之间的竞争。

2．物流技术专业化

表现为现代技术在物流活动中得到了广泛的应用，如条形码技术、EDI 技术、自动化技术、网络技术、智能化和柔性化技术等。运输、装卸、仓储等也普遍采用专业化、标准化、智能化的物流设施设备。这些现代技术和设施设备的应用大大提高了物流活动的效率，扩大了物流活动的领域。

3．物流管理信息化

物流信息化是整个社会信息化的必然需求。现代物流高度依赖于对大量数据、信息的采集、分析、处理和即时更新。在信息技术、网络技术高度发达的现代社会，从客户资料取得和订单处理的数据库化、代码化，物流信息处理的电子化和计算机化，到信息传递的实时化和标准化，信息化渗透至物流的每一个领域。为数众多的无车船和固定物流设备的第三方物流者正是依赖其信息优势展开全球经营的。从某种意义上来说，现代物流竞争已成为物流信息的竞争。

4．物流服务社会化

突出表现为第三方物流与物流中心的迅猛发展。随着社会分工的深化和市场需求的日益复杂，生产经营对物流技术和物流管理的要求也越来越高。众多工商企业逐渐认识到依靠企业自身的力量不可能在每一个领域都获得竞争优势。它们更倾向于采用资源外取的方式，将本企业不擅长的物流环节交由专业物流公司，或者在企业内部设立相对独立的物流专业部门，而将有限的资源集中于自己真正的优势领域。据美国东北大学 1998年对制造业 500 家大公司的调查，将物流业务交给第三方物流企业的货主占 69%，正在研究以后将物流业务交给第三方物流企业的货主占 10%。专业的物流部门由于具有人才优势、技术优势和信息优势，可以采用更为先进的物流技术和管理方式，取得规模经济效益，从而达到物流合理化——产品从供方到需方全过程中，达到环节最少、时间最短、路程最短、费用最省。

5．物流活动国际化

在产业全球化的浪潮中，跨国公司普遍采取全球战略，在全世界范围内选择原材料、零部件的来源，选择产品和服务的销售市场。因此，其物流的选择和配置也超出国界，着眼于全球大市场。大型跨国公司普遍的做法是选择一个适应全球分配的分配中心以及关键供应物的集散仓库；在获得原材料以及分配新产品时使用当地现存的物流网络，并且把这种先进的物流技术推广到新的地区市场。例如，耐克公司，通过全球招标采购原材料，然后在台湾或东南亚生产（大陆也有生产企业），再将产品分别运送到欧洲、亚洲的几个中心仓库，就近销售。同样，全球采购原材料和零部件，已经大大降低了汽车的成本，改变了汽车生产线的位置。

9.2　应 急 物 流

应急物流是指为应对严重自然灾害、突发性公共卫生事件、公共安全事件及军事冲突等突发事件而对物资、人员、资金的需求进行紧急保障的一种特殊应急物流活动。应急物流具有突发性、不确定性、非常规性以及弱经济性等特点。应急物流可以分为军事应急物流和非军事应急物流两种。

总体来说，在现行环境下，应急物流执行过程中，人是最最关键的因素，其执行力好坏影响应急物流的成败。

9.2.1　运输工具影响运输效率

应急物流的特点决定物流运输具有非同寻常的重要性和特殊性，运输工具直接影响应急物流的效率。在自然灾害发生时，急需运输应急物资的车辆，在最短的时间内将救灾物资和人员送往灾区实施救助。因此，对车辆的选择十分重要，应选用那些可靠性高、故障率低、适应性强、通过性好的车型承担应急物流任务，保障救援物资和人员及时运送到指定地点。

9.2.2　应急物流不同于普通物流

与普通物流相比，应急物流在系统目标、所需设备以及配送模式等方面都有很大不同。在应对突发情况时，必须在最短的时间内，以最快捷的流程和高效安全的形式保障物流顺畅，为此形成的链条被称为应急物流体系。应急物流最大的特点就是"急"，物流的经济效益不再是中心目标。

应急物流是一般物流活动的一个特例，它具有区别于一般物流活动的特点：（1）突发性和不可预知性。这是应急物流区别于一般物流的一个最明显的特征。（2）应急物流需求的随机性。应急物流是针对突发事件的物流需求，应急物流需求的随机性主要是由于突发事件的不确定性。（3）时间约束的紧迫性。（4）峰值性。（5）弱经济性。普通物流既强调物流的效率，又强调物流的效益，而应急物流在许多情况下是通过物流效率的实现来完成其物流效益的实现。（6）非常规性。（7）政府与市场的共同参与性。

9.2.3　信息化影响突发事件应对

在运送应急物资的过程中，缺少 GPS 等信息化工具会延长运输时间，会带来不必要的损失。采用 GPS 定位，能对运输车辆进行实时监控，提高应急物流车辆调度的管理水平。一旦运输车辆在途中出现问题，可及时了解情况并提出应对办法。

9.2.4 从业人员素质影响应急物流执行

应急物流对从业人员要求抗风险性、高技术性、超极限性。比较典型的是四川汶川"5·12"救灾物资运输，公路多为三四级路面，但很多路段被塌方泥石阻断过，抢通的狭窄路面刚够一辆汽车通过。每次冲过飞石和塌方地段，都像经过一道道鬼门关，给驾驶员买一份保险显得十分重要。高技术性是指路况比较差，可能有的驾驶员一生都没有经历过，公路上基本没有维修点，出故障车辆救援很不方便，在出现应急情况下，都需要自己灵活应对。

案例 9.1

从海地地震看应急物流

一、海地强烈地震交通瘫痪，应急物流运输取道邻国

在加勒比岛国海地 2010 年 1 月 12 日 7.3 级强烈地震发生后，全球救灾工作及赈灾物品应急物流系统迅即启动，但地震在海地境内交通非常差，没有火车，公路也很破旧，造成赈灾的应急物流进展十分艰难。很多援助物资取道多米尼加等邻国，然后通过陆路转到太子港。

美国在地震后迅即启动应急系统，首先派直升机先遣队降落海地太子机场，清理跑道，架设通信设施，打通海底救援应急物流运作的最快捷空中走廊，使联海团的后勤中心也可以运作。

赴海地执行救援任务的中国国际救援队乘坐的专机于北京时间 14 日清晨 6:40 左右取道温哥华国际机场补充油料、办理相关手续后飞往海地。

据介绍，武警总医院常备灾难救援战备应急仓库，医疗分队组成人员每年都要进行两次集中救援训练。医疗分队到达地震灾区后可立刻组建成一个小型医院及相应的应急配送仓库投入救援工作。

法国政府 1 月 13 日当天紧急向海地派遣救援人员和两架载有救援物资的飞机。在 24 小时内从两个海外省马提尼克和瓜德罗普及法国本土调遣总计 130 名救援人员和 6 条搜救犬前往震区。

巴拿马外交部也发布公告说，巴拿马政府将为联合国人道事务协调处实施震后救援提供便利，救援所需的基本物资将被及时送往海地。

二、世界粮食计划署将建30个人道主义物流中心

海地太子港强烈地震已经过去了8天,媒体报道称很多暴民无视警察的存在,在光天化日之下闯入住家、商店寻觅粮食和贵重物品,加之灾民的生活物资比较匮乏,太子港的治安形势愈发混乱。新浪科技连线联合国世界粮食计划署前方救援人员,了解当地治安和物资发放情况。

作为联合国负责物流事务的关键机构,世界粮食计划署已经建立了一个物流系统,来确保运送人道主义救援物资的飞机在太子港的安全降落。我们计划派出直升飞机,找到受灾人员的集中地,发现之后立即发放食品。世界粮食计划署正在太子港建立4个人道主义物流中心,并计划在海地周围再建至少30个这样的中心。除了食品发放,世界粮食计划署还在帮助国际移民组织发放装水的容器以及净水剂。

由于对食物的需求较大,世界粮食计划署在全球发出倡议,呼吁国际社会捐献1亿份即食食品,以便在紧急情况下第一时间保住灾民性命。为了保证此次大规模救援行动的实施,世界粮食计划署正在动用5条通往海地的人道主义走廊。陆路运输的食品和救灾物资将会经由邻国多米尼加进入海地,空运的物资降落在太子港的主要机场以及Borahonas的一个小型机场,水运则通过太子港的主要港口进入海地角的另一个海港。目前已经得到了共1 600万份的即食食品的提供保证,并且正在购买420万吨的补充即食品,以满足儿童对能量和营养的日常需要。

许多中国人都津津乐道于中国救援队在海地创下的"第一":救援飞机第一批在海地降落,救援队第一个上"火线",救援运输队驰援海底。

这当然是值得称许的,但人们不应忽视"第一"背后的第一。美国82空降师的100名先遣队,在第一时间赶到海地机场,并抢在中国等国民用运输机降落之前,将跑道上的石块等障碍清除,并架设起最基本的无线电通信设备,确保这些飞机在跑道遭破坏、塔台通信因断电而瘫痪的机场顺利降落,成为海地地震应急物流的开路先锋。

事实上,在此次海地地震发生后,美国的救灾应急物流反应速度、效率都令人刮目相看。灾害发生后不到3小时,美国已通过外交渠道,争取到海地唯一邻国——多米尼加共和国的帮助,开放两国边界,打通物流通道,启动美国海军的核航母,建立海上地震救援的交通枢纽与中心。在应急物流组织上,美国并没有因灾情紧迫而一次投入大量兵力,而是有序投放。空降兵82师的100名先锋队开辟空中通道,建立通信联系;速度最慢但最有效能的海军舰船最先出发,以免赶不上趟儿,而所派舰船也经过精心思虑——核航母既可充当临时直升机场、前线指挥中心、通信情报中心、应急物流中心,还可直接为灾区供电(其供电能力可满足一个中等城市需要,而且无须加注燃料),而医院船的到位,将大大改善灾区的医疗条件,尤其是手术条件和病床需求。

不仅如此，在自身指挥协调机制尚未完善之前，美国还"放下架子"，和依托海外领地瓜德罗普岛的法国建立了救灾协调机制及物流中心，确保了救灾投入的效率优化。

与之相比，中国救灾能力与应急物流的提高固然也很明显，中国参与海地地震救灾的应急物流运作也面临地理距离远、与海地非邦交国协调不畅等客观原因，但总体上看，中国救助队仍然停留在"求快"的阶段，综合救灾和保障能力的进步相对小得多；而从"5·12"汶川到太子港，中国在救灾统筹、协调、保障、兵力投放和后勤组织等方面，仍看不出阶段性进步的痕迹。

孔子曾经说"君子不贰过"，有问题不是最可怕的，出现问题却难以根本解决、遇到类似情况仍会复发，才是最可怕的。在救灾的应急物流问题上，"贰过"就意味着更多生命、财产的损失，确保"不贰过"，意义更重大。从新奥尔良到太子港，美国在救灾范畴的"纠错"能力，值得认真比对分析、认真思考一番。

三、海地地震救援应急物流成为最难办头等大事

因担心摇摇欲坠的建筑在余震中倒塌且无处安身，民众只能在街道上或站或卧，但这却无意中延缓了应急救援物资的运输。与此同时，一些暂时未能得到救援的灾民涌向超市废墟"劫掠"食品和日用品，太子港不少道路遭废墟阻挡，加之民众担心一些建筑在余震中倒塌而栖身道路中间，使食品等救灾物资运输更加困难和缓慢，应急物流遭遇巨大挑战。

海地总统普雷瓦尔表示，目前最大的问题是如何将外国援助物资送到最需要的地方，"问题是，物资抵达海地后，运送物资的卡车在哪里，仓库又在哪里？真是一团糟，"比尔斯说："从运输来看，这简直是一场噩梦。"

世界粮食计划署发言人查尔斯·文森特说，太子港大约2 400人会在14日晚些时候得到食物。"显然，这只是杯水车薪。"他补充说。一旦道路得以清理，物资分发工作将在其他地点展开。

世界卫生组织工作人员保罗·加伍德说，道路受阻导致救护车无法及时赶到，医疗人员只能徒步走到药房。

2010年1月15日，援引美国一名不愿公开姓名的官员的话报道，由于海地首都太子港机场停机位及油料不足，美国联邦航空局14日"叫停"从美国飞往海地的非救援类的民用航班。这支部队发言人约翰·多里安说，空军士兵已清扫跑道，建立24小时空中交通管理系统和气象系统，机场照明已经启用。数十架货运飞机14日在太子港机场起降，但卸货设备在地震中损坏致使卸货速度缓慢。

到目前为止，国际救援工作依然处于混乱状态，无法满足救援的巨大需求。各国政府承诺了近10亿美元的援助，数千吨食品和医疗用品已经装船运出。但还有许多物资仍

然滞留在仓库中或者转送至海地邻国多米尼加。

面对困难重重，全球启动应急物流系统，邻国机场与道路充分利用，美国派出核动力航母成为应急机场补充，联合国计划迅速建立30个应急物流中心，美国空中投递救援物资，中国派出应急物流空中运输队，全球各国利用一切手段设法给当地居民分发救灾物资。海地地震救援，亟需高效率的应急物流系统！

四、应急物流启动，空投救援物资

海地发生的大地震导致海地道路严重受损，地面运输受到很大限制。在此情况下，美军从星期一下午开始向海地居民空投救援物资。

据悉，美国空军使用C-17军用运输机运送物资。这些飞机从位于北卡罗来纳州费耶特维尔的波普军事基地起飞，前往海地。每架飞机每次将运送40包的援助物资。美军计划在未来三天总共空投600包援助物资。美军已经确定了三处投放地点，飞机将从1 000米高空进行空投。

在已经升空的一架飞机上，机组人员将空投14 000份战地快餐和13 000多升水。

不过，美国国防部长盖茨曾表示，地震发生以后空投物资更有可能引发混乱，而不是制止混乱。他说："如果地面没有任何分配机构，进行空投会导致骚乱，因为人们将争夺救援物资。"

在地震发生一周以后，海地政府官员和人道主义机构正在努力将救援物资提供给最需要的海地居民。但是海地发生的多起骚乱事件阻碍了救援工作的正常进行。一家主要援助机构提出抱怨，认为美国控制的飞机场存在不平等和供应瓶颈的问题。不过，美军认为他们正在努力工作，加速物资运输。

五、中国东航首批执行海地地震应急物流运输队出发

运输受阻，物流不畅极大地影响着海底地震的救灾行动与赈灾物品的发放与配送，为此全球应急物流系统启动，中国应急物流迎接挑战。东航首批执行海地地震救援任务的"航班救援队"于北京时间2010年1月21日中午12点45分从上海飞行部正式出发，执行海底地震应急物流运输任务。

上海飞行部以高度的政治使命感认真对待此次包机任务，在1月21日上午9点30分接到任务后，飞行部立即吹响了"救援集结号"，一个小时之内便顺利成立了一支由4名机长教员（杨雄南、石立新、刘凯、刘海峻）和3名成熟副驾驶（文雷、黎晶、张哲浩）组成的强大航班救援队。据了解，机组将先执行MU581航班抵达温哥华，在那里作简单休整后，预计于北京时间24日调换刚抵达温哥华的第二套救援机组，继续运送国内的医疗队和医疗器械飞往海地。

据飞行部航务部经理王松介绍，此次包机任务飞行时间紧迫，航线距离极长，且地

处加勒比海地区的海地在此季节上空多对流天气，震后情况非常复杂，海地机场通信、导航以及后勤保障存在许多不确定因素，给执行这次任务的机组带来极大的挑战。机组成员均有着执行重大包机任务的经验，其中机长杨雄南还执行过汶川地震救援任务，他们在出发之前都表示虽然困难重重但对完成此次任务充满信心。

资料来源：吴维敏. 应急物流海地行[J]. 物流时代，2010（03）：52.

思考题

1. 从海地地震的救援中，可以看出应急物流有哪些特征？
2. 在中美应急物流运作的差异中可以得到什么启示？

9.3　冷链物流

冷链物流（Cold Chain Logistics）泛指冷藏冷冻类食品在生产、储藏运输、销售，到消费前的各个环节中始终处于规定的低温环境下，以保证食品质量，减少食品损耗的一项系统工程。它是随着科学技术的进步、制冷技术的发展而建立起来的，是以冷冻工艺学为基础、以制冷技术为手段的低温物流过程。冷链物流的适用范围包括初级农产品：蔬菜、水果；肉、禽、蛋；水产品、花卉产品；加工食品：速冻食品、禽、肉、水产等包装熟食、冰激凌和奶制品；快餐原料；特殊商品：药品。

冷链物流的目的是保证易腐生鲜物品的品质，并在此基础上实现增值，这就决定了它和其他物流系统有所区别，冷链物流有以下几个特征。

1．复杂性

冷链物流必须遵循 3T 原则，即物流的最终质量取决欲冷链的储藏温度（Temperature）、流通时间（Time）和产品本身的耐储藏性（Tolerance）。冷藏物品在流通过程中质量随着温度和时间的变化而变化，不同的产品都必须要有对应的温度控制和储藏时间。这就大大提高了冷链物流的复杂性，所以说冷链物流是一个庞大的系统工程。

2．协调性

由于易腐生鲜产品的不易储藏性，要求冷链物流必须高效运转，物流过程中的每个环节都必须具有协调性，这样才能保证整个链条的稳定运作。

3．高成本性

为了确保易腐生鲜产品在流通各环节中始终处于规定的低温条件下，必须安装温控设备，使用冷藏车或低温仓库。为了提高物流运作效率又必须采用先进的信息系统等。

这些都决定了冷链物流的成本要比其他物流系统成本偏高。

案例9.2

吉野家高品质的冷链物流系统

北京吉野家快餐有限公司是由香港洪氏集团引进国际著名品牌投资成立的快餐连锁企业，隶属于合兴餐饮集团。该集团旗下有两大知名品牌：吉野家和 BQ 公司。公司以"良心品质、健康美食"为经营理念。合兴餐饮集团已在大陆开办100余家吉野家餐厅，在香港开办42家吉野家餐厅，就业人数4 000余人。其中，北京地区有80多家餐厅，就业人数2 000多人。目前，吉野家已成为中国快餐连锁著名品牌企业和中国餐饮百强企业。

一、吉野家物流加工配送中心介绍

为了满足企业快速发展，合兴餐饮集团将吉野家品牌体系及 BQ 品牌等体系的食品冷链物流集中在一起，并制定了食品冷链物流体系的五年发展规划。2007年底，集团在北京南六环磁各庄桥开始建设第一座现代化的集冷藏冷冻食品、生鲜肉制品加工、冰激凌类食品加工及空调食品、常温日用品为一体的新兴专业化的物流加工配送中心。2008年6月初，第一批冷冻牛肉进仓，2008年7月，合兴餐饮旗下的各品牌加工中心开始陆续搬入新物流中心。

1. 生鲜食品加工配送中心项目建设特点

低温物流中心占地面积2万多平方米，一期建设面积8 000多平方米，其中常温库区4 000多平方米，采用净高近9米的立体库区。各温层低温库区近1 600平方米，其中1 100平方米为立体高架库区。生鲜加工及中央厨房区域规划面积近1 600平方米。办公区域面积800平方米。

该项目的建设具有两大特点：一是该冷链项目的执行过程全程引进中国台湾地区生鲜食品加工中心的工艺设计方案、冷库的施工技术与施工方法，使工程的实际施工期缩短为不到6个月，同时工程施工品质较同期冷库施工项目高出许多。二是引入了物流地产的概念，以租代出资建设的形式，与以食为天国际粮食贸易公司签订了20年的租赁合约。根据合约，以食为天完全依照吉野家的各项实际需求进行投资建造，建造完成经吉野家验收合格后，交付吉野家使用。同时为保证规划设计到位及工程施工品质到位，吉野家还通过专业的第三方全程参与项目的执行，使彼此的利益得到了制衡。

2. 冷链物流中心功能设计特点

之所以需要进行客户化建造，是因为吉野家的发展迫切要求集团将分布于多点的冷库、加工中心、仓储集中于同一区域进行供应链体系的优化整合，为企业快速扩张提供一个坚实可靠的后勤保障系统。

在整体规划设计时，需充分考虑牛肉存储、切片加工、运输，冰激凌蛋糕生产加工、存储及运输，爆米花生产、加工、运输，空调食品类及常温类商品的存储及物流配送等的特点。为此，整个物流中心分成三个部分：冷链产品存储及牛肉加工物流中心；常温及空调食品物流中心；冰激凌、爆米花、面包等中央厨房式工厂。

冷链产品存储及牛肉加工物流中心在温层设计上。依据产品的存储及流通加工的温度需求特点，设计了从-25℃、-18℃、0℃～7℃、-10℃～7℃、-4℃～4℃、12℃等多个温层，以使产品在整个生鲜加工物流中心内部各环节均有温控保障。

在进出货码头的设计方面，采用了目前世界通用的全封闭式码头，并配有码头调节板，使进出冷藏冷冻车辆与库区能够气密衔接，使商品在同温层冷链不间断的环境中装卸。

在-18℃以下冷冻库地层处理方面，采用了目前台湾地区较先进的预埋通风、排水管及地层温度探测器的方式进行处理，与地层使用架空层处理方式相比，缩短和降低了建设的时间及投资成本，同时在卫生与食品安全的保障方面也有很大的优势。

在制冷机组的选型方面，大型库区使用德国比泽尔并联压缩机组及三洋风机同时各库区隔间的温度均使用独立控制系统。在牛肉缓化间的处理方面，制冷系统除有制冷功能，同时还兼具电加热功能，配合产品特点采用三阶段式缓化流程。在保证品质相同或略有提高的情况下，使冷冻品由原来的 48 小时缓化，提升到 10 多小时缓化完成，进入加工生产环节。这样在相同使用面积的情况下，加工生产能力大大提高。同时此方面几乎未增加制冷系统的设备投资。

在冷库的其他施工方面，所有悬吊件及连接件均采用不锈钢材质，库板使用国内较高等级产品，库板的每一个细部安装方式均有相应的规范，库内可能发生碰撞的地方均规划有各式防撞杆进行保护，使冷库及作业区的使用寿命大大提高。高品质的细部施工使整个库区在使用近半年后都不会见到冷凝水、雾气及结冰点。

二、全程冷链管理的高品质运作流程

1. 冷链作业总流程

牛肉的进货→存储领料→缓化→生产加工→成品存储→分播→装车及物流配送。

2. 各作业环节分述

吉野家所使用的牛肉是经过特选的，每头牛身上只有一块符合条件的肉。经过急冻、独立包装，以及很严格的温度、品质检验后才可能进入吉野家的物流中心。

进入物流中心的整箱原料牛肉被整齐码放在塑料托盘，存储在-25℃环境中的重型货架上。冷冻库的存储量可供吉野家所有门店 4～6 个月的销售使用。这也是吉野家品质稳定的重要保证。

当生产需要领料时，部分牛肉会整托盘被移库至另一间-25℃的暂存库区，暂存库区直接与牛肉缓化间相连。加工车间依据各门店的订单汇总，将所需牛肉从暂存间再移库至缓化间，进入缓化流程。

这里的缓化是指，冻品牛肉在一定时间内将中心温度由原来的-25℃升温-10℃至-5℃之间。冷冻肉品在这个温度范围内切片效果最好。这一环节也是冷冻肉品分切的最重要部分。一般缓化流程经三个阶段进行。第一阶段：肉品需经解冻时，将解冻库内制冷机组先行停机。待解冻肉品入库后，库内开始先行加热，并保持库温在零上6℃～8℃之间，库内温度不得超过8℃以上。由于每日解冻量的不同，解冻人员定时监视肉品的温度，待肉体表面温度达到0℃时，停止库温加热。第二阶段：将库内温度设定在0℃，启动制冷系统运转。解冻人员需定时检测肉体中心温度，直到中心温度达到-10℃以上时，启动第三阶段。第三阶段：一般肉品机械加工的温度为-10℃～0℃不等。解冻人员依照加工温度所设的设定值，调整温度开关。直到加工肉品中心温度达到设定值后即可进入加工环节。

加工作业区的环境温度是12℃。进入加工环节前，冷冻牛肉先经过修整，先将不规则的边角剔除后整块牛肉才可上切片机切片，切片的厚度是依据既定标准进行的，以保证所有切出的牛肉片的大小与肥瘦基本一致。

切片完成后的牛肉会立即依标准重量进行打包，装上物流台车，运至成品暂存库。成品暂存库的温度是0℃～4℃。牛肉在加工作业间的整个加工及包装搬运过程不超过一个小时。

当天晚上加工完成的牛肉会于凌晨拣出、分货并进行配送。

资料来源：霍青梅. 吉野家高品质的冷链物流系统[J]. 物流技术与应用，2009（01）：88-90.

思考题

1. 吉野家物流加工配送中心建立的目的和意义是什么？
2. 全程冷链管理的高品质运作流程的作用以及必要性是什么？

案例 9.3

麦德龙的冷链物流管理

经营生鲜对于国内许多超市都是一件比较麻烦的事，因为这涉及从采购到运输直至店铺多个环节的冷链控制。按照北京巨合资讯咨询营运总监李国宏的话说，"冷链控制的难点在于全程控制，也就是从收货开始，直至店铺甚至消费者的餐桌，整个过程的冷链都不能断掉"。这就意味着，每一个环节都要按照操作规则，严格把控。

如果冷链控制不得当，损耗会非常高，这势必会影响到生鲜经营的利润。因此，一些超市的做法是，将生鲜经营尤其是肉类、海产品经营分出去，采用联营的方式，交给供应商去做。但是这样做不但不能做到对生鲜食品的全程把控，而且还会增加商超的成本。

作为世界第三大批发零售集团，以严谨、细致风格闻名的德国企业麦德龙在冷链管理方面有自己的一套管理方法，以保证生鲜产品从产地到超市的运输全程都处于稳定的温度控制下。

一、源头控制

麦德龙的供应商除了要具备麦德龙要求的发货专门设施和条件外，还必须拥有健康证等相关卫生证明。而让供应商最紧张的时刻就是把生鲜产品交到超市的时候，因为严格的超市不仅会检查产品的品质，还会在收货时检查供应商是否进行了很好的冷链控制。

麦德龙在最初挑选供应商时，就尽可能与那些有良好冷藏链的供应商合作。不过，对于大多数超市来讲，收货时的冷链控制，是一个容易被忽视的环节。一些企业为了成本的考虑，在冷藏车的温度控制上，比要求调高几摄氏度，如果零售商没有严格检查，很有可能忽视掉。

为此，麦德龙专门设立了冷冻、冷藏品的收货检查制度，要求供应商要有便携式冷藏车，以确保产品的温度。从供应商到配送中心的收货过程中，温度的变化更是不能掉以轻心的。由于担心在运输过程中冷链断掉，而影响商品质量，因此麦德龙也规定，冷链断掉的时间不能超过20分钟。并且在收货的过程中，会设有独立的质量团队，对温度进行监测。他们的理想状态是冷链不断。冷链断掉的时间不超过20分钟可是最后底线。

当然，整个过程和环节都需要物流、供应商和商超集体配合。而为了保证食品质量，麦德龙甚至对产品在冷藏车中的摆放也有细致的要求和说明，如半片猪肉只能悬挂，其他摆放方式可能会使产品受到污染等。

对于物流公司来讲，麦德龙同样是一个苛刻的客户。麦德龙对物流公司的一些要求是要写进条款的，如首先需要保证其仓库的温度是否恒定；在保证商品质量的同时，运输过程中还需要配备温度仪；每10分钟对运输车内的温度进行记录；到达商场后，再由软件导出来，以观察路途上温度的变化。麦德龙的质量团队还会随机在发货前，在运输车上放置温度仪，对温度进行测量。

如果在运输过程中，商品由第三方物流公司负责，则更需要严格控制。麦德龙无论是对供应商还是物流公司的苛刻要求，都是为了保证生鲜产品从产地到超市的运输全程都处于稳定的温度控制下，使摆在柜台上的商品，如刚生产出来一样新鲜。

二、店铺冷链控制

当生鲜产品运输到麦德龙商场后，从收货时的操作到摆进冷柜，甚至是销售给顾客后的一系列操作中，更能够看到麦德龙作为德国企业的严谨、细致态度。而这些细节的管理，恰恰更能体现出冷链管理的精细化程度。

麦德龙对一些操作指标的要求，甚至严格到非常琐碎的地步，如不同部门，要有不同的收货闸和储藏加工区，如鱼肉、菜、猪肉等品类也要有不同的收货口。而不同冷藏设备的摆放方式和温度控制也是需要关注的。在加工的操作间，温度也是要严格控制的，工作人员应正确使用标准用具，如砧板刷和地板刷不能混用，垃圾桶要用脚踏式，以避免二次污染。

在麦德龙办公区通往商场的一面墙上，贴着一个卡通提示图，上面详细标示出员工在进入商场前的卫生要求：头发不凌乱、纽扣系整齐、不留长指甲等。

要胜任麦德龙的工作，可能也不太容易。因为它对于员工的工作程序要求十分严格，如工作服、口罩和工作帽要按标准顺序佩戴，手也要先洗干净。而操作人员的工作服、帽子，也要进行标准的清洁。储藏间的生鲜食品要采取"先进先出"原则，头天送进冷库的食品，第二天要先运出。

麦德龙的细致，甚至体现到了销售之后。麦德龙会给顾客提供保温袋和保温箱，让顾客在收银、付账之后，仍能在食品冷链上有所保证。

三、长期冷链控制

麦德龙未来的目标是加强从商场向采购源头，以及客户端的管理。虽然食品的冷链管理是一个长期的工作，而实际上零售业的人员流动是比较大的。为了保证操作要求不因为人员变动影响而变形，麦德龙的质量控制部门会与营运部门合作，不断加强巡视和检查。每天进行质量检查，包括商场温度记录每隔 3～4 小时就记录一次。

如果有不合格的情况发生，将由店长对员工进行教育，让其进一步整改；同时麦德龙每一到两年就开发新的系列课程，对员工进行培训。

即使麦德龙在冷链控制的硬件和软件方面的投入都高于国内许多商场，但是江新仍然认为，要构建整个供应链打造质量保证体系，麦德龙仍需要向供应链两端进一步延伸。

虽然对源头控制麦德龙有一定的技术要求，但是目前供应商的水平仍然是参差不齐，大的供应商的设备和系统比较完善，而一些小供应商的情况则不太理想。这是一个棘手的问题。为此，质量控制部门正与采购部门合作，推动源头的技术改进和供应商的质量管理。

资料来源：柳沙. 冷链管理的"王"道. 食品安全导刊[J], 2010（10）：56-57.

思考题

1. 麦德龙冷链物流有哪些特点？
2. 麦德龙发展冷链物流的优势和局限性在哪里？

9.4 电子商务

电子商务的本质是商务，商务的核心内容是商品的交易，而商品交易会涉及四个方面：商品所有权的转移；货币的支付；有关信息的获取与应用；商品本身的转交。即商流、资金流、信息流、物流。其中，信息流既包括商品信息的提供、促销行销、技术支持、售后服务等内容，也包括诸如询价单、报价单、付款通知单、转账通知单等商业贸易单证，还包括交易方的支付能力、支付信誉等。商流是指商品在购、销之间进行交易和商品所有权转移的运动过程，具体是指商品交易的一系列活动。资金流主要是指资金的转移过程，包括付款、转账等过程。

在电子商务环境下，这四个部分都与传统情况有所不同。商流、资金流与信息流这三种流的处理都可以通过计算机和网络通信设备实现。物流作为四流中最为特殊的一种，是指物质实体的流动过程，具体指运输、储存、配送、装卸、保管、物流信息管理等各种活动。对于少数商品和服务来说，可以直接通过网络传输的方式进行配送，如各种电子出版物、信息咨询服务等。而对于大多数商品和服务来说，物流仍要经由物理方式传输。

电子商务是一场商业领域的根本性革命，然而，它在中国发展的实际情况却远没有预想中的那样好，其中物流能力的滞后是一个重大的原因。

目前对这个关系把握最宏观的一个观点是"物流是电子商务的重要组成部分"。

第一，电子商务最本质的成功是将商流处理信息化，信息处理电子化。电子商务简而言之，就是在网上进行商品或服务的买卖。这种买卖，是商品或服务所有权的买卖，也就是商流。有的观点认为商流要靠物流支持，所以说"物流是电子商务的重要组成部分"。但是物流和商流之间并不只是支持与被支持的关系，像废弃物回收与退货就是两个例子。对于物流与商流的关系，可能这样说更好一点：物流与商流，即电子商务的本质内容，是相对应关系，换个说法，就是物流和电子商务是相对应的关系。

第二，网络经济将商流、资金流信息化，将信息流电子化，把商务、广告、订货、购买、支付、认证等实物和事务处理虚拟化、信息化，可以说是虚拟经济。而物流是实体的位置转移，说"实"是"虚"的组成部分是不恰当的，而把这种关系说成是"虚实相应"更为合适。

物流与电子商务的关系极为密切。物流对电子商务的实现很重要，电子商务对物流的影响也肯定极为巨大。物流在未来的发展与电子商务的影响是密不可分的，可以这样理解这种关系：物流本身的矛盾促使其发展，而电子商务恰恰提供了解决这种矛盾的手段；反过来，电子商务本身矛盾的解决，也需要物流来提供手段，新经济模式要求新物流模式。

案例 9.4

联想物流：电子商务的新模式

信息流与物流紧密结合，是现代物流的发展趋势。在 IT 业，这一点显得尤为突出。IT 业的显著特征就是，技术更新快，产品生命周期短，价格变化频繁，因此 IT 企业必须不断提高自己的分析预测和快速响应能力。客户需求的多样性与个性化，迫使 IT 企业不但要有较强的敏捷生产与柔性生产能力，更要加强对原材料供应商的有效管理、对产品分销配送物流的合理规划。面对复杂多变的物流状况，IT 企业必须借助信息技术手段加强物流管理，提高物流效率。

在中国 IT 业，联想是当之无愧的龙头企业。自 1996 年以来，联想电脑一直位居国内市场销量第一。2000 年，联想电脑整体销量达到 260 万台，销售额 284 亿元。IT 行业特点及联想的快速发展，促使联想加强与完善信息系统建设，以信息流带动物流。高效的物流系统不仅为联想带来实际效益，更成为同类企业学习效仿的典范。

一、高效率的供应链管理

联想的客户，包括代理商、分销商、专卖店、大客户及散户，通过电子商务网站下订单，联想将订单交由综合计划系统处理。该系统首先把整机拆散成零件，计算出完成此订单所需的零件总数，然后再到 ERP 系统中去查找数据，看使用库存零件能否生产出客户需要的产品。如果能，综合计划系统就向制造系统下单生产，并把交货日期反馈给客户；如果找不到生产所需要的全部原材料，综合计划系统就会生成采购订单，通过采购协同网站向联想的供应商要货。采购协同网站根据供应商反馈回来的送货时间，算出交货时间（可能会比希望交货时间有所延长），并将该时间通过综合计划系统反馈到电子商务网站。供应商按订单备好货后直接将货送到工厂，此前综合计划系统会向工厂发出通知，哪个供应商将在什么时间送来什么货。工厂接货后，按排单生产出产品，再交由运输供应商完成运输配送任务。运输供应商也有网站与联想的电子商务网站连通，给哪个客户发了什么货、装在哪辆车上、何时出发、何时送达等信息，客户都可以在电子商务网站上查到。客户接到货后，这笔订单业务才算完成。从上述介绍中可以了解到，在原材料采购—生产制造—产品配送的整个物流过程中，信息流贯穿始终，带动物流运作，物流系统构建在信息系统之上，物流的每个环节都在信息系统的掌控之下。信息流与物流紧密结合是联想物流系统的最大特点，也是物流系统高效运作的前提条件。

经过多年努力，联想企业信息化建设不断趋于完善，目前已用信息技术手段实现了全面企业管理。联想率先实现了办公自动化，之后成功实施了 ERP 系统，使整个公司所有不同地点的产、供、销的财务信息在同一个数据平台上统一和集成。2014 年 5 月，联想开始实施 SCM 系统，并与 ERP 系统进行集成。从企业信息化系统结构图中可以看出，基础网络设施将联想所有的办事处，包括海外的发货仓库、配送中心等，都连接在一起，物流系统就构建在这一网络之上。与物流相关的是 ERP 与 SCM 部分，而 ERP 与 SCM 系统又与后端的研发系统（PLM）和前端的客户关系管理系统（CRM）连通。例如，研发的每种产品都会生成物料需求清单，物料需求清单是 SCM 与 CRM 系统运行的前提之一。客户订单来了，ERP 系统根据物料需求清单进行拆分备货，SCM 系统同时将信息传递给 CRM 系统，告诉它哪个订户何时订了什么货、数量多少、按什么折扣交货、交货是早了还是晚了等。系统集成运作的核心是，用科学的手段把企业内部各方面资源和流程集中起来，让其发挥出最高效率。这是联想信息化建设的成功之处。

二、信息流带动下的物流系统

借助联想的 ERP 系统与高效率的供应链管理系统，利用自动化仓储设备、柔性自动化生产线等设施，联想在采购、生产、成品配送等环节实现了物流与信息流实时互动与无缝对接。

联想集团北京生产厂自动化立体库电脑零部件自动入库系统。供应商按联想综合计划系统提出的要货计划备好货后，送到联想生产厂自动化立体库，立体库自动收货、入库、上架。

联想集团北京生产厂生产线管理控制室，控制室的控制系统对联想电脑生产线的流程进行控制，并根据生产情况及时向供货商或生产厂的自动化立体库发布物料需求计划。

联想集团北京生产厂自动化立体库物料出货区，自动化立体库控制系统与联想电脑生产线系统集成并共享信息，当自动化立体库接收到生产计划要货指令后，即发布出货分拣作业指令，立体库按照要求进行分拣出货作业。

三、联想电脑生产流水线，电脑零部件

按照物料需求计划从立体库或储存区供应给生产线，生产线按排产计划运转。

生产线装配工人正在组装电脑，并根据组装的情况，监测、控制上方电脑显示屏的"拉动看板"，及时将组装信息及物料需求信息反馈到企业生产控制系统中。上述流程说明，联想集团通过高效率的信息管理系统与自动化的仓储设施，实现了在信息流带动

下的高效率的物流作业。

众所周知，电子产品的价格下降速度非常快，一个月前采购的价格与一周前的价格有很大差别。如何使供应商的供货及时而价格合理呢？联想采用严格的供应商考评法，除了产品质量、价格、交货弹性等指标外，供应商对技术趋势、产品趋势和价格变化是否能够及时、准确地通报给联想，也是极其重要的考评项目。联想定期给供应商打分，该得分轻则决定其供货比例，重则影响到供应商的"死活"。但是，联想对产品价格下降是否正常有自己的分析。联想追求的是系统最优，即成本与风险平衡。联想从系统最优的角度控制采购，不会因为图一时之便宜而导致供不上货。联想认为，市场占有率与产品销售带来的利润价值远远大于在原材料供应上的节省。

目前，联想采购物流主要有三种供货方式。

1. JIT 方式

联想不设库存，要求供应商在联想生产厂附近（一般距离厂区 20 分钟车程）设立备货仓库（国外叫 hub），联想发订单，供应商当天就能送货上门。

2. 联想自己负责进货

例如，原材料供货到联想设在香港的仓库，联想再负责报关、运送到生产厂，随着优惠政策的减少，这种方式所占比例越来越小。

3. 通过第三方物流

供应商委托专业物流公司运货到联想。

今后，第一、第三种方式会越来越常见，物流外包已是大势所趋。

四、追求客户满意度

现代企业已从追求销量转为追求客户满意度。只有最大限度地满足客户需求，企业才会获得长足发展。联想电脑的销售系统正是在这一指导思想下运作的。

销售一直是联想的强项，这与联想渠道建设的成功密不可分。随着业务在全国范围不断扩展，联想的销售网也越"织"越密。目前，联想除北京总部外，在国内设有深圳、上海、广东惠阳分部，在武汉、成都、西安、沈阳设有外埠平台，在国外设有欧洲、美洲、亚太等海外平台。分布在全国各地的 3 000 个销售点、500 多个维修站，是联想业务发展的基础。

销售商总是希望尽量缩短订货周期，恨不得一下单，厂商马上送货上门。为了及时准确地向所有网点供货，联想倾心研究最适合本公司特点的配送体系。联想在北京、上海、广东惠阳建设了大型生产基地，使其分别覆盖国内北、中、南三大区域市场。每家生产厂同时也是辐射周边省份的配送中心。另外，在距离工厂远且销量大的中心城市如南京、西安等地再建配送中心，使配送能力布局更为合理。联想生产出的产品先集中运到各配送中心，再从配送中心向附近的县市分发。

联想并没有自己的物流公司，大量的运输配送业务交给社会第三方来完成。公司成立运输部，专门负责对运输公司进行筛选、考核、管理。经过多年发展，联想拥有了自己的配送系统，并使之成本最低、效率最高，满足了向星罗棋布在全国几千个销售网点快速供货的需求。

2001 年，联想又率先在国内实施 CRM 系统，并以 CRM 为核心梳理市场系统的业务流程。借助 CRM 系统，联想对客户信息进行积累和分析，了解客户的全面需求和使用习惯，实现了客户信息的实时共享，从而更有效地为客户创造价值，提高客户满意度。

五、新世纪的新联想

2000 年 9 月，联想集团总裁杨元庆率领公司十几位副总裁赴美，对近 20 家国际著名 IT 企业进行了考察。这次考察后，杨元庆提出了"新联想"的构想，决心使联想在 10 年内成为全球领先的高科技公司，进入全球 500 强。为实现这一宏伟目标，联想集团进行了战略规划和结构重组。其中，实施 SCM 和 CRM 系统是联想为改善管理所采取的重要措施之一。

目前，新联想最具优势和战斗力的就是拥有一个被其他企业羡慕不已的管理平台。这个平台已引入了客户关系管理系统、产品技术管理系统、供应链管理系统，使联想在物流、资金流、信息流和关系网络各方面的控制管理能力几近完美。

谈到联想实施企业管理信息系统的体会时，乔松感触颇深。联想的初衷是改善管理，以满足业务规模扩大的需要。事实上，联想更大的收获是，在不经意间建设了企业的核心竞争力，使企业越发展越好。

以下一组数据有力地证明了乔松的感观：ERP 系统实施后，联想平均交货时间从 11 天降到 5.7 天，存货周转天数从 35 天降为 19.2 天，应收账从 23 天减为 15 天，订单人均处理量从 13 个增加到 314 个；此外，供货满意率、交货准确率等新的评价指标也得到优化。总之，联想的物流效率提高了，物流成本下降了，市场竞争力增强了，客户满意度有了明显提高。

至 2012 年，联想实现销售收入 2 000 多亿元，新联想的未来是美好的。电子商务的应用及信息系统的实施，为联想的再次腾飞插上了翅膀。

资料来源：冯欣. 联想物流：信息化带来高效率[J]. 市场周刊，2006（04）：18-20.

思考题

1. 联想发展电子商务的目标是什么？
2. 电子商务为联想的现代物流带来了哪些益处？

案例 9.5

京东商城自建物流覆盖全国

电子商务的整个运作是包含信息流、商流、资金流和物流在内的一系列流动过程，其优势体现在信息资源的充分共享和运作方式的高效率上。通过互联网进行商业交易，毕竟是"虚拟"的经济过程，最终的资源配置还需要通过商品的实体转移来实现。只有通过物流配送，将实物真正转移到消费者手中，商务活动才算结束。在此过程中，物流是以商流后续服务者的姿态出现的，从而也使得物流配送效率成为客户评价电子商务满意程度的重要指标。

目前，电子商务物流主要有三种模式：自建物流体系、自建物流+第三方物流、借助第三方物流。当然，这里所指的自建物流是相对的，并非完全自建，例如在偏远的或者业务量非常少的地区，还是要借助第三方物流来完成配送任务。而"自建物流+第三方物流"的模式主要是指一部分业务由自建物流体系完成，在一些业务量不大的地区借助第三方物流来完成。三种模式无优劣之分，只是适合于不同类型的电子商务企业。但是随着业务量的增大，自建物流体系对企业来说似乎有着越来越强烈的必要性。

2013 年春节前夕，"亲，现在开始不接单了。所有的单子都要等到年后再发，2 月 17 日上班后，陆续会恢复发货，请见谅。"春节临近，不少经常网购的消费者发现，受累于快递行业人手不足和临时涨价，购物网站里多数商家纷纷在网店上贴出歇业告示。

不过，尽管不少快递公司声称不"歇业"，但随着网店贴出的只接单、不发货通知越来越多。在淘宝、天猫、1 号店等多家电商企业的网页上浏览后发现，大部分企业都发出了关于春节期间商品配送延迟的公告。在几个电商企业的网站发现，自建物流的 B2C 电商企业春节"不打烊"。京东商城对外称，春节期间，在北京、天津、上海等 12 个城市自营配送覆盖区域的订单正常运营。

1998 年 6 月，刘强东在中关村成立京东公司。2004 年 1 月，京东涉足电子商务领域，开通京东多媒体（www.jdlaser.com）。2007 年 6 月，京东多媒体网更名为京东商城，并启动全新域名（www.360buy.com）。从 2004—2010 年，京东商城保持高速增长，连续六年增长率均超过 200%。截至目前，京东商城拥有 2 000 万注册用户，1 200 家供应商，日订单处理量超过 15 万单，网站日均 PV 超过 3 500 万。以下将从业务中心布局及物流体系两方面介绍京东商城，这个对许多用户来说是"熟悉的陌生人"。

一、京东业务

京东初创时坚持在光磁产品领域发展，到 2003 年已成为中国最大的光磁代理商之一，销售量及影响力均名列前茅。之后受到"非典"影响，传统零售行业遭遇困境，京东放弃在全国开店的计划，转而涉足网购。2005 年 11 月，京东日订单处理量突破 500 个，2006 年 1 月，京东宣布进军上海。

2007 年 5 月，京东广州全资子公司成立，开拓华南市场。同年 8 月，京东获得来自今日资本千万美元的融资。2008 年底，今日资本、雄牛资本以及亚洲著名投资银行家梁伯韬私人公司再次为京东注资 2 100 万美元，京东在全国业务布局加速。2009 年 10 月，京东商城呼叫中心由分布式管理升级为集中式管理，并由北京总部搬迁至江苏省宿迁市。此外，自 2009 年后，京东陆续在苏州、杭州、南京、深圳等多座重点城市建立分部。

2010 年 10 月，京东西南分公司成立。2010 年 12 月，京东华中总部落户武汉。至此，从 2004 年开始到 2010 年，经过 6 年布局，京东基本完成对全国的业务覆盖，设立分公司的城市数量已达到 125 个。

京东总部设在北京，北京也是京东管理中心及采购中心。在发展过程中，京东分别在北京、上海、广州、成都、武汉设立了华北、华东、华南、西南、华中分公司，各分公司均同时拥有服务和物流系统。此外，京东建设的一级物流中心包括北京、上海、广州、成都、武汉，二级物流中心包括沈阳、济南、西安、南京、杭州、福州、佛山、深圳。

二、京东的物流体系建设

1. 自建物流系统

京东决定转型 B2C 网购后两年多时间，由于订单绝对数量并不多，主要采用与第三方物流公司合作方式进行配送。随着业务的发展，第三方物流体系越来越不能满足京东配送需求（如大件 3C 产品），京东开始考虑自建物流。2007 年 5 月，京东广州分公司成立。两个月后，京东宣布建成北京、上海、广州三大物流体系，总物流面积超过 5 万平方米。

进入 2008 年后，中国 B2C 垂直电商模式逐渐兴起，京东也进入高速成长期，通过进入平板电视、空调、电视等门类，京东完成对 3C 产品线的全覆盖。2009 年 3 月，京东单月销售额突破 2 亿元，6 月京东宣布二季度销售额达 8.4 亿元。快速的增长加大京东对于物流服务的需求，而国内物流第三方物流市场又一直处于零散分割状态，不能提供稳定、高效的服务，京东自建物流变得更加迫切。另一方面，对于京东来说，自建物流也是提升用户体验的必然选择，许多第三方物流不能满足 B2C 公司的个性化需求，如限时达、移动 POS 刷卡等。

2. 物流建设加速

2009 年初，京东商城斥资成立专门物流公司，布局全国物流体系。2012 年 7 月，京东商城已拥有北京、上海、广州、成都、武汉、沈阳六大物流中心，在超过 300 座重点城市建立了城市配送站，并在全国大部分高校建立高校代理点和自提点。自建物流体系让京东开始有能力提供"个性化"服务，如 2010 年 3 月推出"211 限时达"极速配送，即当日上午 11:00 前提交现货订单，当日送达；夜里 11:00 前提交的现货订单，第二天 15:00 前送达。再如 2010 年 4 月，京东推出"售后 100 分"服务承诺，即自京东售后服务部收到返修品，确认属于质量故障开始计时，在 100 分钟内处理完一切售后问题，为消费者明确退换货周期。

京东 CEO 刘强东在接受福布斯采访时称："既然物流成为这个行业最大的瓶颈，也是阻碍电子商务企业盈利的最大障碍（目前物流已经成为中国电子商务企业除产品成本外最大的支出），我们为什么不以此为基础来发展自己的核心竞争力呢？"换句话说，京东花费巨资建设物流体系已不仅为销售服务，而更将其当作建立京东 B2C 核心竞争力的重要举措。2010 年京东销售额达到 102 亿元，自主配送已经占到了 70%。

3. 未来物流布局

2010 年 1 月，京东获得老虎环球基金领投的 1.5 亿美元融资后，刘强东表示一半融资将用于物流系统，并将于 2010 年下半年陆续在北京、上海、成都三个城市兴建单体面积超过 10 万平方米的超大型物流中心（加上广州原有的物流中心，将为 4 个），同时将在全国范围内建立 15～20 个二级库房，城市配送站也将增加至 50 个城市以上。

2011 年 4 月，京东完成 15 亿美元 C 轮融资，融资将几乎全部投入于物流和技术研发建设项目。京东宣布 2011 年将开工 7 个一级物流中心，未来 3 年共投资 50 亿～60 亿人民币进行物流建设。京东同时披露，2009 年初获得 2 100 万美元 B 轮融资的 70%资金已用于物流体系建设。京东网上商城推出了"211 限时达"配送服务，即每天 11 点前下订单，下午送达；23 点前下订单，次日上午送达。这个速度目前在电子商务企业还没有第二家能承诺。目前该承诺的服务地点已经由最初的 4 个城市增加到 12 个。正是因为背后有强大的物流系统作为支撑，"211 限时达"才能不断地延伸。

京东上述物流规划考虑到自身增长速度及服务完善，如京东定下目标是 2013 年实现 400 亿～500 亿元的销售额，自主配送的比例提高到 95%，日订单交付能力达到 300 万单。除此之外，京东还计划提供类似亚马逊的物流租赁服务。

4. 物流租赁服务

2010 年 12 月，京东推出开放平台吸引品牌商入驻，开放平台以"品牌直销"频道为入口，截至推出时已有 500 个品牌、近 10 万种商品入驻。加入京东开放平台的商户可以借助京东体系，包括仓储、配送、客服、售后、货到付款、退换货等，给消费者提供更好的体验，同时也省去自建服务体系的成本。开放平台推出也意味京东与淘宝商场正面竞争完全展开。

京东 CEO 刘强东表示："随着对物流的投资，对物流的开放是必然的。2013 年 1 月准备把物流业务进行拆分，完全地独立化运作，市场化运作，希望给更多的电子商务和传统企业提供物流服务。"截至 2012 年 7 月，在京东商城的品牌开放平台系统上，加盟品牌数已超过 3 500 个，月销售额超过 1.5 亿。预期未来物流服务出租将成为京东盈利来源的重要方面。

2012 年是国内电商发展的新十年，而物流环节依然是 B2C 市场痛点。现在网购已逐渐成为八零后和九零后的生活习惯，中国已然成为全球最大的网购市场，电子商务的发展和竞争也更趋激烈。除了价格优惠力度加大外，物流配送等售后服务也成为电商吸引消费者的利器。由于国内第三方物流整体服务水平相对滞后，很难完全满足电商物流配送快捷高效的需求，顾客投诉率居高不下。而对于 B2C 企业而言，仓储是保证商品丰富度和周转率的关键，配送则直接影响用户的重复购买，这两点构成了企业自建物流的源动力。因此，在某种程度上说，电商自建物流其实是被逼出来的。

有业内人士表示，从长远来看，京东的物流战略相当值得肯定，有电子商务基因的配送肯定是未来的一个趋势。艾瑞数据表明，从 2013 年起用户选择网购的首要因素中，物流等服务的影响增长 6.4 个百分点达 25.7%。2014 年，网购竞争的主战场无疑是 B2C 商城，比拼的核心将是物流这个引擎的马力。

对于电子商务公司来说，在自己的实际需求下打造出来的物流配送体系无疑是最符合电商企业的，而物流的开放也可以成为未来的盈利增长点。联营商家可以借助京东的物流、服务、平台系统等资源改善用户的购物体验，让消费者在售前、出库、配送、客服、售后等环节，享受到更加贴心的服务，从而提升销量。在此背景下，越来越多的优质商家积极、主动地选择与京东商城合作，与此同时，京东商城满足用户一站式购物需求的目标也得到实现，开放共赢的电商产业链体系正在形成。

资料来源：任博华，董行. 中国电商企业自建物流问题研究——以京东商城为例[J]. 物流科技，2013（01）：104-108.

思考题

1. 京东商城与淘宝网相比较，物流配送方式有何区别？
2. 电子商务零售企业物流有何特点？

案例 9.6

全洲药业以电子商务为手段，打造现代物流体系

以体制创新推进技术创新，以信息化发展带动企业发展。全洲集团在信息化领域创

新发展，实行供应链一体化管理信息系统，在减少医药食品流通环节，优化库存结构，降低库存总量，加速资金周转，提高物流运作效率及整个行业的利润率，提升行业及企业的核心竞争力等方面，取得了显效发展，还具有优化行业的资源配置、规范业务流程和推动行业快速发展等特点，项目具有极大的行业推广和示范作用。

一、信息化技术创新和经营模式创新，繁荣医药物流产业经济

1. 全洲药业集团介绍

全洲药业集团始创于 1999 年 3 月，发展成为具有医药分销、物流配送、零售连锁、电子商务、临床应用为一体，集团化、规模化和集约化的医药联合产业链。下辖医药食品物流配送、健康大药房连锁、医药快线电子商务等七个公司。它是湖南省政府、长沙市政府列为"重点保护单位"和"重点扶持的民营企业"；2006 年被列入湖南省"十一五"培育发展的 50 个产业集群 100 个核心骨干企业。

2. 全洲医药食品物流港介绍

全洲医药食品物流港是全洲药业集团医药产业链中的核心项目，是集药品、食品、保健品、中药饮片、医疗器械的批发、代理、零贸连锁、产品展示、多方物流、产业信息平台和强大资金链、产业链于一体的专业市场群，如图 9-1 所示。

图 9-1　全洲医药食品物流港效果图

物流港总占地面积 4.8 万平方米，总投资 4.8 亿元，设计规模超过 100 亿元，总建筑面积 4.9 万平方米，仓储面积 3.5 万平方米，库存容量 60 万箱，日吞吐量 6 万箱，日处理订单 2 000 单，是中国最大的医药食品物流中心。全自动高价立体仓库剖面图如图 9-2 所示。

图 9-2　全自动高价立体仓库剖面图

全洲医药食品物流港自动高架立体仓库，层高 24 米，共有 14 568 个托盘位，入、出库量均为 30 000 箱/8 小时。采用日本进口轨式堆垛机、辊轮式输送机、红外线遥感温控系统等先进的现代物流设备，全自动化操作。滑块分拣机、德国 SICK 扫描器、DPS 电子标签和 RF 手持条码扫描仪，结合条形码技术，实现货物半自动分拣作业。

全洲医药食品物流港自运营以来，得到了国家、地方政府有关部门和机构的高度重视与大力支持，被称为国家发改委"信息化示范工程"；中国第一家医药公共保税仓库；湖南省"十一五"培育发展的 50 个产业集群 100 个核心骨干企业；国家信息产业部"倍增计划"；国家商务部"万村千乡市场工程"；中国物流与采购联合会"中国物流实验基地"等。

二、全洲信息化建设核心项目

全洲药业一直以来致力于从现代物流行业的高度，进行系统思考和持续创新，在不断提高企业管理水平和自身信息化水平的同时，投资开发了全洲药业供应链物流一体化信息管理系统，它将物流供应链中各个环节有机整合、资源互动、信息共享，真正发挥现代物流作为生产性服务业的推动作用，发挥"第三利润源泉"效应，降低社会总体物流成本。

全洲信息化项目建成了一个包括集成化的物流管理、批发管理、零售连锁管理、采购管理、质量管理、供应商管理、基础信息管理、价格管理、WCS 控制管理、订单管理、电子报关等一体化信息系统。

1. 供应链一体化管理信息系统，优化产业结构

全洲信息化项目主要依靠电子数据交换 EDI 以及 Internet 的信息技术使销售、配送、生产、采购等信息达到高度共享。供应链上各企业掌握了供应链中物流的流动信息，企

业及时根据信息进行调整。

全洲药业供应链物流一体化信息管理系统按照立足湖南、拓展中南、延伸全国的模式进行。以长沙总部物流中心为中心，辐射全国，能支撑的业务机构为区域物流中心 5 个、物流分拨中心 5 个、零售连锁店 1 000 个，涉及全国各地供应商、分销商及消费者。

从项目投入运营以来，全洲建立起了供应链新型管理模式，将医药食品的物流企业、生产企业、贸易企业、金融机构、担保机构、保险公司等各公司有机链接、协同运作，完善了公司及相关企业的信息化建设，优化企业内部和供应链管理流程，提高生产效率与服务质量，降费增效，构建企业和园区的核心竞争力，为长株潭城市群"两型社会"建设提供医药食品后勤保障，成为湖南省新型工业化建设重要推手。

2. 全洲 e 药快线，创新营销模式

在全洲药业供应链物流一体化信息管理系统基础上，依托集团强大的药品购销网络优势和先进的业态规划与设备资源优势，全洲药业集团斥资 4 000 万，开发出湖南第一家垂直于医药行业的门户型医药电子商务平台——全洲 e 药快线。它是以医疗机构、医药公司、银行、药品生产单位、医药信息服务、物流配送提供商以及保险公司为网络成员，运用现代高科技信息网络平台做载体，高效率、低成本地从事 B2B 医药药品交易活动。通过 Internet 为用户提供安全、可靠、开放并易于维护的一整套的医药贸易电子商务平台，如图 9-3 所示。

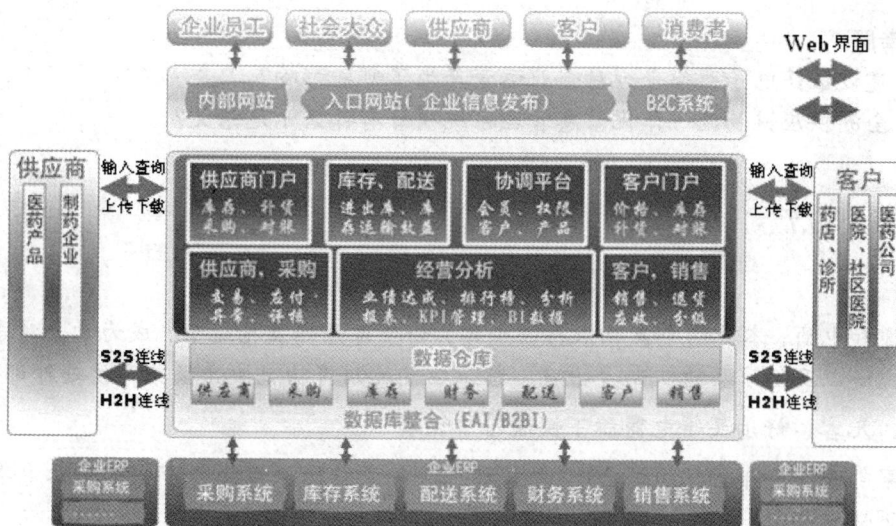

图 9-3　全洲医药电子商务系统架构图

全洲 e 药快线具有传统销售无可比拟的优势，商家可全天候足不出户，一目了然地查阅万种药品信息，掌握行业动态，并能通过网络咨询、网络订单、网络竞拍、网络开票、网上支付等一条龙操作，实现远程交易的电子化操作。不仅方便快捷、安全高效、省时省钱，而且能对订单动态全程跟踪，从而使客户在医药贸易、物流配送、电子商务、货物订购及资金往来等方面实现行业供应链价值最大化。

三、推动信息化建设，应用价值及行业示范效益显著

全洲信息化项目具备完整的电子商务平台、仓储作业信息平台、电子口岸服务平台等运作系统，通过3PL和4PL等物流服务，对工业、商业和连锁零售等资源进行充分的整合，达到优化整个产业链，改善流通环境，提升行业的竞争力。

全洲供应链物流一体化信息管理系统项目是基于社会化供应链物流、面向公共应用的系统工程。以企业长期积累的信息资源和已完成的信息化建设为基础，着眼整个湖南地区的医药行业未来发展所进行的信息化系统规划，目的是为行业中的上下游关联企业搭建一个医药物流外包管理平台，以促进医药业务流程重组与优化，实现了业务流程和信息系统的融合与集成，从而降低企业运营成本，提高企业的效益与市场竞争力，并满足医药企业供应链物流业务处理的需求。在为企业带来更好的经济效益的同时，还具有优化行业的资源配置、规范业务流程和推动行业快速发展等功能，因此该项目具有极大的行业推广和示范作用。

资料来源：申志华. 360度的医药物流平台[J]. 中国物流与采购，2007（15）：56-57.

思考题

1. 建设医药电子商务平台对企业运营产生了哪些影响？
2. 全洲供应链物流一体化信息管理系统项目有什么示范意义？

案例 9.7

开放第三方物流，电商快递暗中谋动

快递和电商，本是两个互相依存的个体，如今却开始互抢地盘，成为竞争对手。"如风达"快递以及好乐买的"尚橙物流"都正在或计划将物流快递服务开放给外部企业。

一、凡客、好乐买等电商旗下快递暗中谋动

国家邮政局公布首批通过2012年快递业务经营许可年度报告审核的企业名单，京东商城旗下快递公司——江苏京东信息技术有限公司榜上有名。

京东商城CEO刘强东随后表示，京东快递于2012年8月底正式向第三方开放。截至目前，京东快递、凡客诚品旗下的"如风达"快递以及好乐买的"尚橙物流"都正在

或计划将物流快递服务开放给外部企业。传统快递行业的抵制，并不能阻挡电商行业进军物流的步伐。"逆流而上"，将物流变成电商企业生产力看似可行，但更大的难题将是面对"自有业务"和"第三方业务"的平衡。

二、快递成为新营收渠道

国家邮政局的公告显示，首批通过2012年快递经营审核的企业共有260家，这些企业将具备跨省、自治区、直辖市经营或者经营国际快递业务的资质。资料显示，通过审核的"江苏京东信息技术有限公司"是京东商城关联公司，主要业务是贸易/交通/运输/物流，许可证号是国邮20100206A，资质的有效期限为2010年9月29日至2015年9月28日。

京东商城负责人表示："京东商城在2010年获得快递经营资质，可在全国提供快递业务。近日，京东商城通过国家邮政局2012年快递业务经营许可年度报告审核，成为首批通过2012年快递业务经营许可年度报告审核的企业。"

有物流行业人士向南都记者解释称："此次进行的是自2012年4月开始的每年一度的快递业务经营许可审查。根据规定，企业要在获取上述快递经营资质后，再分别在各个城市申请具体快递许可，才可在相关城市经营快递业务。"

资料显示，江苏京东信息技术有限公司在山东、陕西、湖北、辽宁、黑龙江、广东、福建、湖南等省的分公司，均已通过年检。

京东商城CEO刘强东表示，京东快递将于2012年8月底正式向第三方开放。2012年2月，刘强东在接受南都记者采访时表示，2012年将是京东整个物流和信息系统投资花钱最多的一年，预计将投入35亿~36亿。

"我们花这么多钱的目标，肯定不仅仅是为京东商城自己的销售业务服务。"他透露，目前使用京东整个仓储配送系统的公司已经超过1 300家，使用京东配送的包裹数已超过4万个/天。

京东内部人士向南都记者透露，目前京东的物流仍是作为业务部门存在，但未来不排除将仓储及物流配送业务分拆，作为一个独立的营收主体存在。

三、如何平衡内部和外部需求

将仓储物流作为营收渠道，电商巨头亚马逊（微博）是始祖。在美国，第三方商家通过亚马逊的仓储与物流系统实现储存和配送，而亚马逊则从中获得包装费、处理费、存储空间费等，这些服务甚至开放给不通过亚马逊出售商品的商家。

亚马逊中国已经在推动物流开放的服务。相对于普通的开放平台而言，亚马逊还拥有"仓储费和配送费"两个创收渠道，招商页面显示仓储费用在155元/每月每立方米，而物流费最低可以达到3.75元/单。

亚马逊中国区总裁王汉华向南都记者表示："目前亚马逊中国超过一半的开放平台商家采用的是亚马逊物流。"他认为，亚马逊在全球的操作方式是未来的方向之一，可以想象淘宝的商家，卖东西在淘宝，后台服务都在亚马逊。

目前，亚马逊在北京、上海、广州等九大城市都有自己的物流公司，在大城市超过70%的物流是自主配送，每年订单以千万计。但即便如此，对于自建物流的问题，无论是亚马逊中国，还是"如风达"都不得不面对"平衡自有业务和第三方业务"这个关键点。

"除了春节高峰的时候，这个能力还是有的。电商这五年发展太快，物流配送市场肯定有它的价值。"王汉华表示。

不过，凡客诚品 CEO 陈年（微博）则更希望"如风达"能够和凡客结合得更加紧密。"我并不那么迫切地鼓励他们去接外单。"陈年向南都记者表示，"试图给如风达投资，和让如风达独立，投资者的愿望非常强烈。让如风达独立，融资发展好，还是如风达还在凡客大的体系下面发展好，这个对我来说已经是一年多的难题。"

目前，如风达 90%以上的订单来自凡客，其余的部分则来自小米、招商银行等。陈年的担忧是，独立能换来自身的快速成长，但肯定也要走弯路。"如风达如果要将来自凡客的订单，在总比例上降低到 50%，规模要再扩张一倍，必须去外面找单，它的心思已经不在凡客上了。但扩张，又难免会面对饥一顿饱一顿的过程，我觉得如风达第一位的任务还是应该把凡客的用户服务好。"

四、电商与物流界限越来越模糊

国内电商企业对物流业务的布局，回望当初多少有些"无心插柳柳成荫"的意味。自建物流团队的初衷，主因是国内物流快递产业发展在某些环节上无法跟上电商的步伐，导致电商不得不通过自建物流满足"用户体验"。

据资深物流行业人士向南都记者解释称，目前建设 1 万平方米的仓库固定成本支出在 600 万～1 000 万元。眼下，伴随大规模资金投入，电商正寻求以开放物流实现创收。由此，电商难免经历一些探索和困难，以在不破坏自身系统"用户体验"的前提下，平衡"自有业务"和"第三方业务"的物流需求。

不过，传统快递行业的抵制，并不能阻挡电商行业进军物流的步伐。"除了在城市自建配送点，已经有电商企业在着手自营干线物流，未来电商与物流间的界限将越来越模糊。"

资料来源：谢睿. 京东 8 月开放第三方物流 电商旗下快递暗中谋动[N]. 南方都市报，2012-06-27（GC11）.

思考题

1. 电子商务企业自有快递与外包快递有什么优缺点？
2. 为什么电商与物流界线越来越模糊？

参 考 文 献

[1] 白沙烟草物流 GIS 配送优化系统案例[J]. 中外物流，2006（07）.

[2] 百胜降低运输成本之道[J]. 中国连锁，2005（10）：90-91.

[3] 陈达强. 采购与供应案例[M]. 北京：中国物资出版社，2009.

[4] 陈清越. 浅析沃尔玛的低成本战略[J]. 财务与会计，2011（02）.

[5] 陈云天. 物流案例与实训[M]. 北京：北京理工大学出版社，2007.

[6] 第三方物流：科龙的战略性选择[J]. 水运文献信息，2005（01）：20.

[7] 段战江. 顺丰的"物流帝国"[J]. 宁波经济（财经观点），2014（02）：58-59.

[8] 冯欣. 联想物流：信息化带来高效率[J]. 市场周刊，2006（04）：18-20.

[9] 高月. 华晨宝马汽车有限公司汽车零部件采购流程优化研究[D]. 辽宁大学，2012.

[10] 葛承群. 物流运作典型案例诊断[M]. 北京：中国物资出版社，2006.

[11] 宫一非. 手持终端在顺丰快递中的应用[J]. 物流技术，2014（04）：42-45.

[12] 关坤，董宏伟. 天津港集装箱物流中心的立体仓库[J]. 中国储运，2006（06）：25.

[13] 何洁. 浅谈集装箱海铁多式联运[J]. 中国储运，2013（06）：107-108.

[14] 胡松评. 企业供应链物流管理[M]. 北京：北京大学出版社，2012.

[15] 霍青梅. 吉野家高品质的冷链物流系统[J]. 物流技术与应用，2009（01）：88-90.

[16] 金汉信. 仓储与库存管理[M]. 重庆：重庆大学出版社，2008.

[17] 孔继利. 企业物流管理[M]. 北京：北京大学出版社，2012.

[18] 孔荣华. 第三方物流企业"一对一"营销模式研究[D]. 南开大学，2007.

[19] 李安华. 夏晖与麦当劳——共生的"鱼"[J]. 市场周刊（新物流），2006（06）：18.

[20] 李成. 易初莲花的高效配送[J]. 市场周刊：新物流，2008（09）：32.

[21] 李联卫. 物流案例与实训[M]. 北京：化学工业出版社，2009.

[22] 李罗源. 连锁超市生鲜物流运营模式分析[J]. 全国商情：经济理论研究，2009（10）：48.

[23] 柳和玲. 物流运作案例剖析[M]. 北京：中国物资出版社，2006.

[24] 马士华. 供应链管理[M]. 北京：机械工业出版社，2005.

[25] 牛鱼龙. 中国物流百强案例[M]. 重庆：重庆大学出版社，2007.

[26] 邱雪峰. 物流案例及实训[M]. 北京：化学工业出版社，2006.

[27] 任博华，董行. 中国电商企业自建物流问题研究——以京东商城为例[J]. 物流

科技，2013（01）：104-108.

[28] 申志华. 360 度的医药物流平台[J]. 中国物流与采购，2007（15）：56-57.

[29] 唐晓文. 沃尔玛超市的物流配送[J]. 中国电子商务，2013（12）.

[30] 汪上元. 上海便利店的发展趋势[J]. 上海商业，2013（11）：48-49.

[31] 王芳. GPS 在交通方面的应用[J]. 消费电子，2014（16）：157.

[32] 王慧琴. "盛川"与"大柴"的零距离[J]. 中国物流与采购，2003（09）.

[33] 王庆斌. 我国烟草物流研究现状与热点[J]. 中国科技信息，2014（Z2）：202-203.

[34] 魏修建. 现代物流与供应链管理[M]. 西安：西安交通大学出版社，2008.

[35] 吴谷. 语音拣选"空降"利群[J]. 物流技术与应用，2009（09）：50-53.

[36] 吴维敏. 应急物流海地行[J]. 物流时代，2010（03）：52.

[37] 谢睿. 京东 8 月开放第三方物流 电商旗下快递暗中谋动[N]. 南方都市报，2012-06-27（GC11）.

[38] 徐贤浩. 物流配送中心规划与运作管理[M]. 武汉：华中科技大学出版社，2008.

[39] 岩菲. 突出质量管理，规范生鲜食品经营[J]. 上海百货，2011（04）：10.

[40] 俞芬. 大中型连锁超市中条码的应用分析[J]. 现代商业，2011（05）：10-11.

[41] 张涵，白光利. 消费品行业物流探索与实践[M]. 北京：中国物资出版社，2012.

[42] 张理. 现代物流案例分析[M]. 北京：中国水利水电出版社，2005.

[43] 张丽. 海尔日日顺家电物流最后一公里实现路径研究[J]. 物流技术，2014（05）：47-49.

[44] 张子默. 浅析信息化物流系统[J]. 技术与市场，2010（04）：65.

[45] 赵光忠. 企业物流管理模板与操作流程[M]. 北京：中国经济出版社，2004.

[46] 赵皎云. 蒙牛六期的高度自动化物流系统[J]. 物流技术与应用，2008（05）：65.

[47] 赵康宁，赵勇. 北斗卫星导航系统及应用发展[J]. 中国铁路，2013（04）：1-3.

[48] 百度文库，http://wenku.baidu.com/.

[49] 中国物流与采购联合会，http://www.chinawuliu.com.cn/.

[50] 百分百物流网，http://info.bfb56.com/anli/.

[51] 中国经济信息网，http://www.ce.cn/.

[52] 中国宏观经济信息网，http://www.macrochina.com.cn/.

[53] 阿里巴巴，http://www.alibaba.com.cn/.

[54] 豆丁网，http://www.docin.com/.

[55] 全国物流信息网，http://www.56888.net/.